KB241310

YOUTH
MARKETING
유스마케팅

YOUTH MARKETING
유스마케팅

엄서영 지음

21세기북스

기업의 현장에서 유스마케팅을 말하다

웅진그룹 윤석금 회장에게 '유스마케팅'이란!

나에게 유스마케팅이란 미래 고객을 창출하는 일이자 인재를 양성하는 길이며, 국가에게는 희망을 심는 일이다. 외부에서 젊은 손님을 만나거나 대학에 강의를 갔을 때 "어렸을 때 웅진 책을 보면서 자랐어요"라고 인사를 해오는 이들이 있다. 웅진출판에서 펴냈던 『어린이마을』, 『웅진위인전기』가 성인이 된 이들의 가슴속에 남아 있다는 것을 확인할 때, 반갑기도 하고 놀랍기도 하다. 어린 시절의 기억은 한 사람의 가치관을 형성하는 데 지대한 영향을 미친다. 그래서 어린 시기에 회사나 브랜드의 이미지를 좋게 심어주는 일은 매우 중요하다.

『유스마케팅』을 읽으면서 엄서영 대표와의 첫 만남이 떠올랐다. 웅진 초창기 멤버로 20여 년 동안 나와 함께 일한 박영순 본부장이 엄서영 대표의 엄마다. 당시 웅진출판은 고학력 주부를 사회로 이끌어 교육·출판 분야의 전문가로 육성시켰는데, 박영순 본부장도 그중 한 사람이었다. 박영순 본부장은 웅진의 좋은 책을 자녀에게 읽히겠다는 생각으로 웅진에 발을 들여놓았다가 뛰어난 리더십을 발휘하여 지역을 책임지는 본부장까지 승진했다. 언제나 긍정적이고 열정이 가득하더니 퇴직한 이후에도 '부모마음'이라는 브랜드를 14년간 키워오며 보육과 교육이 가능한 전문시터를 양성하는 교육 분야에서 최고의 자리에 올라 있다. 엄서영 대표가 해외 유학 중이던 어느 해 방학 때 내게 인사를 하러 온 적이 있다. "졸업하고 무엇을 하고 싶은가?"라고 물었더니 눈을 반짝이며 "새롭고 창의적인 일을 하고 싶다"라고 대답했다. 국내에서 캐릭터와 스토리 관련 분야에서 독보적인 입지를 구축하며 수많은 업적을 만들어냈다는 이야기가 들려올 때마다 무척 기뻤다. 그때 말했던 꿈을 이룬 것이다.

기업을 경영하다 보면 사람이 얼마나 소중한지 매일 느끼게 된다. 사업의 성패를 결정짓는 것도 사람이고, 위기를 기회로 바꾸는 것도 사람이다. 웅진은 얼마 전 큰 위기를 겪었지만 잘 극복해냈다. 직원들이 회사를 믿고, 마음을 모았기 때문에 짧은 시간 안에 어려움을 이겨낼 수 있었다. 평소 교육으로 좋은 문화를 형성해온 덕분이다. 사람에게 투자하는 것은 미래를 위한 가장 가치 있는 일이며, 기업의 가장 큰 자산은 사람이라는 것을 다시 한 번 확인하는 계기였다.

이런 점에서 유스마케팅은 기업을 위한 가장 확실한 투자가 될 것이다. 현재의 젊은 세대들을 이해하고 끌어안는 것은 향후 기업의 성장과 직결되는 일이다.

엄서영 대표의 『유스마케팅』을 한마디로 정의하면 사람에 대한 투자를 좀 더 일찍, 오랜 기간, 전략적으로 수행하자는 것이다. 그것은 기업에게는 미래 고객을 창출하는 일이자 인재를 양성하는 길이며, 국가에게는 희망을 심는 일이다. 가장 근원에는 어린이, 청소년을 생각하고 국가의 미래를 책임지려는 '진심'이 담겨 있어야 한다. 다행히 엄서영 대표의 오랜 경험과 노하우가 녹아 있는 이 책은 진심을 담는 법과 실천 방법을 제시한다. 그래서 마케팅 서적이라기보다는 진심과 사랑을 담아 다음 세대를 키워내는 데 꼭 필요한 '교육철학서'라고 부르고 싶다.

세라젬 H&B 조서환 대표이사에게 '유스마케팅'이란!

나에게 유스마케팅이란 미래 경쟁력을 향한 기업의 '근성'이다. 유스마케팅은 장기적인 안목으로 미래에 목표를 두고 지속적으로 전개해야 하는 중요한 경영전략인 만큼 기업 오너와 임직원의 근성 없이는 시작 자체가 불가능하다. 유스마케팅은 기업의 미래를 보고 투자해야 하는 것으로 장기적이고 지속적인 실행이 뒷받침되어야 한다. 그러므로 유스마케팅에 있어 근성은 특히 더욱 중요한 가치라고 할 수 있다.

엄서영 대표와는 1998년 내가 애경의 이사로 재직했을 당시, 광고주와 애경의 광고대행사 AE로 처음 만났다. 실력만큼 눈빛이 예사롭지 않은 사람이었다. 이후 광고 회사 경험을 바탕으로 캐릭터와 스토리에 기반한 기업 마케팅, 브랜딩 관련 컨설팅과 콘텐츠 개발 사업, 캐릭터 라이선스 사업을 시작하여 약 14년간 한 분야를 파고들었다. 나는 국내 유명 캐릭터가 엄서영 대표의 손을 거쳐 스토리를 갖추고 생명력을 얻는 모습, 유명 게임의 단순한 그림이 캐릭터 사업으로 대성공을 거두는 모습, 기업의 브랜드나 회사 소개가 멋진 캐릭터와 스토리텔링으로 재탄생하는 모습들을 모두 지켜보았다.

내가 점찍은 분야에서 누구도 범접하지 못하도록 확실하게 자리 잡으면 성공한 마케팅이고, 성공한 사업이고, 성공한 인생이다. 거대한 성공을 이야기하는 것이 아니다. 이런 점에서 엄서영 대표는 스토리텔링 분야, 캐릭터와 스토리에 기반한

마케팅 분야에서 내가 아는 한 가장 전문적이고 성공한 사람이다. 이는 엄서영 대표가 지닌 특별한 '근성'이 있었기에 가능한 일이었다.

얼마 전 출간한 내 저서 『근성』에서 몇 가지를 인용해보겠다. 마케팅을 잘하려면 변화(Change)에 능동적으로 대처할 수 있어야 하고, 무엇보다 도전의식(Challenge)이 있어야 한다. 여기에 더해 항상 멀리서만 찾으려 하지 말고 지금 몸담고 있는 이곳에서 창조적(Creative) 아이디어를 내서 성공시켜야 한다. 유스마케팅은 변화에 민감하게 대처하고 도전의식으로 미래를 내다볼 수 있어야 한다. 또한 창조적 아이디어를 바탕으로 지금부터 실행해나갈 때 미래에 그 성과를 쥘 수 있다는 점에서 마케터들이라면 누구나 관심을 가져야 하는 영역이다.

"지금 우리가 당장 매출과도 상관없는 유스마케팅을 해야 될 때냐?"라고 말하는 경영자는 미래를 포기한 것과도 같다. 유스마케팅을 남의 일인 듯 구경만 한다면 미래에도 여전히 지금의 수준을 벗어나지 못할 것이다. 유스마케팅에 뚜렷한 목표를 세우고 그 목표를 향해 근성 있게 밀어 붙인다면 불가능해 보였던 성공을 손에 쥘 수 있다.

이 책을 읽고 경영자로서, 그리고 마케터로서 유스마케팅의 중요성과 필요성을 느끼면서도 아무런 행동을 하지 않는 것은 직무 유기나 마찬가지다. 지금 당장의 매출 실적에 연연하는 기업은 큰 미래를 그릴 수 없다. 이 책에서 다루는 유스마케팅으로 미래에 대한 시야가 넓어지고 그에 따른 전략과 행동이 탁월해지는 계기가 되었으면 한다. 지금부터 유스마케팅을 시작한다면 현재는 감히 넘보지 못했던 결과를 미래에는 틀림없이 만들어낼 수 있을 것이다.

홈플러스 이승한 회장에게 '유스마케팅'이란!

나에게 유스마케팅이란 기업의 미래이다. 인류의 역사는 상상을 현실로 만드는 '창조'를 통해 이루어졌다. 처음 홈플러스가 세상 어디에도 없는 새로운 모습으로 등장했을 때 사람들은 내게 "미쳤다!"라고 말했다. 그러나 낯선 모습의 창조는 홈플러스를 꼴찌 기업에서 선두 기업으로 만들었고, 한국 유통산업의 역사를 새로 쓰게 했다. 이것이 바로 창조경제의 핵심이다.

나는 늘 꿈꾸는 청년이다. 여태껏 글로벌 기업을 경영하며 느끼는 것도 마찬가지다. '언제나 새로워야 한다.' 우리 삶에도 굴곡이 있듯 기업을 경영할 때에도 숱한 난관에 부딪힌다. 그때마다 절망을 희망으로 둔갑시키는 묘약이 바로 '창의성'이다.

나에게는 21명의 멘티들이 있다. '한국장학재단 멘토링 프로그램'을 계기로 첫 만남을 가졌고 지금껏 인연을 이어가고 있다. 멘티들이 오히려 나에게 에너지를 주고 나를 변화시킬 정도로 그들과의 만남은 무척 소중하다. 기업이 지속적으로 성장하려면 기업을 이끌어나가는 리더들이 유스세대들을 직접 만나 소통하고 교감해야 한다. 이는 이 책에서 특히 강조되고 있는 내용이기도 하다.

① 삶 속에서 창의적 씨앗을 뿌리는 긍정 바이러스, ② 매 순간 자기 자신을 불태우는 열정 바이러스, ③ 남들이 보지 못하는 저 너머를 바라보는 비전 바이러스, ④ 고정관념이라는 상자 밖에서 생각하고 창조하는 상상 바이러스, ⑤ 상상에 따라 거침없이 바꾸어나가는 변화 바이러스, ⑥ 아무리 힘든 상황에서도 끝내 포

기하지 않는 집념 바이러스, 나는 이 6가지를 'H2C(How to Create?)'라고 이름 붙였다. 창조 바이러스가 유스세대에게 전파되어 미래를 창조해나가는 주인공이 되길 바란다. 또 기업 마케터에게, 임원에게, 오너에게 확산되어 유스마케팅에 대한 진정한 성찰로 이어지길 바란다.

유통은 1·2차 산업부터 3차 산업까지 한꺼번에 녹아 있는 종합 산업이며, 국경을 넘어서는 무한 경쟁의 산업이다. 따라서 미래 비즈니스 사회에서 유통을 모르고서는 글로벌 인재가 되기 어렵다. 이런 점에서 홈플러스와 같은 유통 기업은 유스세대들의 잠재력과 경쟁력을 키우는 중요한 역할을 할 수 있다. 유통 회사들이 미래 인재를 위해 맡아야 할 교육적 역할은 그야말로 무궁무진하다. 이 역할에 정성과 열정을 다하면 기업은 그들과 함께 그들 부모의 열렬한 지지를 받으며 미래를 향해 지속적으로 성장해나갈 수 있다.

홈플러스 설립 초기에 개발한 e파란 캐릭터의 역할은 점점 커져서 지금은 CSV를 위한 4랑운동을 이끄는 데까지 확대됐다. 엄서영 대표는 e파란 캐릭터가 다양한 모습과 스토리로써 생명력을 갖추고 성장해나갈 수 있도록 최선을 다해주고 있다. e파란은 앞으로도 유스세대와 더욱 친근한 소통을 전개하며 홈플러스 유스마케팅에 있어 중요한 역할을 해나갈 것이다. 홈플러스 CSV의 핵심 가치인 4랑운동을 알리고 확산시켜 유스세대를 중심으로 가족 모두가 동참하는 즐거운 일이 될 수 있도록 하는 것이 e파란이 꿈꾸는 미래 목표이다.

이 책은 미래를 준비하는 리더들에게 유스마케팅의 진정한 가치와 무한한 가능성을 깊이 인식시키고 실질적인 유스마케팅 방법을 고민할 기회를 제공할 것이다.

코엑스 변보경 사장에게
'유스마케팅'이란!

나에게 유스마케팅이란 창조형 네트워크 산업의 핵심이다. 유스세대들은 세계를 하나로 인식한다. 글로벌 비즈니스는 그런 그들이 공감하고 열광해야만 불이 붙을 수 있다. 부모를 움직이는 것도, 친구들과 주변 사람들을 동참시키고 SNS를 통해 공유와 확산을 일으키는 것도 모두 유스세대가 그 중심축에서 자발적인 열정을 발휘했을 때 가능한 일이다.

얼마 전 한국무역협회 주관 하에 'MICE 클러스터 사업 발단식'이 있었다. 이는 무역센터를 MICE 산업의 세계적 랜드마크로 육성하고 비즈니스, 문화, 광고, 쇼핑 및 전시 컨벤션 등이 융합된 창조경제를 구현하겠다는 비전을 선포한 것이었다.

나는 코엑스 사장으로 취임한 이래 '클러스터 프로젝트'를 직접 구상했는데 그 실현을 위한 첫 발을 내디뎠다. 코엑스는 국내에서 거의 유일하게 MICE 클러스터가 될 수 있는 인프라를 보유하고 있다. 게다가 대한민국 10대와 20대 즉, 유스세대의 파워는 MICE 클러스터 사업 활성화에 큰 힘이 되어 줄 것임에 틀림없다.

MICE 산업은 대표적인 창조형 네트워크 산업으로 국제·기업회의 등을 위해 한국을 찾은 외국인이 인근 인터콘티넨탈호텔 또는 오크우드호텔에서 묵으며 코엑스 아티움에서 한류 공연을 즐긴 뒤 관련 전시회장이나 인근 백화점에서 우리 상품을 구매하도록 이끌겠다는 구상이다.

SM 엔터테인먼트도 입주해 K-POP 등 한류 문화를 선도하는 역할을 맡았는데

이는 MICE 클러스터 사업의 중심에 있는 유스세대들이 마음껏 열광할 수 있는 즐거움을 제공해주기 위해서다. 그들은 다른 세대들의 관심을 주도해나가고 있고 부모의 소비를 주관하고 있다. 가족여행, 배낭여행 등 관광을 비롯한 새로운 문화와 트렌드 정착이 모두 그들의 손에 달려 있다고 해도 과언이 아니다.

대한민국 유스세대들의 영향력은 이미 검증되었고 미래에는 더욱 강력해질 것이 분명하다. 그들이 시장의 주역으로 성장해 있을 미래 시기에 MICE 산업의 모습은 제대로 갖춰지게 될 것이다. 따라서 MICE 클러스터 사업은 이런 유스세대에 대한 명확한 감을 갖고 그들을 대상으로 한 체계적인 전략을 세워 전개해나간다면 미래 창조형 네트워크를 실현해낼 수 있을 거라 확신한다.

엄서영 대표는 MICE 클러스터 자문위원회 위원으로서 MICE 클러스터 사업 활성화를 위해 큰 도움을 주고 있다. 그는 MICE 클러스터 사업의 핵심 타깃인 유스세대와의 소통과 관련하여 중요한 역할을 맡고 있다. 이는 캐릭터와 스토리를 기반으로 한 감성적이고 친근한 소통을 이뤄내는 창조적 실현에 대한 것이며, 방문한 고객들이 무엇을 가슴에 품고 돌아가게 해줄지에 대한 것이다. 또한 그들의 재방문을 이끌고, 그들의 네트워크를 통해 전 세계 사람들에게 자발적으로 확산시키는 1인 미디어의 역할을 기대하는 데 있어 반드시 갖추어야 할 경쟁력이다.

유스세대의 참여와 열정이 MICE 클러스터 프로젝트의 성공 여부를 쥐고 있다. 기업의 미래 운명이 그들에게 달려 있는 것이다. 무역센터 MICE 클러스터 프로젝트 역시 그들의 참여와 열정이 없다면 결코 성공할 수 없음을 이 책을 통해 다시 한 번 새겨본다.

숙명여자대학교 경영전문대학원
유효상 교수에게 '유스마케팅'이란!

나에게 유스마케팅이란 창조경제 실현을 위해 기업들이 반드시 다루어야 할 핵심 가치다. 나는 엄서영 대표가 하는 일을 통해 캐릭터가 출판을 만났을 때, 캐릭터가 영화와 만났을 때, 더 나아가 캐릭터가 마케팅과 만나고 브랜딩과 만났을 때 얼마나 큰 부가가치를 창출해내는지, 캐릭터와 스토리의 힘이 얼마나 강력한지를 직간접적으로 경험해왔다.

이 책에서 제시하고 있는 기업의 유스마케팅 프로그램을 기획하고 콘텐츠를 만들어내는 일은 엄서영 대표의 오랜 실전 경험에서 비롯되었다. 기업의 브랜드 아이덴티티에서 콘셉트와 아이디어를 도출하여 기업 대신 소통의 역할을 맡는 브랜드 캐릭터를 개발하는 일은 단순한 이미지 개발과는 차원이 다르다. 브랜드 캐릭터의 개발과 함께 온·오프라인과 모바일 등 모든 커뮤니케이션 채널의 콘텐츠가 전체적으로 변화를 갖게 되며, 기존에 딱딱하고 지루해 보였던 콘텐츠들을 친근한 느낌으로 재탄생시키는 혁신과도 같은 일이다. 저자는 모바일과 스마트 환경이 급부상하면서 비주얼 경쟁력을 갖추지 못한 콘텐츠는 마케팅과 브랜딩에 있어 아무런 기능을 할 수 없음을 오래 전부터 예측했다. 캐릭터와 스토리, 게임 등이 지니고 있는 경쟁력 있는 요소들을 고객과의 소통 기능으로 재미있게 접목시켜내는 저자의 노하우는 스마트폰을 24시간 끼고 다니는 고객들을 겨냥하고자 하는 기업들에게 매력적으로 비춰질 수밖에 없을 것이다.

이 책의 본문 중에 숙명여자대학교의 앙트러프러너십 전공 학과에 대한 소개가 나오는데 내가 이 학과의 개설을 학교 측에 제안하게 된 배경에는 특별한 이유가 있다. 앞으로 미래 세상은 창조적 아이디어를 가진 글로벌 인재를 더욱 필요로 할 것이다. 또한 지금 너나 할 것 없이 기업들 모두가 내세우고 있는 창조경제의 실현은 결코 단발적인 교육을 통해 이루어지지 않는다. 그래서 새로운 교육 과정이 필요하다고 판단했다.

이 시대 앙트러프러너를 꿈꾸는 유스세대들이 더욱 많아져야 한다고 생각한다. 앙트러프러너십을 단순히 창업의 의미로 해석하는 사람이 있는데 이는 잘못된 생각이다. 진정한 앙트러프러너십을 가진 사람은 새로운 아이디어를 내는 것에 그치지 않고 도전을 성공으로 이끌어낼 수 있어야 한다. 이런 능력이 하루아침에 만들어질 수 없음을 알기에 이 책에서 강조하고 있는 기업들의 교육적 역할에 대한 중요성이 내게는 더욱 크게 다가온다.

기업은 곧 기억 속에서 사라질 광고에 수십억을 쓰는 대신 유스마케팅에 과감히 투자할 수 있어야 한다. 아직 유스마케팅을 체계적으로 다루고 있지 않은 대기업들이, 중소기업들이 먼저 시작해야 한다. 특히 유스세대가 없으면 비즈니스 자체가 존재할 수 없을 만큼 급성장해 온 게임사들이 그리고 카카오톡과 같이 성장세를 타고 있는 기업들이 자발적으로 시작해야 한다. 이 책을 계기로 기업 미래를 준비하는 유스마케팅에 대한 진지한 계획을 세워보기를 진심으로 바란다.

추천사·4
프롤로그·19

Part 1 왜 유스마케팅인가? 제대로 접근하라

첫 만남·40
1부에 들어가기 앞서·41

01 유스세대, 그들에 대한 감을 갖자·43

새로운 세상의 중심에 그들이 있다·45 | 무엇이든 잘 다루고 빠르게 습득하는 신기한 꼬마들·47 | 원하는 걸 얻고, 좋아하는 걸 할 수 있는 파워풀한 초등학생·49 | 나는 나, 좋아하는 건 이미 정해져 있다·51 | 부모의 선택까지도 그들 손에 달려 있다·53

02 미래 시장을 뒤흔들 강력한 그들과의 만남·55

우리는 역사상 진정한 첫 글로벌 세대를 경험하고 있다·55 | 그들은 각자 개성이 강하다·57 | 자신이 좋아하는 브랜드는 반드시 공유하고 퍼트린다·58 | 기업의 광고나 마케팅을 그대로 믿지 않는다·60 | 그들은 차원이 다른 교육을 받고 있다·62 | 그들이 열광하면 세계가 열광한다·65

03 '유스마케팅'을 알아보는 시간·68

미래 성장 세대, 그들의 이름은 '유스'·68 | 유스마케팅은 그들 성장 시기에 친구 관계를 맺어 미래 고객을 선점하는 것·71 | 유스마케팅의 시작, 소수의 진정한 친구를 만들어라·73 | 한 사람 한 사람의 마음에 진정성 있게 다가서라·75 | 부모와 자녀 관계를 놓치지 말자·77 | 유스마케팅에 있어 세대별 접근은 필수다·78 | 키즈마케팅과 유스마케팅의 구분·81 | CSR과 유스마케팅의 관계·83 | 유스마케팅은 타깃이 분명한 브랜딩이다·85 | 마케팅 차원을 넘어 기업의 미래를 쥐고 있는 유스마케팅·88

Part 2 무엇이 유스마케팅인가? 제대로 체험하라

현대자동차

01 현대자동차 국내 최초의 유스마케팅팀,
     자동차의 미래를 만든다 • 97

미래, 그들에게 자동차는 어떤 의미일까•97 | 그들에게 자동차는 단순한 이동 수단 그 이상이다•99 | 새로운 생각(New thinking), 새로운 가능성(New Possibilities)•101 | 대한민국 최초의 유스마케팅팀•102 | 자동차를 팔지 않는 자동차 마케팅•103

02 현대자동차를 사랑하게 만들어라
     세대별 프로그램으로 체험하는 현대자동차 유스마케팅 • 106

유아·초등학생 프로그램•107 | 중·고등학생 프로그램•117 | 대학생 프로그램•136

03 유스마케팅의 목표와 비전
     자동차 문화 창조 • 151

현대자동차가 보여준 유스마케팅의 세 가지 원칙•152

대한항공

01 대한항공의 미래, 유스마케팅으로 지킨다 • 161

새로운 세상, 새로운 경쟁•162 | 대한항공의 유스마케팅은 브랜딩이다•166 | 그들의 꿈과 함께 이륙하는 대한항공•169

02 대한항공은 하늘에만 있지 않다 • 173

03 하늘과 비행기, 그들의 꿈이 대한항공의 꿈이다 • 210

젊고 활기찬 항공사로 거듭나고 있는 대한항공•211 | 그들의 꿈과 함께 할수록 튼튼해지는 대한항공의 미래•212 | 대한항공은 내 친구•222 | 대한항공 브랜딩의 큰 역할을 맡고 있는 유스마케팅•224

홈플러스

01 CSR 선구 기업 홈플러스가 CSV를 말하다 • 229

마트의 개념을 바꾼 마트 • 229 | 공유 가치 창출로 기업의 미래를 지킨다 • 231 | 업계 최초의 사회공헌 전담 조직 • 233

02 어린이가 기업의 미래다
e파란에서 4랑운동까지 • 235

'e파란' 캐릭터의 탄생 • 236 | e파란 = 홈플러스 • 238 | e파란재단의 탄생 • 241 | 4랑운동의 전개 • 244 | 사회공헌 속에서 이루어지는 유스마케팅 환경사랑 • 249 | 나눔사랑 • 256 | 이웃사랑 • 259 | 가족사랑 • 265 | CSR = 유스마케팅, R&D를 위한 사회공헌연구소 • 270

03 홈플러스 유스마케팅의 목표와 비전 • 274

어린이는 우리의 미래다 • 276 | 유스마케팅은 CSV로 연결되는 통로이다 • 277 | 큰 바위 얼굴의 꿈 • 279

Part 3 어떻게 실행할 것인가? 제대로 실행하라

01 유스마케팅, 어떻게 시작할 것인가 • 283

벤치마킹으로 핵심 역량 다지기 • 284 | 대표적 사례의 창조적 활용 • 299 | 우리 기업에 가장 적합하고 효과적인 방식으로 시작하라 • 303 | 본격적인 가동을 위한 사전 스텝 • 308 | 어떤 프로그램을 만들 것인가, 기업 안과 밖에 답이 있다 • 311 | 부서 간 연계성을 사전 분석하여 협력 관계를 구축하라 • 313 | 유스마케팅에 있어 절대 해서는 안 될 세 가지 금칙 • 314

02 성공적인 유스마케팅을 위한 12가지 핵심 전략 • 317

미래 목표와 가치를 명확히 확립하라 • 317 | 브랜드를 체험할 수 있도록 하라 • 319 | 진정성을 갖추어라 • 324 | 책임 의식에 대한 진지함을 유지하라 • 328 | 무조건 재미있어야 하되

반드시 교육적 가치를 지녀야 한다•330 | 세대별로 접근하고 집중할 타깃을 정하라•333 | 직접 만나 소수의 그들을 친구로 만들어라•335 | 텍스트는 NO! 동영상 & 이미지로 즐거운 소통을 하라•339 | 그들의 손안으로 들어가라•342 | 사후 관리에 진심을 다하라•346 | 지속성을 지키지 못할 거라면 시작하지도 마라•348 | 그들이 만들어낸 콘텐츠에 가치를 불어넣어라•352

03 콘텐츠의 경쟁력을 갖추어라
콘텐츠 경쟁력을 갖추는 데 필요한 7가지 노하우 • 354

소통과 확산력을 지닌 멀티 유즈 콘텐츠를 만들어라•354 | 캐릭터 도입, 쉽게 실현할 수 있다•359 | 캐릭터 + 스토리 = 감성적 소통의 실현•375 | 선택한 콘텐츠 제작사를 신뢰하라•378 | 콜라보레이션을 적극 활용하라•382 | 영상 기반의 콘텐츠를 확보하라•394 | 지속적인 업데이트로 생명력을 유지하라•398

04 유스마케팅의 핵심적 역할은 '교육'이다
교육적 가치를 반드시 창출하라 • 402

적합한 교육적 콘셉트로 실질적인 교육적 역할을 하라•403 | 직업 체험은 가장 교육적이고 효과적인 브랜드 경험이다•406 | 꿈을 이루기 위한 진정한 코칭과 멘토링을 해주어라•411 | 미래 경쟁력이 될 수 있는 가치 있는 교육에 투자하라•417 | 글로벌 경쟁력의 핵심인 창의적 감성과 상상력을 이끌어라•419 | 부모의 교육적 니즈를 파악하라•423 | Special Edition[1] 국내 독보적인 직업 체험 테마파크 키자니아•426

05 기업 미래를 지키는 유스마케팅
지금 당장 시작하라 • 432

기업의 미래를 지키고 싶다면 유스마케팅의 중요성을 교육하라•432 | 신세대 직원에게 권한과 책임을 위임하되 임직원이 동참하라•439 | 중소기업, 우리는 어떻게 시작할 것인가•441 | 진정한 CSV를 위한 핵심적 역할의 유스마케팅•445 | Special Edition[2] 중소기업 브랜드 스토리 창작 콘텐츠 개발 실행사례•450

감사의 글•464

유스마케팅은 기업 미래를 위한 최고의 선택이다.
미래 세대와 친근한 관계를 만들기 위한
감성적 교감을 진정성 있게 펼침으로써
기업의 미래를 다지는
유스마케팅의 세계가 펼쳐진다.
기업 오너나 CEO가 먼저 유스마케팅이야말로
기업의 미래를 지키는 유일한 길임을 깨달아야 한다.
기업의 미래를 지키는 일은
대한민국의 미래를 지키는 일이다.

00
프롤로그

내 업무는 재미없는 걸 재미있게 만드는 일

처음 만난 사람들이 내게 무슨 일을 하느냐고 물을 때면 나는 이렇게 대답한다.

"재미없는 걸 재미있게 만드는 일을 합니다."

이 시대에 '재미'가 갖는 의미는 특별하다. 그래서 기업들은 너나 할 것 없이 마케팅이 재미있어야 하고 콘텐츠도 재미있어야 한다며 이를 위한 대책과 방안을 찾는 데 여념이 없다.

재미있다는 건 대체 무엇일까? 평소 보이지 않던 게 갑자기 보이고, 굳이 읽어보려 하지 않아도 저절로 읽히고, 어렵고 복잡하게 느껴져 쳐다보지도 않았는데 갑자기 들여다보게 되고 그래서 결국에는 주변에 알리지 않고는 못 배기게 만드는 것. 이 모든 것을 가능케 하는 것이 바로 재미이다. 기업이 마케팅을 전개함에 있어 고객들이 재미를 느끼며 웃음 짓고, 다른 사람에게 꼭 이야기해주고 싶은 마음이 들게끔 감성적 공감을 이룬다면 그제야 '친근한 소통'을 시작하기 위한 기본자세를 갖추었다고 할 수 있다.

나는 14년째 이런 친근한 소통을 위한 마케팅 프로젝트를 맡아왔다. 유스마케팅이라는 주요 영역 아래 감성마케팅, 캐릭터마케팅, 스토리마케팅 등을 다루어왔다. 기업의 마케팅과 브랜딩 기능 중에서 '커뮤니케이션'에 해당하는 일을 주로 해온 것이다. 그것도 단순한 커뮤니케이션이 아니라 어떻게 하면 고객과 친근하고도 지속적인 커뮤니케이션을 할 것인지를 파고들며 일했다.

이렇게 일하는 과정에서 수많은 기업 CEO와 임직원을 만났다. 다양한 업종의 기업이었고 처한 상황도 제각각이었다. 그렇지만 이들은 비슷한 고민을 안고 있었다. 주요 관심사, 컨설팅과 미팅의 주제, 질문하는 내용 등에서 공통점을 찾을 수 있었다. 그것은 내가 오랫동안 집중해온 것과 일치했다.

바로 '친근한 소통'에 기업과 마케터의 고민과 관심이 쏠려 있었다. 어떻게 하면 친근한 소통을 이루어내고 이를 지속적으로 유지하여 해당 분야에서 리마커블(Remarkable)한 기업으로 자리매김할 수 있을

지에 대해 촉각을 곤두세우고 있었다. 그런데 친근함은 지속적인 '관계'가 이루어질 때 일어나는 감정이다. 서로 가깝다는 느낌이 드는 관계에서 친근함이 일어난다. 이런 친근한 '관계'가 맺어지면 비로소 남과 다른 특별한 '감정'이 생긴다. 즉 '관계'가 맺어지지 않은 소통은 감정이 형성되지 않은 상태이므로 지속성을 갖는 친근한 소통이 될 수 없다.

이 책은 기업과 마케터의 이런 고민에서 출발했다. 기업 CEO나 현장의 마케터들에게 들었던 고민은 그들만의 것이 아니다. 나의 일, 당신의 일, 우리 모두의 고민이며 해결해야 할 과제다. 고객과의 친근한 관계 맺기와 지속적 소통은 기업 마케팅이 안고 있는 기본 사명이다. 그리고 무엇보다도 '누구와' 친근한 관계를 맺고 꾸준한 소통을 할지가 중요하다. 나는 '유스세대'에 주목했다. 지금 자라나는 세대는 기업의 미래 고객이다. 기업의 미래가 그들에게 달려 있는 것이다.

지금껏 유스세대를 대상으로 펼쳐왔던 다양한 기업 프로젝트의 수행 사례들을 통해 알게 된 유스마케팅의 노하우를 나 혼자 간직하기에는 아쉬움이 컸다. 새로운 프로젝트가 시작될 때마다 똑같은 설명과 교육을 해야 하는 것도 쉽지 않았다. 내가 알게 된 것들, 알아온 것들, 나 혼자 알고 있기엔 아까운 것들을 여러 기업들과 공유함으로써 미래를 함께 준비해나가고자 한다. 나의 경험과 노하우를 전달하고 나눔으로써 기업이 취할 수 있는 것들이 많을 것이라고 생각한다.

그래서 유스마케팅에 대한 새로운 생각과 통찰력을 전할 수 있으리라 확신한다. 이러한 요소들이 모두 모여 나로 하여금 이 책을 쓰게끔 이끌었다.

▲▲▲

미래를 위한 최고의 선택, 유스마케팅

유스마케팅은 우리 어린이, 청소년, 꿈나무를 위하는 일이다. 기업이 대한민국의 미래를 이끌어갈 꿈나무들에게 관심과 애정을 쏟아 함께 성장하고자 하는 진정한 노력이다.

어떻게 하면 기업 브랜드를 미래 세대에게 친근하면서도 자연스럽게 심을 수 있을까? 어떻게 하면 그들의 미래에 도움이 되는 활동을 전개할 수 있을까? 어떻게 하면 현재 벌이고 있는 모든 활동을 기업의 미래를 대비하는 역할과 기능으로 잘 연결시킬 수 있을까?

이 책은 바로 여기에 집중하고 있다. 미래 세대와 친근한 관계를 만드는 감성적 교감을 진정성 있게 이뤄나감으로써 기업의 미래를 다지는 유스마케팅의 세계를 다루고자 한다.

우리나라에서는 많은 기업이 어린이들을 대상으로 다양한 마케팅 활동을 펼치고 있다. 하지만 과연 지속성에 대해 얼마나 고민하면서 전개하고 있는지 그리고 어떠한 진정성을 품고 있는지 등을 점검해볼 필요가 있다.

어린이의 마음속에 처음 심어진 기업과 브랜드의 이미지는 평생 이어질 수 있다. 10대에 없던 마음을 20대에 갖게 하는 일은 무척 힘들다. 20대에 갖지 못했던 마음을 30대에 갖게 하려면 더욱더 어려울 것이다.

그래서 기업의 현재 매출을 높이기 위한 당면 활동과는 별개로 미래를 위한 유스마케팅의 새로운 장을 열어야 한다. 미래를 향해 나아가고 있는 기업이라면, 그 미래를 이끌 준비를 지금 시작해야 한다. 그러지 않으면 기업의 미래는 없다. 그동안 단순하게 생각하고 바라만 보았다면 지금부터 실행에 나서야 한다. 계속 미루다가는 너무 늦어버릴 것이다.

유스마케팅의 특별한 강점 중 한 가지는 미래 세대의 마음을 움직임으로써 그들 부모의 마음도 얻을 수 있다는 데 있다. 성인은 두 가지 관점에서 볼 수 있다. 첫째는 독립적 개체로서의 어른이고 둘째는 자녀와의 관계 속에서의 부모이다. 부모는 기업이 자기 자녀를 위해 실질적인 도움을 주는 것에 감동한다. 아이들을 위한 기업의 진심이 담긴 활동은 아이들에게는 즐거움을 부모에게는 감동을 가져다주는 것이다.

부모는 자녀를 사랑한다. 그들을 교육하고 그들이 꿈을 이루는 데 관심을 쏟고 투자를 아끼지 않는다. 이것은 시대를 막론하고 변하지 않는 진리다. 그리고 미래에는 이런 경향이 더 강해질 것이다. 기업에는 많은 부모가 근무하고 있으며 그 기업의 고객 또한 부모이다. 유스마케팅을 통해 '부모+자녀'라는 독특한 타깃에 접근하며 놀라운 가치를 경험하기 바란다.

이 책은 중대한 질문을 던진다. 지금으로부터 5년 후, 10년 후, 20년 후, 당신과 당신의 기업은 어떻게 변해 있을까? 당신의 회사는 인재들이 일하고 싶어 몰려드는 기업이 되어 있을까? 이런 질문에 희망적인 답변을 내놓기 위해서는 무엇을 해야 할까?

이 책은 이런 질문에 답하고 있다. 국내 기업 중 유스마케팅을 체계적이고 깊이 있게 다루고 있는 기업 세 곳을 선택하여 그 사례를 중심으로 유스마케팅의 가치와 방법론을 탐구한다. 이 세 기업은 기업의 브랜드를 고객의 어린 시절에 자연스러우면서도 친근하게 심어 주고자 특별한 노력과 투자를 쏟고 있다.

▲ ▲ ▲

입체적인 사례 분석

유스마케팅은 신개념으로 떠오르고 있는 이슈이다. 그래서 아직까지는 벤치마킹할 만한 사례들을 다룬 자료나 책이 딱히 없는 실정이다. 이런 상황에서는 실질적 경험과 같은 자세한 사례들을 통해 감을 갖는 것이 가장 이상적이다. 이 책이 그 역할을 했으면 좋겠다. 아울러 이 책을 시작으로 유스마케팅의 전문적 이론을 기술한 책과 다양한 국내의 사례들을 분석한 책들이 많이 출간되었으면 한다.

앞서 밝혔듯 이 책은 유스마케팅을 선도적으로 도입한 기업 사례들을 바탕으로 한다. 그런데 사례 위주로 구성해놓은 마케팅과 브랜딩 관련 책들은 무수히 많다. 책 한 권에 짤막짤막한 사례들이 빽빽하다. 간략하게 개요만을 엿보는 짤막한 사례는 '그렇구나' 하고 독자의 머리를 끄덕이게 할 수는 있으나 그 이상은 없다. 그런 짤막한 사례로는 실질적 동기부여나 실행에 대한 감(感)을 잡기도 어렵다.

이 책은 이런 한계를 극복하기 위해 애썼다. 짧은 사례들을 나열하거나 이론적인 설명을 인용하여 반복하는 대신 사례 하나하나를 자세히 펼쳐놓아 실질적인 간접 경험이 될 수 있도록 했다. 그리고 세 기업을 신중하게 선택하고 깊이 있게 추적함으로써 그 기업들이 실제로 고민하고 실행해온 과정과 결과를 선명하게 관찰할 수 있도록 했다.

나는 프로젝트를 위해 만나야 하는 시간과는 별도로 책을 쓰기 위해 약 6개월간 해당 기업의 경영진과 마케팅 담당자들과 수차례 미팅을 거쳤고 이를 통해 유스마케팅의 가치를 함께 정리하는 과정을 밟았다. 이것은 단순한 사례가 아니다. 성공한 사례를 그저 전달하고자 하는 목적도 없다. 사례를 통해 어떤 점을 느끼고 배울 수 있을지가 중요하다. 강렬한 동기부여와 실행에 명확한 감을 잡을 수 있게 해주는 생생한 체험이 될 수 있도록 노력했다.

유스마케팅은 완전히 새로운 개념은 아니지만 아직은 낯설다. 이슈가 크게 부각되기 시작한 지 5년이 채 안 되었다. 우리나라 기업들이 막 움직이기 시작한 단계다. 그래서 성공 사례라고 이야기할 만한 내용이 그리 많지 않은 게 현실이다. 그렇기에 더더욱 유스마케팅에 대한 중요성을 깨닫고 선두에서 이끌어가고 있는 기업의 사례가 중요하다. 다른 기업들이 벤치마킹할 수 있는 좋은 계기와 동기부여를 제공하기 때문이다. 나는 여러 사례를 간단히 나열하면서 대략적으로 설명을 하기보다는 유스마케팅을 체계적으로 전개해나가고 있는 현대자동차, 대한항공, 홈플러스 주요 세 기업에 집중하는 방법을 선택했다. 이 기업들의 유스마케팅 활동에 대한 전반적인 내용을 구체적이고 정확하게 정리했다. 그래서 다른 기업이 적용할 때 유용한 정보로 삼을 수 있도록 했다.

기업 담당자들을 만나면서 뜻밖의 경험을 하게 되었다. 이 책에 사례로 삼은 세 기업조차도 서로의 유스마케팅 활동에 대해서는 제대로 알지 못하거나 전혀 모르고 있었다. 그 기업들도 다른 참여 기업이 어떻게 유스마케팅을 다루고 있는지 궁금해했다. 보도 자료 등의 형태로 가끔 눈에 띄는 단편적인 내용으로는 실제 상황을 제대로 파악하기가 어렵기 때문이다. 이 세 기업은 유스마케팅을 기업의 핵심 경영전략으로 삼고 체계적이고도 집중적으로 이를 다루고 있는 기업이므로 다른 기업 사례를 쉽게 이해하고 효과적으로 받아들였다. 그 속에서 유스마케팅 담당자들도 더욱 성장했을 것으로 기대한다.

많은 기업이 이 기회를 통해 유스마케팅의 신세계를 목격하고 그 가치를 발견하기 바란다. 또한 미래 가치를 놓치지 않고 챙기는 기업들이 많이 늘어나길 희망한다. 이 책에 소개된 세 기업의 사례가 이것을 가능하게 해줄 것이다. 그리고 자신들이 수많은 시간 동안 공들여 이루어온 사례를 기꺼이 공개해준 기업에게도 더 없이 가치 있는 일이 될 것이다. 더불어 이러한 노하우의 공유가 오히려 도움을 주리라 믿는다. 따라오는 기업이 늘어날수록 리더 그룹은 더 긴장하면서 책임과 역할을 되짚고 더더욱 열성을 다하게 될 것이기 때문이다.

대기업일수록 오히려 다른 기업, 다른 계열사, 다른 부서에서 무슨 일이 어떻게 벌어지고 진행되고 있는지 속속들이 알기 어려운 경우가 많다. 그래서 기업 내부적으로는 다른 부서들에게 자사 유스마케팅의 태동부터 지금까지 이뤄온 것들을 명확히 알리는 계기가 되길 바란다. 기업 전체적으로는 미래 목표를 전사적으로 공유하여 같은 미래를 꿈꾸기를 바란다. 그리고 유관 부서들이 협업을 통해 시너지 효과를 낼 수 있기를 기대해본다.

그때그때 단발적인 행사의 형태로 미래 세대를 만나고 있는 기업들은 이제 그 지평을 넓혀야 한다. 유스마케팅을 체계적으로 전개해나가고 있는 기업을 만나보면서 우리 기업은 무엇을 어떻게 해야 할지에 대한 생생한 감을 잡을 수 있을 것이다. 사례를 검토하면서 시행착오를 줄이고 좋은 점은 받아들여 재창조해낸다면 기업의 미래를 준비하는 강력한 무기를 갖추게 될 것이다.

▲ ▲ ▲

이 책이 다루는 내용

이 책은 유스마케팅을 선도적으로 이끌어가는 세 기업 사례의 꼼꼼한 이해를 바탕으로 유스마케팅 전반을 다루고 있다. 특히 기업이 실제로 유스마케팅을 적용할 때 유용한 도움을 받을 수 있도록 구체적인 내용을 담고자 노력했다.

먼저 본문에 들어가기에 앞서 기업 현장의 오너와 CEO들이 유스마케팅을 어떻게 생각하는지 다양한 시각을 들어보았다. 그리고 프롤로그를 두어 책 전체 내용을 아울렀다.

제1부는 유스세대가 누구이며 어떤 특성이 있는지 이해하는 데에서 출발한다. 그리고 이런 유스세대를 대상으로 하는 유스마케팅의 개념과 특성, 타깃을 설명한다. 마케팅, 브랜딩, CSR 등과 비교해서 설명함으로써 더 자세한 이해가 가능하도록 했다. 그리고 유스마케팅에 어떻게 접근하는지에 대한 방법을 다루었다.

제2부는 유스마케팅을 선도하는 국내 세 기업의 사례를 집중적으

로 실었다. 국내 최초로 유스마케팅 전담팀을 구성하여 본격적인 유스마케팅을 펼치는 현대자동차, 기업 아이덴티티를 잘 살려 항공사만이 잘할 수 있고 항공사만의 장점이 드러나는 유스마케팅을 펼치는 대한항공, CSR의 굳건한 토대 위에서 유스마케팅을 전개함으로써 자녀와 부모 세대의 마음을 얻고 있는 홈플러스의 사례를 현장감 있게 묘사했다.

제3부에서는 유스마케팅 전개를 위한 전략과 방법론을 제시하고 있다. 유스마케팅 도입을 위한 준비 과정에서부터 프로그램과 콘텐츠 제작 지침에 이르기까지 실제 적용을 위한 내용이 풍부하게 실려 있다. 특히 인터넷과 스마트폰을 공략하기 위해 어떠한 디지털 콘텐츠로 무장해야 할지, 시각적 효과와 재미에 민감하며 강한 확산력을 가지고 있는 유스세대에게 어떠한 교육적 가치를 갖고 접근해야 효과적일지에 대한 실질적 내용을 다루고 있다.

▲▲▲

유스마케팅 도입의 계기가 되는 책

미래 성장 세대는 진정한 글로벌 세대다. 또한 진정한 디지털 세대다. 그들은 웹과 모바일, SNS로 세계와 소통하는 1인 미디어다. 그들은 태어날 때부터 컴퓨터와 디지털 기기를 접하며 마치 타고난 듯 이것들을 다루는 데 매우 능숙하다. 그들은 성장 시기부터 시장에 엄청난 영향력을 발휘한다. 그들과 함께 성장하지 않는 기업은 그들이 이끌어갈 미래 세상에서 성장을 지켜내기 어려울 것이다.

미래를 예측하기 어렵지만 이 사실만은 분명하다. 이런 미래를 정확히 읽고 있다 해도 실제 행동에 나서지 않으면 아무런 의미가 없을 것이다. 예측으로 그치지 않고 고민을 거듭하고 지금부터 바로 실천에 나서는 것이 관건이다.

유스마케팅을 제대로 도입하여 지속적으로 실행하기 위해서는 기업 오너의 안목과 결단이 필요하다. 사실 실무진 선에서는 유스마케팅에 관한 니즈가 매우 강하다. 그러나 전사적인 차원에서 다룰 이슈이기 때문에 담당자의 의지만으로는 실현이 불가능하다. 유스마케팅은 윗선에서 강한 의지를 가졌을 때 비로소 불이 붙을 수 있다.

현대자동차는 최고경영진의 의지로 유스마케팅팀이 조직되어 본격적인 유스마케팅을 전개할 수 있었다. 대한항공에서는 조현민 전무의 젊은 감각과 글로벌 마인드가 유스마케팅 도입의 기폭제가 되었다. 미래 세대를 체감하는 온도가 뜨거울 수밖에 없는 젊은 임원의 등장으로 그들의 미래를 함께 만들어가는 일을 하나하나 실현할 수 있었다. 그리고 이는 대한항공을 젊은 기업으로 재탄생시켰다. 홈플러스는 설립 시기 때부터 사회에 기여하며 동반 성장하고자 하는 이승한 회장의 의지가 남달랐다. 이 CSR의 가치가 유스마케팅 전개의 바탕이 되었다.

기업 오너나 CEO가 유스마케팅이야말로 기업의 미래를 지키는 유일한 길임을 먼저 깨달아야 한다. 기업의 미래를 지키는 일은 대한민국의 미래를 지키는 일이다.

우리는 지금 진정한 디지털 1세대와 함께 살고 있다. 그들은 태어나자마자 디지털 세상을 만났다. 모든 것이 디지털화된 환경에 살기 때문에 굳이 '디지털화'를 의식할 필요도 없다. 그들은 기성세대와는 완전히 다른 발상과 사고방식을 가지고 있다. 따라서 낯설기 그지없는 그들을 이해하는 노력을 유스마케팅의 출발점으로 삼아야 한다. 변화의 인식만으로는 부족하므로 그들과 자주 만나야 한다. 나는 기업 경영진부터 유스세대의 생각과 사고방식, 그들과의 소통에 관심을 갖고 그들과 만나고 이야기할 기회를 자주 만들어야 한다고 생각한다. 미래에 대해 예측하고 미래를 계획하는 일은 이런 소통 속에서 구체적인 모습을 갖추게 될 수 있다.

새로운 세상에 살고 있는 그들은 어떤 미래를 그리고 있을까? 어떻게 살고 싶어 할까? 어떤 꿈을 꾸고 있을까? 이것을 알지 못하면 아무리 앉아서 고민하고 연구해봐도 소용없다. 기업 오너나 CEO의 타고난 사업적 감각과 감은 더는 작동하지 않을 것이다. 디지털 시대는 이대로 멈춰 있지 않는다. 이제 겨우 태동이 본격화되었으며 진화를 거듭할 것이다. 그리고 진정한 디지털 혁명은 디지털 세상에 태어난 유스세대들, 즉 디지털 1세대에 의해 이루어질 것이다.

새로운 그들이지만 다가설 방법은 있다. 그들은 기성세대와 마찬가지로 아니 그 이상으로 감성적이다. 즐길 줄 알고 감동할 줄 알고 사랑할 줄 안다. 게다가 마음에 들면 혼자 좋아하지 않고 주변을 물들이고 세상을 물들인다. 이제 그들 마음속으로 들어가자. 그들과 함께 성장하여 그들이 주역이 될 미래 세상에서 성공을 거머쥐자. 이 책이 그 길을 안내하는 나침반 역할을 할 것이다. 유스마케팅이야말로 기업 미래를 준비하는 핵심 경영전략이기 때문이다. 체계적이고 지속적인 유스마케팅 없이는 기업의 미래를 장담할 수 없을 것이다. 이 책이 유스마케팅의 가치를 발견하고 실행을 이끄는 강력한 계기가 되기를 바란다.

이 책은 마케팅팀과 브랜드전략팀 담당자가 읽고 팀장에게 선물해야 할 책이다. 또한 팀장이 읽고 임원에게 선물하고 임원이 읽고 CEO와 오너에게 선물해야 할 책이다. 또한 CEO와 오너가 읽고 모든 임직원과 공유해야 할 책이다.

지금으로부터 5년 후, 10년 후, 20년 후,
당신과 당신의 기업은 어떻게 변해 있을까?
당신의 회사는 인재들이 일하고 싶어
몰려드는 기업이 되어 있을까?
이런 질문에 희망적인 답변을
내놓기 위해서는 무엇을 해야 할까?

WHY

?

Part 1

왜
유스마케팅인가?

▼

제대로 접근하라

벚꽃의 꽃말은?

아! 놀고 싶다

잔소리는 No thank you

하고 싶은 거 좀 하고 살면 안 되나요?

아, 귀찮아!

나 좀 내버려두세요

공부가 인생의 전부는 아니잖아요?

다 생각이 있다고요

알아서 한다고요

거 봐요, 믿으라니까요

내 꿈은 내가 정해요

나는 나예요

우리는 생각보다 더 많이 알아요

어른보다 훨씬 더 잘 다룬다고요

우리는 뭐든 엄청 빨라요

심심해 보이는데 내가 놀아줄까요?

재미있는 이야기 좀 해주세요

청개구리 같다고요?

에이~ 재미없어

전 커서 되고 싶은 게 정말 많아요

도전, 도전, 또 도전

스펙 쌓기는 이제 그만!

내가 하고 싶은 일을 찾아서!

행복하게 일하고 신나게 놀자

내 짝은 어디에 있는 걸까?

취업이 안 되면 어떡하지?

돈을 많이 벌고 싶다!

난 성공할 수 있을까?

나만의 멘토가 있으면 좋겠다

어학연수는 필수!

배낭여행에 꼭 한 번 도전하기!

나의 가장 큰 라이벌은 나다!

꿈은 이루어지지 않을 수도…

좀 더 열심히 공부할걸…

좋아하니까 좋아한다

멀티플레이어가 되자

덤벼라, 세상아!

난 유스 세대다 !

지금부터 우리는 이들을 유스(Youth)세대라 부를 것이다.

그들은 부모의 희망이며,

미래를 이끌어갈 주인공이다.

대한민국은 그들에 의해 더욱 성장할 것이며,

세계가 그들의 무대가 될 것이다.

기업의 미래는 그들에게 달려 있다.

이것이 바로 기업이 그들을 주목해야 할 이유다.

기업은 지금 이 순간부터 그들에게 집중하고

그들을 진정한 친구로 만들어야 한다.

그들을 하루아침에 친구로 만들 수 있는 방법은 없다.

기업의 미래를 쥐고 있는 그들을 어떻게 친구로 만들 것인지

이제부터 그 방법을 구하지 않으면 늦을 것이다.

WHAT IS YOUTH

지금부터 '그들'이라고 부르게 될 유스(Youth)세대에게 인터넷은 그들 생활의 일부다. 스마트폰은 그들 신체의 일부일 정도로 24시간 그들 곁에 함께한다. 인터넷과 모바일 세상에 적극적인 그들은 가상 세계에서 당당하게 자신의 목소리를 낸다. 사진, 영상 등 시각적으로 매력적인 것에 민감하게 반응한다. 재미있지 않으면 거들떠보지도 않고, 쿨하게 자신을 표현하는 것을 중요시한다. 해야 하는 일보다 하고 싶은 일을 좇는다. 가르치려 하거나 대화를 컨트롤하려고 하면 그들은 즉각 외면할 것이며, 그들의 이야기에 공감하고 솔직하게 마음을 나누면 그들은 나에게로 다가와 친구가 되어 줄 것이다.

1부에 들어가기 앞서

지금부터 유스세대를 유아, 초등학생, 중·고등학생, 대학생으로 구분하여 각 세대의 성향과 특징을 자세히 살펴보자. 우리가 잘 알고 있다고 생각하는 것처럼 과연 잘 알고 있는지, 무엇을 잘 알고 있고 무엇을 모르고 있는지, 어떻게 그들을 이해하고 있는지 꼼꼼하게 짚어보자.

단, 그저 그렇게 알고 이해하는 시간이 아니길 바란다. 기업은 이 시간을 통해 유스세대의 성향과 특징을 면밀히 파악한 후 어떻게 하면 마케팅에 잘 활용하고 접목시킬 수 있을지, 어떻게 하면 미래 시장의 주 고객이 될 그들 마음을 미리 선점할 수 있는지에 집중해야 한다.

이 책에 제시되어 있는 사실과 내가 이미 알고 있는 사실들을 모두 머릿속에 정리해두자. 그리고 그들에 대한 감(感)이 어느 정도 생겼다면 이제 유스마케팅을 본격적으로 시작해도 된다.

기업의 10년 후, 20년 후를 그리고 있는가?
그 그림은 결코
과거의 경영전략을 고수해서는 그릴 수 없다.
뚜렷하게 보이는 것 너머에 존재하는
새로운 세계를 화폭에 담아야 한다.
유스세대를 놓치는 것은
기업의 미래를 놓치는 것과 같다.
그들이야말로 새로운 세상을 만들어갈
미래의 주역이기 때문이다.

01
유스세대,
그들에 대한 감을 갖자

우리가 잘 아는 신세대를 구별하는 이름에는 'X세대', 'Y세대', 'V세대' 등이 있다.

X세대는 1990년대 중반 무렵에 등장한 새로운 세대를 가리키던 말이다. 이들은 자유롭게 생각하고 자신의 뜻대로 행동하는 개성이 뚜렷한 존재로 주목을 받았다. 컴퓨터와 인터넷 활용이 익숙한 첫 세대인 이들은 이제 어느 정도 나이가 들었고 또 다른 신세대의 부모가 되어 있다.

Y세대는 IT세대, 글로벌 세대, 밀레니엄 세대 등으로 불리며 비교적 최근까지도 흔히 접하는 세대이다. Y세대는 다른 나라와 문화에

대해 개방적이며 호기심이 많고 도전을 주저하지 않는다. 또한 유행에 민감하여 늘 소비의 중심에 있다.

V세대는 인터넷을 더욱 친숙하게 여기는 가장 최근의 세대이다. 이들은 가상 세계를 일상의 일부로 적극 수용한다. 인터넷상의 이슈들에 앞서서 참여하고 자신의 의사를 표현하는 데 주저함이 없다. 특히 사진이나 동영상 등 시각적 자극에 민감하게 반응하는 성향이 두드러진다.

이런 세대의 구분은 시대적 변화에 따라 약 10년 정도를 주기로 새롭게 떠오른 신세대들의 새로운 가치관과 행동 양식 등을 적절히 설명하기 위한 것이다. 피터 드러커(P. F. Drucker)는 『새로운 현실(The New Reality)』 한국어판 서문에서 "세계 역사상 그 어느 나라도 현재 살아 있는 한국인이 그 일생 동안에 겪었던 것과 같은 급격한 변혁을 경험해본 나라는 없다"라고 말한 바 있다. 꼭 피터 드러커의 말을 인용하지 않더라도 우리의 한 '세대'는 서양의 한 '시대'와 견줄만한 변화를 겪었다. 앞으로도 지금의 신세대는 기성세대가 되고 또 다른 신세대가 출현하여 새로운 변화를 이끌어나갈 것이다.

여기서 분명하게 짚고 넘어갈 것이 있다. 이 책에서 '그들'이라고 칭하는 '유스(Youth)세대'는 그런 시대적 기준으로 분류되는 세대가 아니다. 그들은 과거, 현재, 미래를 가리지 않고 그 어느 시점에서나 존재하는 세대이다. 이 책에서 정의하는 '그들', '유스세대'는 어느 시대를 막론하고 목격할 수 있는 꿈나무들이다. 아직은 부모의 품 안에 있지만 장차 스스로의 힘으로 세상에 나아갈 준비를 하고 있는 미래의 주인공이 바로 '유스세대'이다. 그들은 어느 시대에서든 주목받아야 할 가치가 있다. 그들은 미래에서 온 메신저이며, 10년 후, 20년 후의 세상이 어떤 모습일지 상상할 수 있게 해주는 프리뷰어다.

여기서 한 가지 중요한 질문을 던져야겠다. 우리 기업들은 유스세대가 보내오는 메시지에 제대로 응답하고 있는 것일까? 특히 마케팅 영역에서 그 어느 시대보다 막강한 영향력을 미치고 있는 유스세대의 존재감을 기업들은 얼마큼 체감하고 있는 것일까? 그들이 만들어내고 있는 새로운 현상과 변화를 그저 표면적으로 이해하는 정도로 그쳐서는 안 된다. 그들이 호흡하고 있는 문화적 공기를 함께 마셔야 한다. 그래야 기업의 미래를 지킬 수 있다. 그들 유스세대에 대한 제대로 된 '감(感)'을 가져야만 기업은 밝은 미래를 꿈꿀 수 있을 것이다.

▲ ▲ ▲

새로운 세상의 중심에 그들이 있다

모든 기업의 눈은 미래를 향해 있다. 미래는 기업이 오늘을 사는 이유이다. 그래서 기업은 끊임없이 새로운 상품을 만들어내며 매출 성장을 추구한다. 하지만 이런 목표는 고객의 마음을 사로잡지 못하면 절대 이룰 수 없다. 문제는 고객의 마음을 늘 붙잡아둘 수는 없다는 데 있다. 세상이 변하면 고객도 변한다. 새로운 고객이 등장하여 새로운 시장을 이룬다.

장차 직업을 갖고 부모에게서 독립하게 될 미래 고객인 그들은 기업에게는 그 마음을 사로잡아야 할 새로운 고객이다. 그런데 이 새로운 고객은 지금껏 겪어보지 못한 독특한 존재이다. 그들은 기존에 존재하지 않았던 인터넷과 스마트폰이 만든 환경 속에서 SNS를 통해 인간관계를 맺으며 살아간다.

그들에게 컴퓨터와 인터넷이 없는 세상은 상상조차 할 수 없다. 스마트폰은 그들 신체의 일부이다. 원하는 정보를 즉각 찾아보고 습득하는 또 하나의 두뇌이며, 나와 관계를 맺은 이들과 24시간 언제든지 소통하게 해주는 도구이다. 그들은 음악을 들으면서 공부하는 등 동시에 두세 가지 행동을 한꺼번에 하는 멀티태스킹이 가능하다. SNS를 통해 자신의 의견을 당당하게 표현하며, 관심 있는 이슈에 동참하는 것을 주저하지 않는다. 또한 자신의 의견이 공유되고 즉각적인 반응과 피드백이 돌아오는 것을 즐긴다.

그들이 새로운 이유는 바로 이 점이다. 그들은 기성세대와 달리 인터넷과 모바일의 가상 세계를 적극적으로 자신의 현실로 만들어간다. 그들에게 가상 세계는 현실 세계를 기능적으로 보조하는 공간이 아니다. 참여와 공감, 이슈의 확산을 불러일으키며 현실을 창조해나가는 또 다른 세계다. 그들은 기성세대와는 다른 세상에 살고 있다. 그런 그들을 제대로 알려고 하지 않는 것은 미래에 대한 예측을 포기하는 셈이다. 미래에 대한 예측을 포기하는 것은 기업 경영에 있을 수 없는 일이다. 기업의 미래가 온전히 그들에게 달려 있다고 해도 과언이 아니다. 그들의 창조적 가치를 긍정적으로 받아들여야 한다. 그리고 적극적인 마음으로 그들을 만나고 느껴야 한다. 그래야만 그들이 그려나가는 미래에 동참할 수 있다.

▲▲▲

무엇이든 잘 다루고 빠르게 습득하는 신기한 꼬마들

지금 유아 세대는 말도 채 익히기 전부터 엄마, 아빠의 IT 기기를 가지고 논다. 스마트폰이나 아이패드로 애니메이션을 보고 어린이 포털 사이트에 접속하여 다양한 가상 체험을 즐긴다. 좋아하는 캐릭터를 검색해서 관련된 상품을 찾아내고 사달라고 조르기도 한다. TV나 인터넷을 보다가 갖고 싶은 것이 눈에 띄면 곧바로 부모에게 의사 표현을 한다.

더 놀라운 것은 IT 기기를 배우는 속도다. 유치원에 다닐 나이쯤이면 누가 가르쳐주지 않아도 스마트폰을 자유자재로 다룬다. 여기저기 눌러보면서 어느새 부모도 모르는 기능을 알아내곤 한다. 꼬마들이 할아버지, 할머니에게 문자나 카카오톡의 사용법을 가르쳐주는 모습은 어느 가정에서나 볼 수 있는 흔한 광경이 되었다.

기존 세상에서는 없던 이 새로운 꼬마들이 시장을 변화시키고 있다. 단순히 아이들을 위한 상품이 많이 팔린다는 이야기가 아니다. 아이들이 부모의 쇼핑 패턴을 아예 통째로 변화시킨다는 뜻이다. 부모가 생활용품이나 식품 등을 살 때 모두 아이에게 적합하고 아이가 좋아하는 것들을 위주로 쇼핑하게 되었다. 상품 구매에 있어 아이들이 절대적인 결정권을 행사하는 셈이다.

새로운 꼬마들이 이처럼 막강한 힘을 갖게 된 배경에는 신세대 부모들의 존재가 있다. 요즘 아이들은 과거와는 달리 부모의 집중적인 관심과 애정 속에서 자란다. 신세대 부모들은 아이들이 좋아하는 것이라면 일단 관심을 둔다. 부모의 일상 전체가 아이를 중심으로 이뤄지고 있다고 해도 과언이 아니다. 특히 신세대 아빠들의 가정관과 교육관은 변화된 부모상을 잘 보여준다. 요즘 신세대 아빠들은 아이들이 좋아하는 만화를 함께 보고 동화 속에 등장하는 캐릭터들의 목소리와 행동을 흉내 내며 아이들과 재미있게 놀아준다. 아이가 스마트폰을 달라고 하면 떨어뜨릴까 봐 불안해하면서도 결국 아이에게 스마트폰을 내준다. 예전에 엄마들이나 하던 행동을 이제는 아빠들도 거리낌 없이 한다. 오히려 '딸 바보', '아들 바보'라는 말을 듣는 걸 즐기는 이들이 요즘 신세대 아빠들이다.

엄마, 아빠의 스마트폰을 만지다가 끝내는 자신의 장난감으로 만들어버리는 아이들, 부모의 어깨너머로 컴퓨터 다루는 법을 스스로 익히는 아이들, 말보다 디지털 기기를 먼저 배우고 누가 가르쳐주지 않아도 그 기능과 사용법을 능숙하게 터득하는 그들이 만들어갈 미래 세상은 어떤 모습일까? 틀에 갇힌 어른들의 상상력만으로는 잘 그려지지 않는다.

▲ ▲ ▲

원하는 걸 얻고, 좋아하는 걸 할 수 있는 파워풀한 초등학생

학교 홈페이지에 접속하여 과제물을 확인한다. 카카오톡으로 친구들과 정보를 공유하고 인터넷 서핑을 통해 원하는 자료를 찾아 과제물을 완성한다. 시험공부를 할 때에는 많은 내용이 빼곡하게 기록된 두꺼운 참고서를 펼치기보다 요점 정리가 잘 되어 있는 블로그를 찾아 활용한다. 이것은 대학생이나 중·고등학생들의 이야기가 아니다. 현재 초등학생들의 일상이다.

인터넷 게시판 댓글의 반 이상을 초등학생이 단다는 말이 있을 정도로 이들은 이미 가상 세계의 주인공으로 살고 있다. 부모가 자녀의 스마트폰 사용을 통제하는 게 어려운 상황에서 인터넷 사용을 관리하는 것은 더더욱 힘들다. 공부나 숙제를 위해서는 인터넷을 꼭 사용해야 하기 때문이다. 한계가 없는 사이버 공간에서 우리 아이가 어디에 있는지 찾아내는 일은 불가능하다. 이렇게 초등학생들은 부모의 울타리를 벗어나 가상 세계에서 자유를 만끽한다.

그들의 가상 세계는 현실을 적극 창조하는 공간이라는 점에 주목할 필요가 있다. 자유를 만끽한다고 해서 결코 현실을 탈출하는 도피처의 개념으로 생각해서는 안 된다. 초등학생들이 만들어내는 사회적 영향력은 가볍게 넘길 수준이 아니다. 초등학생이 만들어낸 신조어나 줄임말 등이 얼마나 넓게 퍼져 사용되고 있는지 생각해보자. 현재 K-POP과 아이돌 문화 형성에 초등학생들의 힘이 절대적이었다는 평가도 나왔다. 초등학생들이 가상 세계에서 즐기는 '놀이'는 곧바로 그들의 욕구가 반영된 현실의 '문화'로 정착되는 경우가 많다.

상품 구매에 있어서도 초등학생의 힘을 결코 과소평가할 수 없다. 그들은 부모의 의견에 따라 상품을 사지 않는다. 그들 마음속에는 이미 특정 브랜드에 대한 선호가 자리를 잡고 있다. 자신이 관심을 둔 브랜드에 대해 친구들과 대화를 나누는 게 일상이 되었다. 여학생들은 친구의 생일에 그 친구가 좋아하는 브랜드의 화장품을 선물하기도 한다. 이렇듯 초등학생들은 소비문화의 어엿한 주인공으로 떠오르고 있다.

새로운 세상이 새로운 초등학생을 만들었다. 그들은 부모의 스마트폰을 자유자재로 다룬다. 이미 자신만의 스마트폰을 소유하고 있는 아이들도 많다. 카카오톡, 라인 등 자신이 즐겨 사용하는 소셜 채널을 통해 친구들과 쉴 새 없이 대화하는 것은 기본이다. 남학생들은 게임을, 여학생들은 다양한 카메라 앱을 설치해놓고 사진과 영상을 가지고 논다. 신체적 발달도 예전보다 훨씬 빨라졌으며 고학년이 되면 사춘기를 겪는다. 이들의 마음은 이미 중·고등학생과 다를 바 없다. 그만큼 주관이 뚜렷하며 상품을 살 때도 자신이 좋아하는 것에 대해 확실한 의견을 표현한다.

하지만 그들은 아직 정체성의 혼란을 겪고 있다. 어린이와 청소년 사이의, 이른바 '낀 세대'라고 할 수 있는 프리틴(Preteen)이다. 한편으로는 부모에게 어리광을 부리면서 한편으로는 어른처럼 대접받기 바란다. 아동기를 벗어나 독립적인 인격체로 성장하는 과정에서 혼란을 겪는 중이다. 그만큼 럭비공 튀듯 마음의 변화도 심하다. 그래서 기업 마케팅 측면에서는 그들의 니즈를 예측하는 게 좀처럼 쉽지 않다. 하지만 자신이 좋아하는 것을 빠른 속도로 주변에 확산시켜 트렌드를 만들어가는 그들이 매력적인 고객임은 분명하다.

▲▲▲

나는 나, 좋아하는 건 이미 정해져 있다

요즘 중·고등학생들이 정보를 찾아서 활용하는 능력은 혀를 내두를 정도다. 수많은 정보를 수집해 순식간에 자신이 원하는 콘텐츠로 편집·재가공해내는 건 대수롭지 않은 일이다. 스마트폰에 연결된 이어폰을 언제나 귀에 꽂고 다니는 그들에게 음악은 생활의 일부다. 부모와의 대화보다는 혼자만의 시간을 즐기며, SNS를 통해 자신을 중심으로 한 선택적 인간관계를 맺는다. 간섭받기를 몹시 싫어하지만 홀로 자신의 인생을 고민하는 성숙한 모습도 보인다.

중·고등학교 시절은 자신이 하고 싶은 것과 해야만 하는 것 사이에서 방황하는 시기이다. 그런 방황의 탈출구로 때로는 게임 중독과 같은 악습에 빠지기도 한다. 자칫 잘못 건드리면 폭발할 것만 같은 그들, 이것이 우리나라의 평범한 중·고등학생의 모습이다.

그들은 겉으로는 고요하다. 입시라는 절체절명의 과제를 앞두고 순응하고 있는 것처럼 보이기 때문이다. 하지만 공부에만 몰두하는 혹은 해야만 하는 시기이기에 그렇게 보일 뿐이다. 집안에서는 거의 모든 선택권을 그들이 쥐고 있다. 부모들은 웬만하면 입시를 앞두고 예민해진 그들의 심기를 건드리지 않으려고 노력한다.

그들은 상품 구매에 있어서도 완벽한 선택권을 행사한다. 부모 생각에 좋다 싶은 것을 추천해봤자 아무런 소용이 없다. 상품 구매에 있어서 부모가 할 일이라고는 그들이 원하는 물건을 구입만 해주는 역할이 전부다. 옷이나 신발 등을 살 때는 반드시 자신이 원하는 브랜드나 스타일이어야 한다. 부모는 묻지도 따지지도 않고 그들의 요구를 전적으로 따른다. 오히려 부모가 자신이 쓸 상품을 살 때 그들에게 의견을 묻거나 도움을 청하는 경우가 많다. 스마트 세상에서 소통하는 법을 배우는 쪽은 부모인 셈이다.

입시라는 전쟁터로 내몰려 있기에 그들은 하루빨리 어른이 되어 세상과 소통하려는 열망에 가득 차 있다. 중·고등학생과 소통하고자 하는 기업 마케팅은 이 점을 직시해야 한다. 그들은 자신이 하고 싶은 것을 찾고자 하는 열망, 자신의 잠재된 능력을 확인해볼 기회를 갖고 싶은 열망, 자신의 미래를 미리 체험해보고 싶은 열망, 교복을 벗고 한 번쯤은 자신의 개성을 마음껏 표현해보고 싶은 열망을 지니고 있다. 그들이 주도하는 미래가 궁금하다면 반드시 그들의 열망에 주목해야 한다.

▲▲▲

부모의 선택까지도 그들 손에 달려 있다

부모와 대화를 단절했던 중·고등학교 시절을 거쳐 대학생이 된 자녀는 어엿한 성인의 자격으로 부모와 마주한다. 그들은 비교적 동등한 위치에서 부모와 관계를 형성하고 의사 결정권을 행사한다. 한편으로는 자녀에 대한 부모의 의존도가 더욱더 커진다. 스마트 환경과 디지털 기기에 익숙하지 않은 부모는 오히려 그들의 도움을 필요로 한다. 그들은 생활의 전반적인 영역에 걸쳐 부모와 소통한다. 부모는 사회로 나서기 전 마지막 단계를 준비하는 그들에게 지원을 아끼지 않는다. 아직 경제적으로 독립하지 못한 상태지만 소비에서 그들의 영향력은 절대적이다.

대학생들은 리포트를 동영상으로 제작해서 USB에 담아 제출하고 컴퓨터와 인터넷을 자유롭고 능숙하게 다룬다. 소비에 대한 주관과 안목이 깊어지고 브랜드에 대한 평가도 더욱 날카로워진다. 자신이 체험한 상품이나 브랜드에 대한 의견을 SNS를 통해 공유하는 일에도 적극적이다.

그들은 자신을 위해 아낌없이 투자하며 미래를 위해 많은 에너지와 시간을 쏟아붓지만, 결코 취업을 돈을 벌기 위한 수단으로만 여기지 않는다. 그들은 자신이 행복하고 잘할 수 있는 일을 찾고 싶어 한다. 그래서 즐기면서 돈을 벌 수 있는 직업을 꿈꾸며 이를 위한 도전에 주저함이 없다. 설령 그 도전에 실패하더라도 미련을 오래 품지 않고 다시 도전한다. 나를 중심으로 끊임없이 새로운 것을 갈망하며 습득한 것을 공유하고 확산시키는 삶을 사는 그들은 가장 가까운 미래를 이끌어갈 주역이다.

02
미래 시장을 뒤흔들
강력한 그들과의 만남

우리는 역사상 진정한 첫 글로벌 세대를 경험하고 있다

그들에 대해 알아갈수록 점점 더 그들이 이해되지 않을 때가 있다. 그러나 분명한 점은 이해하기 힘들수록 더 강한 호기심이 생긴다는 것이다. 그만큼 그들의 세계는 매력적이고 다채롭다. 언제 어디로 튈지 모르는 그들을 자료와 리서치 등의 이론적인 틀 안에서 분석할 수 있다고 생각하면 오산이다.

우리는 과거에는 상상도 하지 못했던 새로운 세상에 살고 있다. 컴퓨터와 인터넷은 숨 가쁜 변화를 일으켰다. 그러나 이것은 시작에 불과했다. 모바일 기술은 그보다 훨씬 큰 문화적 변화를 몰아오고 있다. 언제 어디서나 원하는 정보를 얻을 수 있는 스마트폰은 이제 생활필수품이 되었다. 지구인 5명 중 1명이 이용하는 SNS는 개인 네트워크를 글로벌 무대로 확장시키고 있다. 모바일 기술은 또 하나의 새로운 테크놀로지라는 차원을 넘어섰다. 그것은 우리 삶의 패러다임을 전면적으로 바꿔놓았다.

유스세대는 이 새로운 패러다임 속에서 소셜 미디어로 소통하며 자신들만의 문화를 창조해나가고 있다. 따라서 그들이 만드는 트렌드는 누군가가 인위적으로 관리할 수 있는 현상이 아니다.

선택적 관계 맺기, 즉각적인 피드백과 공감을 통한 확산력 등과 같은 개방적인 소통 능력은 그들 스스로를 세상의 주체로 만들어간다. 원한다면 세계적인 스타와도 친구가 될 수 있다. 그들은 더 이상 미디어의 수용자가 아니다. 한 사람 한 사람이 1인 미디어다. 공유하고 싶은 게 있으면 동영상을 제작해 유튜브에 올림으로써 방송국의 역할을 거뜬하게 해낸다.

그들에게 세계는 하나로 인식된다. 실시간으로 업데이트되는 전 세계의 정보들을 언제든지 찾아볼 수 있기 때문이다. 그들은 국적이나 문화를 기준 삼아 세상을 여러 조각으로 나누지 않는다. 전 세계 어느 곳이든 즉각 접속할 수 있고, 전 세계 누구와도 관계를 맺을 수 있다고 믿는다. 태어난 나라는 '고향'일 뿐, 그들의 무대는 '세계'다. 우리는 인류 역사상 처음으로 진정한 글로벌 세대를 목격하고 있다. 그

들이 만들어갈 새로운 미래에 동참하고 싶은 기업들은 이런 특징들
을 세밀하게 살펴야 한다.

▲▲▲

그들은 각자 개성이 강하다

기업들은 지금까지 전형적인 방식을 통해 시장과 고객을 파악해왔
다. 기존 사례를 살펴보고 분석한 후 이론적 개념과 숫자로 계량화
된 결과로 평가하여 이를 경영 활동에 적용했다. 그러나 마케팅, 특
히 유스세대를 대상으로 하는 마케팅에서는 이 방식이 통하지 않게
됐다.

예를 들어 '타깃 그룹'이라는 개념을 생각해보자. 타깃은 고정된 실
체일 때 의미가 있다. 끊임없이 형태를 바꾸며 움직인다면 더는 '타깃'
이 아니다. 따라서 유동적인 스마트 시대를 살아가는 유스세대에게
'타깃 그룹'이라는 개념을 적용하기 어렵다. 지속적 관계를 추구하지
만 고정된 군집을 이루지 않는 그들을 하나의 타깃 그룹으로 분류하
는 것 자체가 무의미하다.

유스마케팅을 본격적으로 살펴보기 전에 이 점을 꼭 기억하기 바
란다. 기존 사례를 폭넓게 검토하는 노력은 바람직하다. 하지만 참고
하는 것 이상의 의미를 두어서는 안 된다. 유스세대가 살아가는 스마

트 환경은 예전에는 존재하지 않았기 때문이다. 지금 그들이 살고 있
는 세상은 10년 전에는 영화 속에서나 상상해보았던 세상이었다. 그
나마 그 당시에 10년 후 정도를 상상해보는 것은 쉬운 일이었을지도
모른다. 스마트 세상이 현실이 된 지금 시점에서 10년 후를 예측하는
것은 예전 같으면 100년 후를 예측하는 것과 다를 바 없다.

스마트 환경은 미래 시장에 대한 예측을 점점 더 어렵게 하고 있다.
집단에 의한 성과보다는 개별적 창의성이 강조되고 필연성보다는 우연
과 변칙 가능성이 풍부하기 때문이다. 특히 우리나라 기성세대에게 스
마트 환경은 더더욱 낯설다. 우리의 전통문화는 눈에 띄지 않게 평범
하게 살아가는 것을 미덕으로 간주했다. 그래서 '튀는 사람'을 긍정적
으로 받아들이지 않았다. 개성이 강조되고 제각각 튀는 게 오히려 평
범한 것으로 인식되는 그들의 문화가 낯설 수밖에 없다. 새로운 세상
의 새로운 그들을 이해하기 위해서는 과거로부터 이어진 선입견을 버
려야 한다. 예전처럼 그들을 하나의 타깃 그룹으로 묶어두고 모두 같
은 성향과 반응을 보이는 소비자로 간주하는 태도는 매우 위험하다.

▲▲▲

자신이 좋아하는 브랜드는 반드시 공유하고 퍼트린다

스마트 환경에서 사는 그들에게는 '느낌(Feel)'이 중요하다. 내가 왜

이 브랜드에 관심을 가져야 하는지 납득할 수 있어야 한다. 그 '느낌'을 받지 못한다면 그들은 결코 마음을 열지 않는다. 자신에게 어떤 색다른 감정이 일어날 때 비로소 그 브랜드에 대해 마음을 열고 받아들인다. 그들은 누군가 일방적으로 전달하려는 메시지는 그냥 흘려보낸다. 그 대신 자신이 무엇을 원하는지조차 분명하지 않은 상태에서 이리저리 돌아다니다가 우연히 시선을 붙잡는 그 무엇에 이유 없이 마음을 빼앗긴다.

그들에게 브랜드를 알리고자 하는 기업은 이 점을 놓쳐서는 안 된다. 기업이 원하는 곳으로 그들이 찾아오기를 기다리는 것은 정말 어리석은 일이다. 홈페이지 유입을 위한 광고나 이벤트는 더 이상 효과가 없다. 하루에 수십 건씩 메일함에 일방적으로 채워져 있는 기업 이메일 광고는 눈살을 찌푸리게 할 정도이다. 이제 그들이 모여 있는 곳으로 찾아가야 한다. 그들이 즐기며 놀고 있는 곳을 찾아다니면서 그들의 시선을 머물게 함으로써 자연스러운 만남을 가져야 한다. 그들은 자신이 좋아하는 곳에 친구들을 초대하여 정보를 공유하는 것을 즐긴다. 자기 마음에 든 것을 절대 혼자 감추어두지 않고 즉각 퍼트린다. 그들이 강력한 이유는 바로 이 때문이다. 그들의 강력한 힘을 활용하고자 하는 기업이라면 먼저 그들의 마음을 사로잡을 수 있어야 한다.

기업의 광고나 마케팅을 그대로 믿지 않는다

유스세대는 기업의 광고가 마음에 든다고 해서 그것만으로 상품 구매를 결정하지 않는다. 광고는 그들에게 새로운 상품의 존재를 인식하게 하는 단계에 머무를 뿐 구매를 유도하는 영향력까지는 발휘하지 못한다. 각종 이벤트와 판촉 행사도 마찬가지다. 그들은 증정품만 챙길 뿐 쉽게 지갑을 열지는 않는다.

그들이 구매를 결정하는 방법은 예전과는 사뭇 다르다. 관심이 있는 상품이 생기면 먼저 인터넷이나 자신이 즐겨 사용하는 소셜 채널 등을 통해 상품평과 의견을 찾아서 모아 본다. 그런 후에야 마음을 정한다.

이런 유스세대의 특징 때문에 블로그가 바이럴 마케팅의 강력한 도구로 떠오르기도 했다. 기업들은 인터넷상에서 빅 마우스 역할을 하는 파워 블로거들을 찾아 대가를 지불하며 회사 상품 리뷰를 요청했다. 이런 방식은 초기에는 어느 정도 효과가 있었다. 하지만 대가를 받고 쓴 리뷰가 순수하게 전달되기는 어렵다. 기업의 개입으로 만들어진 상품 리뷰는 또 하나의 일방적인 광고로 취급되는 상황이다.

그들이 기업에서 전달하는 광고나 마케팅을 신뢰하지 않는 이유는 일종의 학습 효과 때문이다. 과거 기성세대에게는 광고에 대한 신뢰가 있었다. 그래서 매체에 실린 광고를 본 후 구매를 결정하곤 했다. 하지만 막상 상품을 사서 사용해보면 기대했던 것과는 딴판인 경우가 다반사였다. 그들은 어려서부터 이런 일을 간접적으로 경험한 세대다. 부모, 친척, 주변 사람들의 불만을 들어왔다. 이미 소비자가 되기 전부터 머릿속에 '광고는 믿을 수 없는 것'이라는 선입견이 자리 잡은 것이다.

이제 기업이 변해야 한다. 기업의 의뢰로 만들어진 리뷰가 진정성을 의심받고 있는 상황에서도 새로운 변화를 모색하지 않는 기업들이 의외로 많다. 남들이 하니까 우리도 한다는 안일한 발상에 묶인채 소통이 전혀 일어날 수 없는 콘텐츠를 계속해서 생산해내고 있다. 페이스북, 트위터 등의 소셜 열풍이 불자 계정을 몇 개씩이나 운영하던 많은 기업들이 이제 와 계정을 폐쇄하고 있는 현상은 무엇을 의미하는 것일까.

유스세대에 대한 깊은 이해를 바탕으로 감성적 교류를 이루어낼 수 있는 소셜 콘텐츠를 개발하지 못한다면 그들과 쌍방향 소통을 나누는 게 불가능하다. 소셜 공간은 단어의 뜻 그대로 소통을 통해 형성되는 '사회적' 공간이다. 홈페이지나 블로그의 내용을 퍼다 나르기 바쁘고 상품 판매를 위한 또 하나의 도구로만 이용하는 등 소통의 기능이 전혀 없는 콘텐츠가 난무하는 소셜 공간을 그들이 떠나는 것은 당연하다.

유스세대가 주도하는 미래 시장의 마케팅을 위해서는 보다 긴 안목이 필요하다. 인터넷과 모바일 세상을 이끌어가는 그들을 위한 진정성 있는 전략 없이 그들의 마음을 움직이는 것은 불가능하다. 그들이 10대나 20대 때 그 브랜드와 상품에 대해 받은 느낌은 본격적인 소비자가 되었을 때도 크게 달라지지 않는다. 그러므로 진정한 소통을 이루는 친근한 기업 이미지로 좋은 첫인상을 심어주어야 한다. 그래야 지속적으로 브랜드 관리를 할 수 있다.

▲▲▲

그들은 차원이 다른 교육을 받고 있다

최근 여러 IT 기업들이 스마트폰과 연계해서 동작하는 로봇 등 교육용 스마트 기기를 속속 내놓고 있다. 이제 단순한 놀이용 완구는 설 자리를 잃고 있다. 본격적인 스마트 환경에서 교육받는 유스세대가 그 시장의 중심에 있기 때문이다.

우선 교육 콘텐츠의 품질이 월등히 향상됐다. 교육하는 방법과 형식 역시 과거와는 차원이 달라졌다. 그러므로 유스마케팅을 잘 전개하기 위해서는 그들이 어떤 교육을 어떻게 받고 성장하고 있는지 반드시 점검해보아야 한다.

실제로 요즘 초등학교에서 공부하는 광경과 수업 내용을 보면 교육 환경이 예전과는 비교할 수 없을 만큼 좋아졌다는 것을 알 수 있다. 학급 전체가 모니터 화면을 통해 교과서를 함께 보며 내용을 확인한다. 칠판이 아닌 교과서에 선생님이 직접 밑줄을 치고 강조하면 그 부분이 모니터를 통해 아이들에게 그대로 전달된다. 캐릭터와 노래로 제작된 애니메이션 동영상은 이제 특별한 수업 자료가 아니다. 기본적인 학습 보조 자료에 지나지 않는다. 궁금한 것이 생기면 선생님이 바로 인터넷에 접속하여 자료를 검색하기도 하고 학생들은 그 과정을 지켜본다. 숙제도 마찬가지다. 친구들의 숙제를 모니터로 공유하고 고학년 정도면 숙제를 파워포인트 문서로 만들어 제출한다. 모둠별로 만든 동영상 과제 역시 모니터를 통해 바로 확인할 수 있다.

대학교도 크게 달라졌다. 얼마 전 만난 교수님으로부터 예전과는 확연히 달라진 지금의 대학 분위기를 전해 들었다. 예전에는 교수가 학생들이 모르는 정보를 들려줌으로써 학생들에게 동경과 존경을 받았지만 지금은 그렇지 않다고 했다. 학생들의 리포트를 보면 마치 전문가의 프로젝트 같다고 한다. 교수조차 처음 접하는 정보들도 많고 동영상이나 파워포인트를 활용한 리포트의 형식 또한 마치 기술자가 마술을 부려놓은 듯한 멋진 결과물이 많다는 것이다.

이제 대학교수에게는 새로운 정보와 지식을 전달하기보다는 학생이 알아온 정보와 공부한 내용을 현실에서 사용 가치가 있도록 연결해주는 역할이 더 중요해졌다. 실제 현실에서 활용하고 응용할 수 있도록 이끌어주는 조력자의 역할을 잘 해내야 하는 것이 교수의 새로운 임무가 되었다.

교육 현장에서 정보와 지식의 양은 더는 문제가 되지 않는다. 그 대신 정보와 지식을 어떻게 가공하여 필요한 방향으로 활용하고 새롭게 재해석할 수 있는지가 관건이 되었다.

이렇듯 지식은 평준화되었다. 누구든 필요할 때 원하는 정보를 손쉽게 습득할 수 있다. OCW(Open Course Ware)를 이용하면 하버드나 MIT, 예일 등 미국 명문 대학들의 명강의를 집에서 편하게 그것도 무료로 들을 수 있는 시대이다. 남보다 더 많이 안다는 게 경쟁력이 되지 못한다. 그들은 원하기만 하면 언제 어디서든 찾고 싶은 정보를 쉽게 손에 넣고 자기 방식대로 재가공하여 소유할 수 있다.

그들은 그야말로 스마트한 교육을 받으며 성장하고 있다. 이런 새로운 인류와 소통하기 위해서는 그들의 교육 환경을 이해해야 한다. 이제 그들이 정보와 지식을 습득하는 방식, 그것을 활용하여 새로운 가치를 창출하는 방식에 주목하자.

유스마케팅 프로그램을 기획하는 과정에서는 교육적 콘셉트 결정, 콘셉트 수준과 방향 설정, 커뮤니케이션 방식 구상 등을 해야 하는데, 이때 그들의 교육 환경을 면밀하게 파악하는 것이 바탕이 되어야 한다.

그들이 열광하면 세계가 열광한다

아이돌이 등장하기 시작하던 초창기만 해도 이 현상이 오래가지 못하리라고 예상하던 사람들이 많았다. 하지만 그 예상은 빗나갔다. 아이돌 열풍은 그 끝을 예측할 수 없을 정도로 지속되고 있으며, 그 형태도 더욱 다채로워지고 있다. 한국의 아이돌 열풍은 'K-POP'이라는 글로벌 트렌드가 되어 전 세계를 강타하기에 이르렀다. 이는 결코 우연히 생긴 일이 아니다. 재미있는 게 있으면 즉각적으로 반응하고 전파시키는 유스세대가 창조해낸 새로운 현실이다. 또한 그들의 놀이터이자 생활 공간인 유튜브를 전진 기지로 삼아 일궈낸 문화 신드롬이다. K-POP 중에서도 특히 '싸이'의 성공에는 유스마케팅에서 주의 깊게 들여다볼 여러 시사점이 있다.

무엇보다 싸이의 성공에는 유튜브라는 국경을 뛰어넘는 소셜 미디어 플랫폼이 있었다. 유튜브에 올려진 흥미로운 영상은 링크를 통해 급속도로 확산된다. 그리고 새로운 형태로 편집·가공·재창작됨으로써 확산에 가속도가 붙는다. 유튜브 이용자는 누구나 콘텐츠 제작자가 될 수 있기 때문이다. 싸이는 이런 유튜브의 속성을 적극적으로 활용했다. 흥미로운 영상과 음악을 제공했고 저작권을 풀어놓아 이용자들이 자유롭게 자신만의 콘텐츠로 재창작하는 '놀이'가 될 수 있도록 만들었다. 그야말로 순식간에 세계로 퍼져나갈 수 있는 경쟁력을 사전에 갖춘 것이다. 콘텐츠가 충분히 매력적이라면 그 결과 또한 세계적일 가능성이 높다. 유튜브가 없었다면 싸이가 단숨에 세계적인 스타가 되는 일은 불가능했을 것이다.

콘텐츠를 생산하는 과정에서도 싸이는 의미 있는 교훈을 남겼다. 싸이의 「강남스타일」에서 깊이 들여다봐야 할 부분이 콘텐츠의 중요성이다. 싸이가 「강남스타일」의 안무를 만들 때 아이디어를 얻기 위해 채택한 방식은 '크라우드 소싱(Crowd Sourcing)'이었다. 상금을 건 공모에 전국의 안무가들이 대거 참여했고, 이 과정에서 중독성이 강한 말춤이 탄생했다. 몇몇 전문가에 의존하지 않고 여러 전문가의 참여를 이끌어냄으로써 흥행을 예감할 수 있는 아이디어를 얻을 수 있었던 것이다.

그리고 원본을 재가공하는 데 익숙하고 패러디를 즐기는 그들의 특성을 포착하여, 그들이 즐기고 놀 수 있도록 패러디 제작을 독려하며 공모한 것도 효과적이었다. 「강남스타일」의 패러디 영상은 수백 개가 넘고 5억이 넘는 클릭 수를 기록했다. 원작 콘텐츠를 자유롭게 가지고 놀 수 있는 진정한 놀이의 기회를 제공한 게 이런 엄청난 결과를 이끌었다.

이처럼 싸이의 성공은 유튜브라는 소셜 미디어 플랫폼과 경쟁력 있는 콘텐츠, 그리고 무엇보다 그들에 대한 철저한 이해와 공감을 기반으로 하고 있다. 그들의 마음을 사로잡는 법, 그들의 손가락을 움직이게 하는 법을 잘 알고 있었던 것이 싸이의 주요 성공 요인이다.

유스세대의 손에서는 스마트폰이 떨어지지 않는다. 인기 있는 유튜브 동영상과 웹툰을 보는 것은 빼놓을 수 없는 일과다. 그들의 손가락은 자신이 좋아하고 재미있다고 느끼는 것들을 주변에 퍼트리느라 바쁘다. 그들은 가요를 K-POP으로, 국내 가수 싸이를 월드 스타로 만들어냈다.

그들은 놀고 있지만, 의미 없이 놀고 있지만은 않다. 유튜브로 대변되는 소셜 미디어 시대에는 그들로 하여금 진정 놀고 즐길 수 있도록 해줘야 한다. 즐거우면 그들은 알아서 공유하고 확산시킨다. 그들이 지닌 이런 능력이 대한민국의 K-POP을 전 세계인들이 함께 즐길 수 있도록 만들었다. K-POP을 통해 대한민국을 알리고, 대한민국이 콘텐츠 강국임을 알리는 것 또한 미처 의도하지 않은 사이에 그들이 이루어낸 결과다. 인터넷과 모바일 세상에서 그들의 강력한 영향력은 이렇게 발휘된다.

기업은 그들이 무엇에 반응하고 열광하는지 촉각을 곤두세워야 한다. 그래서 감을 익혀야 한다. 그런 감을 갖고 난 이후에야 그들의 영향력을 제대로 활용할 수 있는 방법이 보일 것이다.

03
'유스마케팅'을
알아보는 시간

미래 성장 세대, 그들의 이름은 '유스'

마케팅 영역에서는 이미 다양한 형태와 방법으로 수행되고 있는 활동이 어느 순간 새로운 이름을 얻어 마치 기존에 없던 게 새로 생긴 것처럼 여겨지면서 재조명되는 경우가 있다. 유스마케팅도 이런 사례에 속한다. 독립된 마케팅의 한 영역으로 명확하게 인식되지 않았을 뿐 기업 미래를 위한 마케팅으로서 그 개념과 구체적인 활동은 항상 존재해왔다.

'유스(Youth)'의 사전적 정의는 '성인이 되기 전의 젊은 시기'이다. 하지만 이 책에서 '유스'는 유아부터 대학생까지를 포괄하는 개념으로 사용됐다. '젊음'이라는 단어가 미래를 이끌어갈 세대라는 의미를 함축적으로 포함하고 있기 때문이다.

어떤 마케팅이든지 출발점은 분명한 대상, 즉 타깃을 정하는 데 있다(뒤에 키즈마케팅과 유스마케팅의 구분에 대해서는 별도로 다루게 되므로 여기서는 키즈마케팅의 '타깃'에 대해서만 언급한다). 예를 들어 우리가 흔히 들어 온 '키즈마케팅'은 유아와 초등학생 정도의 어린이를 타깃으로 삼는다. 그런데 '키즈(Kids)'에 초등학생 전체를 포함시키는 데는 다소 무리가 따른다. 유아와 초등학교 고학년을 키즈의 범위에 함께 묶는 것이 어색하기 때문이다. 그렇다고 초등학교 5~6학년 학생을 따로 떼어내어 별도의 명칭을 붙이는 것 또한 번거롭다.

그래서 이 경우 '유스(Youth)'라는 단어를 사용하면 초등학생 전체를 자연스럽게 아우를 수 있는 장점이 있다. 흔히 '청소년'이라 불리는 중·고등학생과 '청년'이라 불리는 대학생을 모두 포괄하는 개념으로 쓸 때에도 같은 이점이 있다.

유스마케팅 안에서 타깃팅하는 대상에 따라 유아, 어린이, 중·고등학생, 대학생의 각 연령층으로 나누는 세대별 구분을 할 수 있다. 이는 전반적인 마케팅 영역에서 현재 상품의 활성화를 위해 그 대상을 세대별로 구분하는 것과는 다르다. 유아를 대상으로 상품을 만드는 회사에서 판매 활성화를 위한 활동은 마케팅 타깃이 유아가 되며 이를 '키즈마케팅'이라고 부른다. 같은 방식으로 초등학생을 대상으로 상품을 만드는 회사의 판매 활성화를 위한 활동은 마케팅 타 깃이 초등학생이 되고 이는 '키즈마케팅'이나 '어린이마케팅'이라 불린 다. 이처럼 전반적인 마케팅 활동 안에서 그 대상 타깃에 따라 명칭 을 달리 부르는 것일 뿐 유스마케팅과는 개념 자체가 다르다고 이해 하면 된다.

유스마케팅에서 유아와 초등학생을 하나의 대상 층으로, 그리고 중·고등학생과 대학생을 또다시 하나의 대상 층으로, 이 둘을 구분 하는 경우에는 유스마케팅 활동 대상의 명칭을 유아와 초등학생은 '키즈(Kids)'로, 중·고등학생과 대학생은 '유스'로 구분지어 사용할 수 있다. 그러나 최근엔 초등학생이 더욱더 '유스' 느낌에 가까워지고 있 어서 '키즈'로 구분 짓는 것을 초등학생 관점에서 한 번쯤 생각해봐야 한다. 유스마케팅에서 말하는 '키즈'와 '유스'에 대한 감을 이런 정도 의 수준에서 갖고 그 타깃을 정할 때 '유스세대' 안에서 세대별로 잘 구분하여 사용하면 된다는 점만 기억하면 좋겠다.

위의 내용을 바탕으로 이 책에서 다루는 유스마케팅에서 '유스'의 범위는 유아부터 초등학생, 중·고등학생 그리고 대학생에 이르기까 지 미래 세대 모두를 포함한다. 그리고 이런 '유스'의 범위 안에서 학 교 단계에 따라 분류하여 접근했다. 유스마케팅을 전개함에 있어 연 령층별로 적합한 콘셉트와 전략을 수립하는 게 무엇보다 중요하기 때문이다. 기업들이 유스마케팅을 전개할 때는 '유스'의 타깃 범위와 그 분류에 대한 명칭을 한 번쯤 짚어볼 필요가 있을 것이다.

▲▲▲

유스마케팅은 그들 성장 시기에 친구 관계를 맺어 미래 고객을 선점하는 것

앞서 언급한 대로 이 책에서 말하는 유스마케팅의 대상은 우리 곁에서 미래를 이끌어갈 준비를 하고 있는 유아부터 대학생까지의 미래 성장 세대이다. 이들의 공통점은 아직 경제적으로 자립하지 못했다는 것이다. 그렇다면 유스마케팅이란 아직 소비자가 되기 이전 세대의 마음에 기업의 이미지나 브랜드를 친근하고 긍정적으로 심어주어 그들이 자연스럽게 미래 고객으로 성장할 수 있도록 이끄는 마케팅이라고 풀이할 수 있다.

기업의 미래를 준비하는 마케팅은 부모의 마음을 사로잡기 위해 자녀를 공략하는 마케팅에서부터 특정 상품이 아닌 기업 비전과 이미지를 강조하는 마케팅까지 다양한 형태로 전개되어 왔다.

기업의 사회적 책임(CSR: Corporate Social Responsibility) 역시 기업 미래에 중점을 둔 마케팅의 한 영역으로 볼 수 있다. 기업이 속해 있는 위치에서 적절한 책임을 담당함으로써 사회와 소통하고 이렇게 만들어진 착한 기업 이미지가 미래에 생길 수도 있는 위기로부터 기업을 지켜내는 역할을 맡기 때문이다.

기업에게 미래는 현재 진행하고 있는 모든 활동의 의미이자 이유가 된다. 그래서 제대로 된 기업은 미래에 대한 비전을 명확하게 갖고 있다. 그리고 이 비전을 실현하기 위해 체계적인 전략과 계획을 세우고 지속적인 성장을 위해 힘을 쏟는다. 현재의 매출을 높이기 위한 마케팅 활동을 펼치는 동시에 기업 이미지와 브랜드를 소비자의 마음속에 새기기 위해서도 적극 노력한다.

최근의 환경은 소비자가 기업과 브랜드에 대해 갖는 이미지의 중요성을 한층 더 강하게 만들고 있다. 인터넷과 모바일 환경의 발달로 SNS가 확산되면서 개개인의 평가와 의견이 순식간에 수많은 사람에게 공유되기 때문이다. 이런 세상에서는 단순한 마케팅 활동만으로 소비자의 마음을 오래도록 붙잡을 수 없다. 어떻게 하면 소비자의 마음속에 브랜드를 친근하게 심어주고 필요할 때 찾게 되는 친구 같은 존재가 될 수 있을지 연구해야 한다. 물론 하루아침에 이런 일을 이루어낼 수는 없다.

유스마케팅이 떠오르고 있는 이유도 같은 맥락에서 이해할 수 있다. 유스마케팅은 엄연한 마케팅이다. 그렇지만 현재의 매출을 올리는 데 목적을 두지 않는다. 미래 고객으로 성장할 세대의 마음속에 기업의 브랜드 이미지를 우호적인 모습으로 심어두려는 고도의 브랜딩 전략이다. 그리고 미래를 이끌어갈 세대와 친구 관계를 맺어 그들과 함께 성장할 수 있는 길을 모색하는 활동이다.

핵심은 그들과 친구가 되는 것이다. 그들의 성장 시기에 친구 관계를 형성해 그들이 독립적인 소비자로 성장할 때까지 그 관계를 지속·발전시키는 실행 과정이 바로 유스마케팅이다.

▲▲▲

유스마케팅의 시작, 소수의 진정한 친구를 만들어라

미래의 소비자로 성장할 그들과 친구가 되기 위해서는 무엇부터 먼저 해야 할까? 한 가지 확실한 점은 그들의 관심과 애정을 돈으로 살 수 없다는 것이다. 그들을 완전한 인격체로 존중하고 감성적 교감을 이루어야 그들과 친구가 될 수 있다. 단 한 사람일지라도 진지하게 만나고 소중하게 대해야 한다.

책상머리에서 아무리 많은 자료를 분석한다 해도 그들을 제대로 이해할 수 없다. 그들과 직접 부대끼면서 그들의 개성을 느끼고 풍부한 대화를 통해 그들에 대한 아이디어와 감을 얻어야 한다. 그래야 비로소 유스마케팅의 시동이 걸린다.

친구가 된다는 것은 그들을 특별한 존재로 받아들임을 의미한다. 모두에게 같은 기준을 적용한다면 그것은 친구가 아니다. 자신만의 독특한 개성을 인정해주어야 한다. 이것은 발상의 전환을 요구하는 일이기도 하다. 앞서 강조했던 것과 같이 기업들은 마케팅을 할 때 불특정 대중이나 특정 타깃 그룹을 대상으로 삼았다. 하지만 유스마케팅은 달라야 한다. 다양한 개성을 지닌 개개인을 고유한 존재로 여기며 접근해야 한다.

가령 온라인에서 기업의 브랜드를 만나게 할 때에도 그들 개개인에게 어필할 수 있고 특별한 개인적 경험을 선사하는 마케팅을 전개해야 한다. 대중을 향해 전달하는 하나의 메시지로는 그들의 관심을 유발할 수 없다. 우리의 브랜드가 바로 세상에 하나뿐인 당신과 교감하고 싶어 한다는 점을 알려주어야 그들도 호감을 보일 것이다.

그래서 유스마케팅은 그들과 친구가 되는 것에서부터 시작된다. '기업-고객' 관계가 아닌 '기업-나'의 관계임을 그들이 느낄 수 있도록 해주어야 한다. 그런 관계는 서로를 머리가 아닌 가슴으로 받아들이게 한다. 이렇게 해서 기업은 그들이 만들어갈 미래에 대한 영감을, 그들은 그 기업에 대한 특별한 애정을 갖게 되는 것이다. 기업 입장에서 고객은 늘 떠나고 다시 오기를 반복하는 존재다. 고객 입장에서 기업은 상황에 따라 대체 가능한 존재일 뿐이다. 하지만 친구가 되면 다르다. 유스마케팅을 위해서는 이 점을 절대 놓쳐서는 안 된다.

▲ ▲ ▲

한 사람 한 사람의 마음에 진정성 있게 다가서라

이 시대 마케팅의 목표는 고객이 자발적으로 브랜드나 상품을 공유하고 확산시키는 것이다. 이런 결과를 내지 못하는 마케팅은 단순한 이벤트에 지나지 않는다. 이제 사람들은 TV 광고를 무조건 신뢰하지 않는다. 스타 모델이 등장한다고 해서 좋은 브랜드나 상품이라고 받아들이지 않는다. TV, 라디오, 신문, 잡지 등 4대 매체를 통한 일방적인 전달 방식은 더 이상 소비자들의 능동적인 호응을 이끌어내지 못하는 실정이다.

판촉 활동의 영향력도 약해지고 있다. 파격적인 할인 행사나 증정품으로는 브랜드에 대한 고객의 관심을 이끌어내지 못한다. 소비자는 이런 이벤트를 통해 작은 이익만 챙길 뿐 그 브랜드를 기억해주지는 않는다.

짧은 시간 안에 고객의 마음속에 브랜드 이미지를 심을 수는 없다. 대량 메일을 발송하는 일방적인 푸시 방식으로 불특정 다수에게 접근하는 것은 오히려 부작용만 낳는다. 시간이 좀 걸리더라도 선별된 소수와 진정성을 갖고 소통하는 게 훨씬 효과적이다.

소비자의 마음에 브랜드를 심어주는 마케팅, 브랜드가 자연스럽게 심어지도록 만드는 마케팅이 진정한 마케팅이라는 것을 모르는 마케터는 없을 것이다. 이것은 모든 마케터의 꿈이다. 유스세대는 이러한 마케터의 이상을 실현해줄 가장 이상적인 소비자일지도 모른다. 그들의 마음은 닫힌 듯 보이면서도 열려 있다. 일방적인 메시지에는 문을 닫아걸지만 진정한 소통에는 빗장을 푼다. 그들은 소셜 채널을 통해 자신의 의견을 확산시키는 1인 미디어이다. 실시간으로 자신의 의견과 주장을 펼치며 공유와 링크로 이것을 퍼트린다.

기업이 단 한 명에게라도 감동을 주었다면 마음이 움직인 사람은 마케터 역할을 자처하며 열심히 뛰게 된다. 이런 방식이 앞으로 마케팅의 주류가 될 것이다. 그런 점에서 고객과의 감성적 교감을 위한 커뮤니케이션에 열정을 쏟고 있는 기업이라면 이미 유스마케팅의 기본기를 갖추었다고 할 수 있다.

기업들은 언제부터인가 고객에게 브랜드를 심어주는 마케팅 방안에 대한 고민을 시작했다. 단순히 지금 당장의 매출 성과에 초점을 맞춘 마케팅으로는 기업의 미래를 지킬 수 없다는 사실을 깨달았기 때문이다.

기업들이 인터넷을 4대 매체를 지원하는 보조 수단 정도로만 여기고 있을 때 유스세대는 인터넷을 통해 개개인의 미디어 파워를 키워왔다. 이것은 결코 일시적인 현상이 아니다. 이미 당연한 현실로 자리 잡았을 뿐 아니라 미래 사회를 형성하는 단단한 토대가 되고 있다. 이렇게 볼 때 유스마케팅은 장기적인 안목을 가지고 그들과 소통하는 노력이어야 한다.

▲▲▲

부모와 자녀 관계를 놓치지 말자

유스세대는 경제적으로 자립하지 못했다. 그럼에도 그들이 시장에 미치는 영향력은 막강하다. 그들 뒤에 새로운 세상에서 애지중지 자녀를 키우고 있는 신세대 부모가 있기 때문이다. 평소 값싼 물건 하나를 사는 데에도 까다로운 엄마들, 자신의 옷 한 벌 사는 데에도 인색한 아빠들마저 자녀를 위해서라면 망설임 없이 지갑을 연다. 그들은 부모의 소비를 지휘한다. 그러므로 유스마케팅에서는 자녀와 부모의 관계를 주목해야 한다.

유스마케팅에서 부모와 자녀 관계에 집중해야 하는 또 다른 중요한 이유를 발견할 수 있어야 한다. 유스마케팅의 목표는 미래에 있다. 하지만 이 활동을 진정성 있게 전개하다 보면 현재 성과를 목표로 한 마케팅까지 긍정적 힘을 얻게 된다. 자녀와 부모 관계에서 시너지가 창출되는 것이다. 자녀가 좋아하는 것을 곁에서 지켜본 부모는 그 기업이나 브랜드에 대해 좋은 인상을 갖게 될 가능성이 크다. 그리고 상품을 살 때도 자녀가 선호해서 추천한 쪽을 구매할 확률이 높다. 스마트 환경에 익숙한 자녀에게 여러모로 의지하는 부모들이기 때문이다.

지금 당장 눈에 보이는 성인층에만 중점을 둔 마케팅에 주력한다면 이는 기업의 미래를 외면하는 동시에 현재 시점에서도 많은 가치를 놓치는 셈이다. 생각을 바꿔 유스마케팅의 관점으로 바라볼 필요가 있다. 현재 고객인 성인층은 '부모'이다. 미래의 고객인 자녀 옆에는 현재 고객인 부모가 있다. 따라서 부모와 자녀의 관계를 인식하는 넓은 시야가 필요하다.

유스마케팅 관점에서 볼 때 미래 세대인 그들에게 우리 브랜드를 어떻게 심어줄지 고민하는 노력은 현재 소비층인 부모의 마음을 움직이는 방법까지 동시에 찾는 일이기도 하다. 결국 유스마케팅은 부모 고객의 충성심을 두텁게 하면서 기업의 미래를 지키는 길이다. 이것이야말로 유스마케팅에 숨겨진 보석 같은 가치이다.

▲▲▲

유스마케팅에 있어 세대별 접근은 필수다

유스마케팅의 세부적인 전략을 수립하는 데 있어서는 좀 더 섬세한 접근이 필요하다. 앞서 언급한 바와 같이 유스마케팅의 타깃은 미래 성장 세대를 모두 포함하고 있어서 그 범위가 무척 넓다. 그러므로 유스세대를 몇 개의 그룹으로 나눌 필요가 있다. 같은 성장 세대라 하더라도 유아, 초등학생, 중학생, 고등학생, 대학생은 분명한 차이가 있기 때문이다.

가장 일반적인 방식은 학교에 따라 유아, 초등학생, 중학생, 고등학생, 대학생의 5가지 레벨로 나누는 것이다. 모두 스마트 시대를 살아가는 글로벌 세대라는 공통점을 안고 있는 그들이지만 각급 학교에 속한 학생으로서의 독특한 차별성을 지니기 때문에 이와 같이 구별하는 것이 가장 적합하다.

학교에 따라 유스마케팅에 접근할 때는 앞서 강조한 부모와 자녀 관계를 중요하게 다루어야 한다. 다시 말해 해당 자녀 세대의 부모 특성을 함께 염두에 두어야 한다는 뜻이다. 유아를 자녀로 둔 부모는 그들과 거의 한 몸이다. 초등학생 부모는 자녀가 유아기 때만큼은 밀착되어 있지 않지만 여전히 아주 친밀한 관계를 형성한다. 반면 중·고등학생들은 부모와 거리를 두기 시작한다. 혼자 있고 싶은 그 시기의 독특한 성향이 반영되어 나타난 현상이다. 대학생들은 부모와 친구처럼 지낸다. 이런 유스세대 안에서 학교 레벨에 따른 자녀와 부모 관계의 특징을 잘 파악한다면 효과적인 유스마케팅을 펼칠 수 있다.

언뜻 보기에 유스마케팅의 1차 타깃은 자녀이고 부모는 2차 타깃으로 여겨진다. 그러나 이것은 유스마케팅의 숨은 가치를 놓치는 시각이다. 자녀의 생각과 말은 부모에게 상당한 영향을 미치기 때문에 유스마케팅의 1차 타깃은 사실상 '자녀+부모'가 된다. 이것은 기업이 유스세대를 위한 프로그램을 계획할 때 자녀에게 어떤 도움을 주면 부모가 만족할 수 있을지를 반드시 함께 고민해야 하는 이유다.

그들과 그들의 부모가 함께 좋아할 만한 훌륭한 프로그램에 대해 고심하는 것은 세분화된 유스마케팅의 시작 단계에서 중요하게 다루어야 할 일이다.

▶ 세대별 특징

시 기	특 징
유아	• 구매에서 부모의 선택권이 더 강함 • 반드시 캐릭터와 스토리가 필요함 • 아이가 좋아하는 것과 부모의 니즈를 동시에 고려해야 함 • 5세 이상부터 부모의 스마트폰을 자기 것처럼 잘 다루기 시작함 • 유아와 부모 세대를 함께 공략할 수 있음 • 자녀가 좋아하면 부모는 무조건 감동받게 됨
초등학생	• 자신이 원하는 것을 뚜렷이 주장, 구매에서 부모의 선택권이 약해지는 시기 • 여전히 구매에 부모의 영향력이 작용하므로 부모의 니즈를 함께 고려해야 함 • 유행에 민감해지기 시작함 • 저학년과 고학년의 정신연령 차이가 현격하게 남 • 저학년은 유아 시기의 연장선상에서 여전히 캐릭터를 선호하기도 하나, 고학년부터는 캐릭터를 유치하게 생각하는 등 중학생 성향에 가까워짐
중·고등학생	• 자신이 원하는 것을 선택함 • 구매에서 부모의 선택권이 없는 시기 • 유행에 민감하며, 유명 브랜드를 선호하는 성향이 강해지는 시기 • 부모의 의견을 따르기보다는 자신의 의견과 주장을 강하게 펼침 • 간섭받는 것을 싫어함
대학생	• 자신이 원하는 것은 물론 부모가 필요한 것을 구매할 때에도 영향력이 큼 • 취업에 모든 관심이 집중됨 • 원하는 것을 찾는 데 관심이 강함 • 자신이 좋아하는 브랜드를 가족과 친구에게 알려주는 걸 즐김 • 인터넷과 스마트폰 환경에서 자녀에 대한 부모의 의존도가 높아짐

▲▲▲

키즈마케팅과 유스마케팅의 구분

유스마케팅은 키즈마케팅과 비슷하게 느껴진다. 유사한 점도 분명히 있다. 자신이 번 돈으로 구매할 능력이 있는 소비자를 대상으로 펼치는 마케팅이 아니라는 점에서는 그 흐름을 같이한다. 그러나 이 둘은 분명한 차이가 있다.

첫째, 우선 그 타깃 범위가 다르다. 유스마케팅은 유아와 어린이에 한정된 키즈마케팅보다 훨씬 범위가 넓다. 유아부터 대학생에 이르기까지 경제적으로 독립하지 못한 미래 성장 세대 전부를 포괄한다. 이러한 특성이 유스마케팅과 키즈마케팅의 간단한 개념적 차이를 만들게 된다.

둘째, 더 본질적인 차이는 마케팅의 '목적'과 '시점'에 있다. 어린아이에게 초점을 둔 키즈마케팅의 목표는 지금 그들 부모의 지갑을 여는 것이다. 그러나 유스마케팅의 목적은 그렇지 않다. 유스마케팅의 시계는 '현재'가 아닌 '미래'에 맞춰져 있다. 그러므로 오직 미래 성과에 그 가치를 둔다. 당장 현금으로 돌아올 작은 수익이 아니라 보이지 않는 더 큰 이익을 추구한다.

셋째, 키즈마케팅이 어린이를 대상으로 특정 상품을 파는 데 힘을 쏟는 것이 목표라면 유스마케팅은 어린이들의 마음속에 브랜드를 심어주는 데 집중하는 것이 목표이다. '현재 vs 미래', '상품 vs 브랜드', 이 두 가지의 개념이 키즈마케팅과 유스마케팅의 근본적 차이를 분명하게 드러내는 키워드다.

그러므로 어린이들을 대상으로 피자나 음료의 판촉 활동을 펼치는 것은 유스마케팅이 될 수 없다. 그런데도 기업이 이런 종류의 활동에 유스마케팅이라는 타이틀을 내걸고 홍보하는 것을 흔히 접할 수 있다. 이것은 유스마케팅에 대한 분명한 개념이 서지 않은 사람들이 개인적인 취향이나 느낌에 따라 용어를 잘못 선택함으로써 생기는 현상이다. 이 책에서 다루는 유스마케팅은 키즈마케팅과는 전혀 다른 차원의 개념임을 기억해야 한다.

▶ **키즈마케팅 VS 유스마케팅**

	키즈마케팅	유스마케팅
목적	유아와 어린이를 대상으로 한 상품 판매 활성화	성장 세대에게 도움이 되는 활동과 프로그램을 통해 미래 시장의 고객을 미리 선점
브랜딩 효과	상품 판매에 목적이 있기 때문에 효과가 크지 않음	자녀+부모를 대상으로 브랜드를 친근하게 심어주는 효과가 큼
목표	단기적. 현재의 매출 증대	장기적. 미래 시점을 목표로 안정적인 기업 성장과 브랜드 인지도 상승
대상	유아~초등학생, 중·고등학생, 대학생을 포함할 수 없음	유아~대학생, 미래에 소비자로 성장하게 될 모든 '성장 세대'
주의 사항	최근 초등학교 고학년을 키즈라고 부르는 데는 무리가 있음	상품 판매 및 홍보는 금기

CSR과 유스마케팅의 관계

유스마케팅은 현재 시점의 직접적인 매출과 수익 증대를 고려하지 않는 미래를 위한 투자라고 했다. 그런데 기업 경영에서 이와 비슷한 개념을 가진 활동을 한 가지 더 찾을 수 있다. 바로 CSR이다. CSR은 기업 본연의 이윤 추구 활동을 넘어선 일련의 사회적 책임 활동으로 규정된다. 이런 점에서 당장의 수익을 추구하지 않는 유스마케팅이 CSR과 비슷하게 보일 수 있다.

하지만 유스마케팅은 CSR과 분명히 다르다. 근본적으로 유스마케팅은 이윤 추구의 기업 활동인 반면에 CSR은 이윤 추구의 범위 바깥에 있다. 물론 CSR을 통해 기업의 이미지가 좋아지고 브랜드 가치가 높아질 수도 있다. 하지만 이것은 의도한 결과는 아니다. CSR은 어느 정도 성장한 기업이 그 성장의 토대를 제공해준 사회에 대해 책임을 다한다는 의미가 크다. 과거 CSR의 의미와 목적은 분명히 이러했다.

그러나 시대적 변화와 함께 CSR의 의미와 목적에 더 큰 의미가 부여되고 있다. 과거 CSR은 기업이 사회적 책임을 다한다는 명분을 쌓고 기업 위기 등을 관리하기 위한 '수단' 차원에서 전개됐다. 그런데 최근에는 기업 브랜드 가치를 높이고 미래 매출 성장에 기여하기 위한 '목적' 차원에서 전개되는 적극적인 의미와 가치가 덧붙여지고 있다.

이렇게 볼 때 CSR과 유스마케팅의 목적이 서로 유사한 부분이 있다. 현재의 이익을 추구하지 않는다는 점에서도 비슷하다. 유스세대가 주역이 될 미래 세상에서 긍정적인 지속 성장을 할 수 있도록 기업의 미래를 다진다는 목표도 같다. 두 활동 모두 진정성을 갖고 꾸준히 실현할 때 기업 신뢰도를 높이는 데 크게 이바지할 수 있다는 점도 마찬가지다. CSR 활동의 대부분은 유아, 어린이, 청소년, 청년 등을 대상으로 하고 있는데 이것 역시 유스마케팅과 일치한다.

그럼에도 유스마케팅과 CSR, 이 둘을 가르는 분명한 기준이 존재한다. 그것은 생존과 성장을 위해 이윤을 추구하는 기업 본연의 존재 이유를 우선으로 삼느냐의 여부이다. 유스마케팅은 어디까지나 '마케팅'이라는 점을 명료하게 인식한 상태에서 추진해나가는 활동이므로 '마케팅'을 분명하게 내세운다. 그러나 CSR은 공익적 가치가 먼저다. 설령 CSR을 통해 긍정적인 브랜드 이미지와 미래 고객이 창출되었다 하더라도 그것은 자연스럽게 뒤따라온 결과일 뿐 우선적 목표는 아니다. 이에 비해 유스마케팅은 성장 세대를 미래 고객으로 만들고자 하는 명백한 목표와 의지가 있다. 이것이 두 개념을 확연하게 구분 짓게 해주는 근본적인 차이점이다. 따라서 CSR과 유스마케팅은 서로 분리해서 관리할 필요가 있다.

하지만 CSR과 유스마케팅의 관계에서 더 주목해야 할 부분은 두 활동 사이의 차이점보다는 유사점이다. 양쪽이 비슷한 목표를 갖고 미래 성장 세대를 대상으로 한 활동을 펼치는 만큼 엄격하게 개념을 구별하기보다는 서로의 연계성을 고려하여 사전에 추진 전략을 함께 세워나간다면 기대 이상의 시너지를 창출해 낼 수 있을 것이다.

▶ CSR VS 유스마케팅

	CSR	유스마케팅
목적	• 사회적 책임 이행과 사회공헌 • 브랜드 인지도 상승은 자연스럽게 따라오는 결과임	• 기업 미래를 위한 마케팅 • 유스세대에게 브랜드를 심어줌
브랜딩 효과	브랜드 이미지 상승효과가 동반되지만 주된 목적이 아님	자녀+부모를 대상으로 브랜드를 친근하게 심어주는 효과가 큼
대상	굳이 대상을 정하지 않지만 주로 유스세대가 중심이 됨	유아~대학생, 미래에 소비자로 성장하게 될 모든 '성장 세대'
주의 사항	지나친 기업 홍보와 상품 판매	상품 판매

▲▲▲

유스마케팅은 타깃이 분명한 브랜딩이다

"브랜딩은 마케팅을 불필요하게 한다"는 경영 잠언이 있다. 브랜딩이 그만큼 중요하고 포괄적이라는 의미이다. 이런 큰 틀의 개념에서 보면 마케팅 역시 브랜딩의 한 영역이라고 할 수 있다. 잘 알려진 것처럼 브랜딩은 현대 기업의 최고 과제로 인식된다. 브랜딩을 단순하게 설명하자면 제조사나 판매사를 식별할 수 있는 고유의 이름, 사인, 심벌 등을 통해 기업과 브랜드 고유의 아이덴티티를 정립하고 이를 고객의 마음속에 심어주는 과정이라 할 수 있다. 한마디로 브랜드를 관리하는 모든 활동이 브랜딩이다.

브랜딩의 목적은 소비자들이 그 브랜드에 대해 기업이 의도했던 생각과 느낌을 갖도록 브랜드 콘셉트를 그들의 마음속에 심는 것이다. 이것은 오랜 시간이 걸리고 도달하기 쉽지 않은 원대한 목표다. 세계적인 기업들은 브랜드를 키우는 데 천문학적인 금액을 투자하고 있다. 그 투자금이 당장 회수되지는 않지만 결국 회사의 이미지를 키우고 그 이미지를 통해 시장을 지배하는 힘을 얻을 수 있기 때문이다. 그래서 "브랜딩은 마케팅을 불필요하게 한다"는 말이 설득력을 갖는다.

기업 CEO들은 한결같이 브랜딩의 중요성에 대해 말하면서 상품을 팔지 말고 브랜드를 팔아야 한다고 강조한다. 브랜드를 팔려면 브랜드 그 자체가 매력적이어야 한다. 바꾸어 말하면 재미있는 브랜드 스토리를 비롯하여 풍부한 콘텐츠가 녹아 있어야 브랜드가 생명력을 갖고 성장할 수 있다는 의미이다. 이제 기업 CEO들에게 곧 미래 소비자로 성장할 유스세대와 그들 부모를 대상으로 기업 브랜드를 친근하게 심어주기 위해 어떤 노력을 하고 있는지 묻고 싶다. 브랜드에 대한 중요성을 강조하는 CEO들조차 과거의 틀 안에 갇혀 이런 단순한 사실을 놓치곤 한다. 모바일에서 무슨 일이 벌어지고 있는지 알려고 하기보다는 TV 광고만 한 것이 없다고 이야기하는 CEO의 마인드로는 기업의 미래가 어두울 수밖에 없다. 막대한 비용을 쏟아붓는 마케팅은 성공적인 마케팅으로 평가받지 못한다. 미래 성장 세대를 타깃으로 효과적인 브랜딩을 이뤄내고자 한다면 유스마케팅에 대한 성찰이 우선적으로 필요하다.

이런 흐름에서 볼 때 유스마케팅 역시 브랜딩이라고 할 수 있다. 특정 상품을 판매하는 것이 아니라 유스세대의 마음속에 기업 브랜드에 대한 긍정적이고 친근한 이미지를 심어주기 위한 활동이기 때문이다. 그런데 브랜딩은 특정한 계층을 겨냥하지 않는 게 일반적이다. 그래서 미래 소비자로 성장하고 있는 유스세대를 특별히 염두에 두지 않는다. 하지만 유스마케팅은 명확히 유스세대를 타깃으로 삼는 브랜딩이다. 이런 점에서 일반적인 브랜딩과는 차이가 있다.

유스마케팅의 브랜딩 타깃은 지금은 경제력이 없지만 미래에는 시장을 이끌어갈 소비자이다. 그리고 유스세대의 특성상 부모라는 특수한 상황의 소비자가 추가된다. 부모와 자녀의 관계를 고려하면서 유스세대와 부모 모두에게 감동을 주어야 유스마케팅이 지향하는 브랜딩을 성공적으로 완수할 수 있다. 요컨대 브랜딩 관점에서 유스마케팅이란 유스세대와 그 부모를 분명한 타깃으로 공략하는 브랜딩으로 정의될 수 있다.

유스마케팅이 충분한 힘을 발휘하기 위해서는 CEO부터 신입사원까지 브랜드에 대해 같은 아이덴티티와 콘셉트를 지녀야 한다. 이것은 유스마케팅을 통한 브랜딩의 전제 조건이다. 그렇지 못한 상태에서 유스마케팅을 실행한다면 핸들 없는 자동차를 운전하는 것과 다르지 않을 것이다. 따라서 브랜드에 대해 회사 전체에 통일된 콘셉트를 마련한 후에 유스마케팅을 펼치는 것이 효과적이다.

브랜딩 관점에서 유스마케팅을 진지하게 다룬다면 유스마케팅은 기업 미래를 창조하는 데 핵심적 역할을 담당하게 될 것이다. 유스마케팅과 브랜딩은 불가분의 관계다. 만약 기업이 브랜딩 전략을 수립할 때 유스마케팅을 중요하게 고려하지 않는다면 이것은 찬란한 보석을 흙 속에 파묻어버리는 것과 다름없는 일이다.

▲▲▲

마케팅 차원을 넘어 기업의 미래를 쥐고 있는 유스마케팅

당신 회사는 지금 유스마케팅을 하고 있는가? 지금까지 유스마케팅은 일반적인 마케팅 차원을 뛰어넘는 가치를 지니고 있음을 살펴보았다. 그러나 우리 기업들의 유스마케팅에 대한 인식은 그 개념부터 잡아야 하는 초기 단계에 머물러 있다. 심지어 어린이날, 방학, 연말연시 등에 어린이와 청소년을 타깃으로 하는 시즌 이벤트성 상품 판매 활동을 유스마케팅이라고 여기는 기업이 있을 정도다.

물론 일회성 이벤트라 해도 어떤 목표와 의도를 갖고 접근하느냐에 따라, 또 얼마나 지속적으로 시행하느냐에 따라 유스마케팅의 개념을 입힐 수 있다. 미래 성장 세대와 소통하기 위한 활동으로써 다른 마케팅 활동과 유기적인 연관을 맺으며 지속적으로 시행한다면 유스마케팅으로 발전시켜 나갈 수도 있을 것이다. 하지만 그런 계획 없이 진행하는 단발성 이벤트라면 유스마케팅의 개념을 적용하는 게 불가능하다.

유스마케팅은 기업의 미래를 좌우하는 마케팅과 브랜딩, 그리고 CSR, 이 세 가지 영역의 가치가 어우러진 기업 경영의 핵심 전략이라 할 수 있다. 그만큼 뚜렷한 비전 아래 장기적인 안목으로 접근해야 한다. 유스마케팅은 순간적으로 떠오른 아이디어 하나로 수행할 수 없다. 단발적 성과를 노리는 마케팅이 아니기 때문이다. 유스세대에 대한 이해와 공감, 유스세대 내에서도 편차를 보이는 연령별 차이에 대한 섬세한 접근, 자녀와 부모와의 관계에 대한 성찰 등이 포함된 체계적인 전략과 진정성을 담고 수행되어야 한다. 그래서 장기적인 인내심이 필요한 마케팅이다.

이런 점에서 유스마케팅은 기업 최고경영진의 혜안과 결단을 요구한다. 선택적 사안이 아닌 기업의 미래를 건 장기적 경영전략과 긴밀하게 연동되기 때문이다.

기업의 10년 후, 20년 후를 그리고 있는가? 그 그림은 결코 과거의 경영전략을 고수해서는 그럴 수 없다. 뚜렷하게 보이는 것 너머에 존재하는 새로운 세계를 화폭에 담아야 한다. 유스세대를 놓치는 것은 기업의 미래를 놓치는 것과 같다. 그들이야말로 새로운 세상을 만들어갈 미래의 주역이기 때문이다.

유스마케팅을 미래 시장을 공략하기 위한 경영전략의 핵심에 놓아야 한다. 그렇게 하려면 먼저 기업 구성원들의 마인드를 새롭고 젊게 리셋해야 한다. 어쩔 수 없이 존재하는 세대 간 차이 때문에 유스세대를 이해하기 어려울 수도 있다. 필요하다면 교육도 받아야 할 것이다. 그리고 그들과 가장 가까운 세대인 젊은 직원들의 의견에 귀를 기울이고 힘을 실어주어야 할 것이다.

기꺼이 이런 노력을 할 준비가 되었는가? 그렇다면 다음에 이어질 2부가 특별한 도움을 줄 수 있을 것이다. 국내 최초로 유스마케팅팀을 독립적으로 출범시키고 유스세대와 자동차 문화에 대해 소통하고 있는 현대자동차를 시작으로 대한항공과 홈플러스가 펼치고 있는 유스마케팅 현장을 한자리에서 생생하게 경험해볼 수 있다. 이 기업들은 유스마케팅을 기존 마케팅에서 철저히 분리시켰다. 그리고 최고경영진에서 사원에 이르기까지 하나의 목표 아래 유스마케팅을 체계적으로 전개해나가고 있다.

이 세 기업은 국내 유스마케팅을 선두에서 이끄는 대표적 기업임이 틀림없으나 이들도 이제 막 유스마케팅의 출발선상에서 가속도를 낼 준비를 마쳤을 뿐이다. 그러므로 당신 회사도 지금부터 시작하면 된다. 국내 유스마케팅을 정착시키는 데 기여하고 있는 이들의 활동은 유스마케팅에 대한 제대로 된 영감을 제공하는 좋은 선례가 될 것임에는 분명하다. 이 세 기업들이 펼치는 앞선 시도를 통해 유스마케팅의 새로운 세계를 만나는 시간이 되길 바란다. 유스세대가 이끄는 다가오는 미래에 우리 기업을 굳건하게 세워줄 유스마케팅의 진정한 가치를 발견하게 될 것이다.

WHAT

Part 2

무엇이
유스마케팅인가?

▼

제대로 체험하라

난 유스 세대다!

현대자동차
자동차 문화를 창조하는 유스마케팅

"글로벌 시장에서 지속 성장하는 기업으로 정착하기 위해서는

청소년들과 함께하는 브랜드 전략에 관심을 기울여야 한다."

현대자동차 최고경영진의 의지는 막연한 바람에 그치지 않았다.

2010년 유스마케팅 전담팀을 신설,

현대자동차는 본격적인 미래 소비자 공략에 나섰다.

'유스마케팅'이라는 용어가 등장한 배경에는

현대자동차의 공로가 크다.

현대자동차의 선구적 노력이 없었다면

국내에서 유스마케팅이 주목받기까지

더 오랜 시간을 기다려야 했을지 모른다.

"현대자동차는 단지 차를 만드는 회사가 아니라
새로운 가치를 창조하는 회사이며,
우리의 목표는
가장 많이 판매하는 자동차 회사가 아니라
가장 사랑받는 자동차 회사이자
고객의 일생에 있어
신뢰받는 동반자가 되는 것이다."
이 비전을 실현할 강력한 방안이 유스마케팅이다.

01
현대자동차 국내 최초의 유스마케팅팀,
자동차의 미래를 만든다

▲▲▲

미래, 그들에게 자동차는 어떤 의미일까

자동차가 없는 세상은 상상조차 할 수 없다. 지금까지 자동차는 무수한 변화를 이루어왔다. 미래에도 자동차의 형태와 기능은 계속 발전할 것이다. 전기 자동차는 이미 많이 보급되었고 태양열 자동차도 상용화를 위한 연구개발 중이다. 영화에서나 보았던 하늘을 나는 자동차도 이미 시험 주행에 성공했다. 이것이 자동차라는 이름으로 불린다면 자동차 산업은 영원한 성장 분야임이 틀림없다.

그러나 최근 미국과 유럽 등 선진국에서 미래의 자동차 시장이 예전과 같은 성장세를 기대하기 어려울 것이라는 우려의 목소리가 흘러나왔다. 이런 예측을 뒷받침하듯 자동차 문화가 확고하게 자리 잡은 미국에서조차 젊은이들의 운전면허 취득률이 크게 줄었다는 통계가 나왔다.

일본 자동차 업계도 긴장의 끈을 놓지 않고 있다. 대중교통이 발달한 일본에서는 자동차 소유에 대한 욕구가 상대적으로 낮아서 자동차 시장의 부진이 더 심해질 수도 있다는 전망 때문이다.

그럼에도 현실에서 젊은 세대의 자동차에 대한 관심은 매우 높다. 다만 자신의 분신과 같은 스마트폰이나 각종 디지털 기기 구매 등 당장의 욕구를 충족시키는 데 상당한 비용을 투자하다보니 자동차

▲ 현대자동차 브랜드 캠페인 live brilliant

구입을 점점 미루거나 마음속 바람으로만 그치게 되는 경우가 많다. 그래서 표면적으로는 자동차에 대한 관심이 줄어들고 있는 것처럼 보일 수 있다.

현대자동차는 국내 자동차 시장에서 점유율 40%를 차지하는 업계 1위 기업이다. 최근까지 현대자동차의 약진은 눈부실 정도였다. 하지만 다가오는 미래에는 과거처럼 인구 증가와 경제성장에 비례한 자연스러운 성장을 기대하기 어렵다는 사실을 그저 바라보고만 있을 수는 없었다. 유스세대의 마음속에 자동차 문화를 어떻게 심어주어야 할지에 대한 현대자동차의 고민은 이렇게 시작됐다.

▲▲▲

그들에게 자동차는 단순한 이동 수단 그 이상이다

유스세대는 독특한 감수성을 지니고 있다. 그들이 자동차를 바라보는 시각은 기성세대와는 다르다. 집은 없어도 차는 있어야 한다는 그들에게 자동차는 단순한 이동 수단 그 이상이다. 그들은 기능과 성능, 디자인에 이르기까지 까다로운 기준으로 자동차를 평가한다. 자동차를 자기 개성의 표현이자 자신을 상징하는 아이콘으로 여기기 때문이다. 여기에 그들의 가치관이 고스란히 담겨져 있다. 초등학생조차 어른이 되면 어떤 차를 타고 싶은지 서슴없이 말한다. 아주 어린 시절부터 자동차에 대한 뚜렷한 주관을 갖기 시작하는 것이다.

그들에게 현대자동차는 어떤 느낌일까? 오랜 세월 '국민차'로 인식된 현대자동차는 익숙하고 편한 느낌을 주는 친근한 브랜드다. 그런데 수입 장벽이 서서히 허물어지면서 다양한 디자인과 성능을 가진 새로운 차들이 몰려왔다. 현대자동차는 '새로움'이라는 느낌에서 상대적으로 밀리는 분위기였다. 이는 가볍게 넘길 사안이 아니었다.

지난 10년간 수입 자동차를 가장 많이 구입한 연령대는 20~30대였다고 한다. 자동차를 구입할 때는 오랜 시간 여러 브랜드를 놓고 신중하게 고민한 후에 결정하는 것이 보통이다. 그런데 유스세대는 아주 어릴 때부터 다양한 수입 자동차를 직간접적으로 경험하면서 성장한다. 그들에게 수입 자동차는 선택 가능한 유력한 후보로 떠올랐다. 최근 수입 자동차는 예전보다 가격이 많이 내려가면서 국내 시장에 본격적으로 정착하기 시작했다. 글로벌 감각을 갖추며 성장하는 유스세대의 마음은 흔들리고 있다. 현대자동차는 그들의 성장 시기에 특별한 브랜드 이미지를 심어야만 했다.

▲▲▲

새로운 생각(New thinking), 새로운 가능성(New Possibilities)

자동차 트렌드는 빠른 속도로 변한다. 젊은이들의 마음은 날이 갈수록 변모를 거듭하고 있다. 이런 젊은 세대의 욕구를 충족시키는 것은 말처럼 쉬운 일이 아니다. 앞으로는 이런 현상이 더욱더 심해질 것이다. 예전에는 외국 자동차에 대한 자세한 정보를 얻기 어려웠다. 그러나 인터넷과 스마트폰이 생활화된 지금은 상황이 다르다. 글로벌 트렌드를 자연스럽게 접할 수 있음은 물론 원하기만 하면 자동차 외부 디자인과 인테리어, 성능, 가격 등의 상세한 정보를 몇 번의 손가락 움직임만으로 쉽게 찾아볼 수 있다. 자동차 대리점에서 직접 시승해볼 수도 있고 증강 현실을 통한 가상 체험도 가능하다. 이런

▲ 현대자동차 슬로건 New Thinking. New Possibilities.

젊은 세대의 마음은 일방적 광고나 단순 마케팅으로 쉽게 설득되지 않는다.

신차를 사는 나이가 점점 낮아지고 있다. 이들이 자신의 첫 차를 사면서 즉흥적으로 결정하는 일은 결코 없다. 비교와 고민을 거듭하는 것은 당연하다. 이때 어린 시절부터 마음속에 심어진 이미지가 결정적인 역할을 한다. 그들은 20대, 아니 10대 때부터 마음속에 '좋은 차'에 대한 자신만의 이미지를 가지고 있다. 아주 어릴 적, 어른이 되어 타고 싶은 자동차 브랜드를 이미 결정해두고 있었는지도 모른다.

현대자동차를 구입하는 사람들도 마찬가지다. 그들이 품고 있는 이미지는 아주 오래 전에 심어진 것이다. 현대자동차는 이 점에 주목했다. 미래의 발전과 성장은 유스세대와 소통하지 않으면 불가능할 것이라고 예측했다. 현대자동차의 '새로운 생각, 새로운 가능성'이라는 브랜드 슬로건에는 새로운 세상을 살고 있는 새로운 세대의 성향과 니즈를 정확히 파악하고 그 변화에 신속하게 대응한다는 의미를 담고 있다. 미래를 향한 새로운 목표를 선포한 것이다.

▲▲▲

대한민국 최초의 유스마케팅팀

현대자동차의 미래를 향한 깊은 성찰은 유스마케팅팀 설립으로 이어졌다. 실질적 구매력을 가진 현재 고객은 아니지만 10년 후나 20년 후에 고객이 될 미래 세대를 위해 장기적이고도 지속적인 투자를 하기로 결단을 내린 것이다. 이는 동시에 현대자동차의 미래를 준비하는 일이기도 하다. 자동차 시장이 위축될 것이라는 예측이 현실화된다면 자동차 기업 간 경쟁은 더욱 치열해질 것이 분명하다. 닥쳐올 미래 경쟁에서 현대자동차를 지켜내기 위해 유스마케팅팀이 설립됐다.

이렇게 2010년 4월, 국내 최초의 유스마케팅팀이 조직되었다. 이들은 유스세대의 성장 시기에 '현대자동차'라는 브랜드를 지속적으로 친근하게 심어줘야 한다는 큰 사명을 안고 출범했다. 현대자동차 유스마케팅팀은 기업의 미래를 대비하고 지켜내는 큰 미션을 향해 유스마케팅이 앞으로 어떤 역할을 어떻게 해낼 수 있을지를 제대로 보여주게 될 것이다. 이것이 현대자동차 유스마케팅팀의 행보에 많은 기업들의 관심이 집중되고 있는 이유이다.

▲▲▲

자동차를 팔지 않는 자동차 마케팅

현대자동차 유스마케팅팀의 임무는 역설적이다. 이들은 자동차를 팔지 않는 자동차 마케팅을 한다. 유스마케팅팀의 역할은 브랜드를 심어주는 데 있으므로 자동차를 판매하는 마케팅에는 직접적으로 관여하지 않는다는 뜻이다. 그 대신 회사의 미래를 만드는 데 주력한다. 가장 많은 자동차를 파는 회사가 아니라 전 세계에서 가장 사랑받는 브랜드가 된다는 독보적 가치를 실현하기 위해 유스세대의 성장 시기에 그 노력을 다하는 것이 유스마케팅팀의 존재 이유이며 비전이다. 이 비전을 현실로 이뤄내기 위해 유아부터 대학생에 이르는 유스세대에게 자동차에 대한 꿈과 동경을 심어주는 다양한 활동을 펼치고 있다.

이처럼 특별한 비전을 지닌 팀이 만들어질 수 있었던 데에는 미래를 향한 경영진의 의지와 과감한 결단이 있었다. 한 달, 한 분기, 한 해 매출을 최대한 올려야 하는 치열한 경쟁 구도에 놓인 기업이 현재의 매출과 직접 연결되지 않는 팀을 만드는 것은 결코 쉬운 일이 아니다. 최고경영자의 통찰과 결심이 절대적으로 필요하다.

현대자동차는 국내 시장에서 40% 이상의 점유율을 기록하고 있는 현재의 성공을 기억하기보다는 글로벌 시장에서 지속 성장할 수 있는 미래 비전을 가진 경쟁력 있는 기업으로 거듭나기 위해 새로운 도전에 나섰다. 이 도전은 미래 세대와의 소통 속에서 결실을 맺게 될 것이다. 이미 선호하는 브랜드가 결정되어 있는 성인이 소통의 대상이 될 수 없다. 10년 후나 20년 후 시장을 이끌어갈 미래의 꿈나무가 그 대상이다.

팀 이름을 결정하는 과정에서도 고민이 많았다. 국내에서 처음 탄생하는 조직이니만큼 팀 이름에서부터 미래 세대를 위한 관심과 애정이 표현되기를 바랐기 때문이다. '성장세대마케팅팀', '인터렉티브마케팅팀', '이노베이티브마케팅팀' 등 여러 이름이 후보로 올랐다. 현대자동차는 새로운 팀이 무슨 일을 하는지 직관적으로 전달할 수 있어야 한다는 원칙 아래 성장 세대를 상징적으로 의미하는 '유스(Youth)'라는 단어를 선택했고 '유스마케팅팀'으로 팀 이름을 확정했다.

이렇게 출범한 현대자동차 유스마케팅팀은 세대별 체험 프로그램을 기획·개발하고 유스세대와의 직접적인 만남을 체계적으로 전개하고 있다. 앞으로 소개할 세대별 프로그램 사례는 기업이 미래를 위해 구체적으로 무엇을 어떻게 해야 할지에 대한 감을 잡는 데 있어 의미 있는 경험이 될 것이다.

현대자동차를 사랑하게 만들어라
세대별 프로그램으로 체험하는
현대자동차 유스마케팅

성장 세대 전체를 아울러 '유스'라고 호칭하더라도 그들 모두에게 결코 똑같은 방식으로 접근해서는 안 된다. 유스세대 안에서도 세대 차이가 크게 존재하는 만큼 각 세대에 적합한 전략을 세워야 한다. 현대자동차 유스마케팅팀은 이런 점을 사전에 면밀히 살펴 '유스'의 범위를 유아·초등학생, 중·고등학생, 대학생으로 분류하고 팀 내에 세대별 담당자를 별도로 배치하여 각 세대에 어울리는 유스마케팅을 전개하고 있다. 아직 자동차를 단순한 이동 수단으로만 인식하고 있는 유아부터 자동차에 대해 뚜렷한 주관을 지닌 대학생에 이르기까지 세대별 코드에 맞는 적절한 소통을 이루어내기 위해서이다.

▲▲▲

유아·초등학생 프로그램

우리는 흔히 유아나 초등학생은 브랜드를 받아들이고 그것을 이미지로 형상화하기 어렵다고 생각할 수 있다. 하지만 실제는 다르다. 어느 연구 결과에 따르면 3세부터 특정 브랜드를 인지하는 것이 가능하다고 한다. 그렇다면 이 시기에 처음 브랜드를 접하는 경험에 따라 특정 브랜드가 마음속에 자리 잡을 수 있다는 해석을 할 수 있다. 이렇게 보면 이 연령대를 위한 유스마케팅의 역할과 목적이 명확해진다. 즉 '자동차에 대한 흥미를 갖게 하는 것'이다. 먼저 '자동차' 그 자체에 흥미를 갖게 된 후에야 그것이 특별한 관심으로 이어져 '현대자동차'라는 브랜드를 심어줄 수 있기 때문이다.

▲▲▲

체험 부스 1 브룸랜드 & 블루윌 캐릭터

지금의 유아·초등학생은 컴퓨터와 인터넷이 생활화된 세상에 태어난 진정한 IT 1세대다. 태어나 물건을 만지고 사물을 인지하기 시작한 때부터 부모의 컴퓨터와 스마트폰을 가지고 놀며 성장했다. 말을 떼기도 전에 인터넷에서 애니메이션을 보고 게임을 즐기며 자연스럽게 컴퓨터 사용법을 스스로 익히면서 자란 세대다.

현대자동차 유스마케팅팀은 이러한 특징을 반영하여 그들과 소통하기 위한 방법을 고민했다. 우선 그들과 장기적으로 소통을 이루기 위한 공간이 필요했다. 그래서 그들과의 소통에 중요한 역할을 하게 될 어린이 전용 웹사이트 '브룸랜드(www.vroom-land.com)'를 기획했다. 그리고 여기에 어린이들이 즐길 수 있는 다양한 콘텐츠를 풍부하게 담았다. 재미있는 요소들을 통해 어린이들이 자연스럽게 자동차와 친숙해지기를 바랐기 때문이다.

현대자동차는 콜라보레이션으로 어린이 TV 애니메이션 〈로보카폴리〉 프로젝트에 참여했다. 이때의 경험은 캐릭터와 스토리의 중요성을 절실히 깨닫게 해주었다. 스토리와 감성이 담긴 캐릭터야말로 어린이에게 가장 친근하게 다가서는 매개체가 될 수 있다는 사실을 직접 체험한 것이다. 브룸랜드 웹사이트 역시 어린이의 마음을 사로잡기 위한 캐릭터가 필요했다. 이는 회사 고유의 캐릭터를 개발할 때 따르는 여러 단계와 과제를 한꺼번에 뛰어넘을 수 있게 해주었다. 기업 차원의 브랜드 캐릭터를 개발할 때는 내부의 여러 이견에 부딪쳐 추진 자체가 힘들어질 수 있다. 그러나 유스마케팅을 위한 웹사이트 용도의 범위 내에서 다루는 캐릭터는 어렵지 않게 개발할 수 있었다.

초기에는 이렇게 웹사이트 안에서 한정된 역할을 맡는 캐릭터로 시작됐다. 유스마케팅팀은 우리만의 고유한 캐릭터가 만들어지는 과정에서 새로운 가족이 탄생되는 것과 같은 설렘을 경험했다. 이런 경험이 담당자에게 개발 과정 하나하나를 꼼꼼하게 챙기고 남다른 노력과 애정을 쏟을 수 있게 만들었다. 수차례의 수정을 반복하는 과정을 거쳐 현대자동차 유스마케팅에 있어 큰 역할을 맡게 될 '블루윌' 캐릭터가 탄생했다. 블루윌 캐릭터는 2013년 2월 브룸랜드 홈페이지에서 처음 선보였다. 블루윌은 유아·초등학생을 대상으로 하는 모든 커뮤니케이션에서 현대자동차의 메신저 역할을 수행하기 위해 그 모습을 체

▲ 현대자동차 브룸랜드 이미지

계적으로 갖춰나가고 있다.

유스마케팅팀은 블루윌 캐릭터가 유아·초등학생을 대상으로 소통하기 위해서는 반드시 애니메이션이 필요하다고 판단했다. 애니메이션 제작은 여러 편의 시리즈가 있어야 하기 때문에 수십억 원의 막대한 제작비가 소요된다. 아무리 대기업이라 할지라도 유스마케팅으로 기업의 미래를 다진다는 최고경영진의 철학과 확고한 의지 없이는 검토 자체가 불가능한 투자 규모이다. 제작비도 중요하지만 내부 설득과 협조를 이끌어내는 것에도 특별한 노력이 필요하다. 유스마케팅팀은 블루윌 애니메이션 제작의 실현을 위한 모든 과정을 기꺼이 감당했다. 힘든 상황에서도 포기하지 않았던 것이 결국 그룹 차원에서 애니메이션 제작 투자를 결정하는 결실로 이어졌다.

현재 블루윌은 애니메이션 제작 단계에 착수되어 있다. 앞에서 말한 것처럼 〈로보카 폴리〉 프로젝트에 참여하면서 재미있는 스토리만이 캐릭터의 생명력을 지속시키고 그 역할을 확장해나갈 수 있음을 깨닫게 해준 소중한 경험이 이를 가능케 했다.

2015년 완성을 목표로 제작 중인 블루윌 애니메이션은 어린이에게 꼭 필요한 환경과 과학 분야의 교육적 요소를 자동차와 연계시켜 선보일 예정이다. 알차고 재미있는 교육 콘텐츠를 통해 유아·초등학생에게 자동차에 대한 흥미를 불러일으킨다는 것이 목표다. 이 프로그램은 현대자동차 유스마케팅의 진정성을 드러내고 기업의 사회적 책임을 표현하는 데 큰 힘을 발휘할 것으로 기대된다. 블루윌 애니메이션을 보면서 블루윌 자동차 장난감을 가지고 놀고, 블루윌 게임을 즐기면서 성장하는 그들의 마음속에는 현대자동차가 소중한 '내 친구'로 자리 잡게 될 것이다.

한편 유아·초등학생을 대상으로 하는 유스마케팅은 부모에게도 큰 영향을 미친다. 이 또래의 자녀를 둔 부모는 블루윌을 좋아하는 아이를 보면서 현대자동차에 감성적 차원의 특별한 호감을 갖게 된다. 이 때문에 '자동차를 판매하는 마케팅'에 있어서도 긍정적인 기여를 기대할 수 있다. 유스마케팅이 회사의 현재 매출에 영향력을 발휘하는 지점이 형성되는 것이다.

▲ 블루윌과 액셀

▲ 핑코와 라디

현대자동차 사내에서는 다양한 부서들이 블루윌 캐릭터를 적극 활용하려는 움직임이 나타나고 있다. 홍보, CSR팀과의 상호 협조가 일어나기 시작했고 일선에서 판촉 활동을 진행하는 영업 관련 부서들의 니즈도 크다. 주말에 전시 매장을 방문하는 고객들은 대부분 어린 자녀를 동반한다. 부모와 함께 온 아이들이 블루윌 캐릭터에 호감을 느끼고 좋아하는 모습은 미래 고객인 아이는 물론이고 현재 고객인 부모에게까지 친근한 브랜드 이미지를 심어주는 효과로 연결된다. 즐거워하는 자녀를 보며 부모는 큰 선물을 받은 듯한 기분이 들기 때문이다.

유스마케팅의 본질적 목표는 현재의 매출 증진이 아니다. 하지만 유아·초등학생을 대상으로 하는 유스마케팅은 부모의 마음을 움직임으로써 현재 고객을 강력하게 확보하는 시너지 효과가 자연스럽게 발생된다는 사실을 챙길 수 있어야 한다.

▲ 브룸랜드 메인 페이지

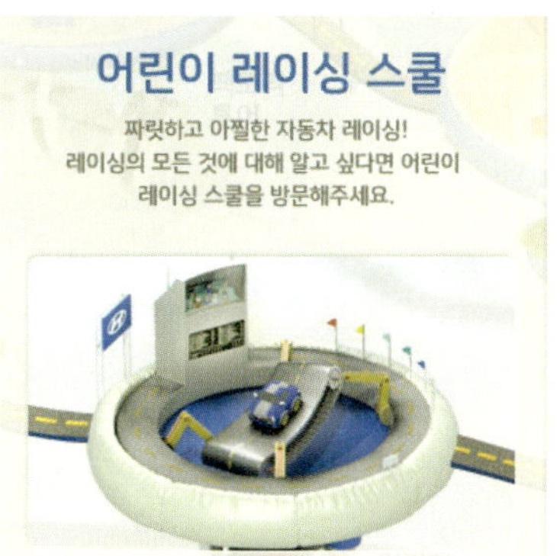

▲ 브룸랜드 주요 콘텐츠

미래 과학 연구실

신기하고 놀라운 과학의 세계!
자동차와 관련된 미래 과학 기술이 궁금하다면
미래 과학 연구실을 방문해주세요.

자동차 역사 박물관

우리가 잘 몰랐던 자동차의 역사!
자동차가 어떻게 탄생하고 발전했는지를 알고 싶다면
자동차 역사 박물관을 방문해 주세요.

팩토리 투어

현대차 연구원 아빠와 함께하는 공장 견학!
자동차 공장을 방문하고 나만의 자동차를
만들어보세요.

애니메이션 상영관

애니메이션으로 만나는 브룸랜드 이야기!
재미있는 애니메이션을 보고 싶다면 애니메이션
상영관을 방문해주세요.

▲ 브룸랜드 주요 콘텐츠

114

▲ 팝업북 로그인

▲ 자동차 체험하기 – 블루윌 작동법 배우기

▲ 브룸랜드 이야기 – 캐릭터 & 스토리

▲ 액티비티 – 미니게임 및 카드게임

▲▲▲

중·고등학생 프로그램

대한민국 중·고등학생들은 입시라는 특수한 현실에 놓여 있다. 그래서 이들을 대상으로 하는 유스마케팅은 아무리 좋은 프로그램을 만든다 해도 입시와 관련된 동기부여를 이끌어내지 못하면 만남을 이루는 것 자체가 어렵다.

중·고등학교 시절은 자동차에 대한 관심이 높아지는 시기이다. 그런데 이런 관심과 호기심을 충족시킬 통로가 없어 크게 아쉬워하는 때이기도 한다. 운전면허를 취득할 수 있는 나이가 되지 못했기에 아쉬움은 더더욱 크다.

이런 상황에서 그들에게 선사할 수 있는 자동차 경험은 무엇일까? 현대자동차 유스마케팅은 이에 대해 신중히 고민했다. 입시 준비에 시간이 부족한 이들을 위한 효과적인 프로그램을 도입하는 것은 결코 쉬운 일이 아니었다. 고심 끝에 중·고등학생을 아우르는 청소년층을 위해서는 '한국잡월드 자동차관'을, 고등학생층을 위해서는 '모형자동차 챔피언십 대회'를 내놓을 수 있었다. 사실 중·고등학생들이 입시라는 중압감 때문에 공부 외에는 다른 부분에 관심을 두지 않을지도 모른다는 걱정이 컸다. 하지만 이런 염려는 기우에 지나지 않았다. 막상 뚜껑을 열어보니 그들의 열정과 참여는 실로 대단한 것이었다.

체험 부스 2 한국잡월드 자동차관

중·고등학교 시절은 자신의 진로를 탐색하고 결정하는 중요한 시기이다. 하지만 직업에 대한 실질적인 체험 기회가 부족한 탓에 막막하기만 하다. 자동차에 대한 관심을 어떤 직업으로 연결시킬 수 있는지조차 구체적으로 알아볼 방법이 많지 않다.

유스마케팅팀은 이런 그들을 위해 실질적인 도움을 줄 수 있는 직업 체험의 장을 기획했다. 자동차를 향한 관심이 단순한 흥미로 그치지 않고 미래와 연결시켜보는 계기를 만들어주고자 한 것이다. 그들의 꿈을 자동차에 투영해보는 경험을 통해 자동차를 자신의 미래와 연결지어 볼 수 있도록 이끄는 것이 중요하다고 판단했다.

유스마케팅팀은 이런 목적을 가지고 청소년 직업 체험관 한국잡월드 자동차관을 개관했다. 이곳에서 자동차 관련 직업에 대한 흥미를 갖고 현장감 있는 직무 체험을 할 수 있도록 구성했다. 그들에게 자동차에 대한 꿈과 열정을 더욱 강하게 품을 수 있는 계기를 마련해주자는 의도였다. 청소년들은 한국잡월드 자동차관에서 자동차 관련 직업을 다루어 보며 자신이 선택할 수 있는 미래를 직접 체험해 볼 수 있다. 자동차관은 두 개 층으로 구성되어 있는데 실제 일하는 현장과 비슷한 환경과 분위기를 조성해두고 직원들이 실제 수행하고

▲ 한국잡월드 자동차 디자인센터

있는 업무를 체험할 수 있도록 했다. 여기에는 미래 자동차 산업의 주역들이 꿈을 키우는 장소로 만들려는 의지가 담겨 있다.

현실에서 자동차 관련 직업은 셀 수 없을 정도로 많이 있다. 판매, 생산, 정비, 설비, 마케팅, 홍보, 디자인과 연구개발 등 다양한 분야 전문가들의 손을 거쳐 하나의 자동차가 완성된다. 현대자동차만 하더라도 수백 개의 직군에 걸쳐 6만여 명의 직원이 일하고 있다. 자동차 산업 전체에 관련된 직업은 일일이 나열할 수 없을 정도다. 앞으로 자동차 산업이 변화하면서 현재의 직업군 역시 더욱 세분화될 것이고 새로운 직업 영역도 더 많이 생겨날 것이다.

그만큼 자동차 산업은 한 나라의 경제를 지탱하는 중요한 산업이다. 이렇게 중요하고 큰 비중을 차지하는 자동차 산업에 관심을 둔 청소년들에게 우리는 무엇을 할 수 있을까? 현대자동차 유스마케팅팀은 여기에서 답을 찾았다. 인생의 진로를 선택해야 하는 중요한 시기를 거치고 있는 그들에게 자동차 관련 직업을 직접 체험할 수 있는 공간과 기회를 제공하기로 한 것이다. 이것이 자동차 회사가 유스세대에게 해줄 수 있는 가장 가치 있는 역할이라고 판단했다.

유스마케팅팀은 교육 프로그램 개발에도 정성을 기울였다. 일방적 전달과 주입 방식이 아니라 '직접 체험' 방식을 선택했다. 직업 교육에서 자동차에 관련된 모든 직업을 하나하나 소개하거나 관련 정보를 나열하며 들려주는 형태는 아무런 효용이 없기 때문이다. 또한 수많은 직업들을 단편적으로 다루기보다는 특화된 직업군에 집중하기로 했다. 디자인센터, 연구개발센터, 판매전략센터 3개의 체험관을 구성함으로써 효율성을 높였다. 많은 것을 대충 경험하는 방식을 지양하고 핵심이 되는 주요 직무를 직접 체험할 수 있도록 구성했다. 이런 선택과 집중 방식은 그들에게 미래에 대한 확실한 동기부여를 해주고 있다.

유스마케팅 프로그램의 원칙은 '교육적이되 재미있어야 한다'는 것이다. 실제 체험 방식을 선택한 것 역시 이런 원칙을 현실로 풀어낸 결과였다. 교육적 효과에 지나치게 무게를 두면 재미라는 중요한 요소를 놓치게 된다. 이런 프로그램은 그들에게 외면을 받아 실패할 확률이 높다. 자동차 관련 직업 정보를 들려주는 식의 무미건조함을 탈피하고 직접 업무를 수행하는 체험을 통해서 흥미와 재미를 느끼게 한 방식은 매우 효과적이었다.

그들은 흥미진진한 체험을 통해 자동차 관련 직업의 세계에 빠져든다. 유스세대들은 체험함으로써 그 직업에 대해 알게 되고, 관심을 갖게 되며 진정으로 고민하게 된다. 이런 과정을 거쳐 자신에게 맞는 목표를 세우고 구체적인 준비를 할 수 있다. 그러면서 꿈에 다가서는 것이다. 이것은 미래를 향해 나아가는 유스세대를 위해 기업이 해줄 수 있는 최고의 선물이다.

현대자동차 유스마케팅팀의 한국잡월드 자동차관 프로그램은 기

업의 사회적 책임을 담당하면서 미래 자동차 인재를 육성하는 일석
이조의 의미 있는 성과를 창출해내고 있다.

▲▲▲

  꿈꾸는 미래 세대들은 직접 만들어보고 싶은 게 무척 많다. 무엇
인가를 만들면서 상상의 나래를 펼치곤 한다. 유스마케팅팀은 이러
한 동경을 현실로 연결해줄 수 있는 통로를 열어주고 싶었다. 그래서
기획된 프로그램이 모형자동차 챔피언십 대회이다. 완전한 자동차
를 만들 수는 없지만 모형으로 제작해보는 체험을 통해 그들이 열정
을 발휘할 수 있도록 한 것이다. 이 대회를 통해 학교생활과 입시 준
비로 숨 가쁜 일상을 살아가는 그들이 방학을 활용하여 숨은 재능
을 마음껏 드러낼 수 있는 기회를 제공했다. 아울러 자동차에 큰 관
심이 없던 청소년들의 호기심을 불러 일으켰다. 학업에 쫓겨 자신의
숨은 재능을 발견하고 개발할 엄두를 내지 못했던 그들은 자동차 엔
지니어링, 디자인, 연구개발 등을 체험하는 과정을 통해 꿈을 키우고
자신의 잠재력을 재발견할 수 있었다. 이렇듯 모형자동차 챔피언십
대회는 그들이 자신의 재능을 발견할 수 있는 의미 있는 도전이 될
수 있도록 하는 데 집중했다.

2012년에 첫 대회가 개최되었는데 약간의 아쉬움이 있었다. 첫 대회는 지역별 예선을 거쳐 본선에 진출하는 방식으로 진행됐다. 애초에 150명을 참가시키겠다는 계획으로 응모 신청을 받았는데 일주일이 지났는데도 겨우 다섯 명만이 신청을 했다. 기대 이하의 호응에는 그만한 이유가 있었다. 학교 시험 기간을 고려하지 않고 모집 공고를 낸 것이 문제였다. 참가 대상 홍보를 할 때 그들의 학업 스케줄을 고려해야 하는 부분을 놓쳤던 것이다.

또 한 번은 유스마케팅팀에 전화가 한 통 걸려왔다. 검정고시에 합격한 그는 '고등학생'을 대상으로 한다는 공고를 보고 자신이 참가 자격이 되는지를 물었다. 이 학생은 이후 대회에 참가해 최종 3위 입상 팀의 리더로 큰 활약을 펼쳤다. 참가 대상을 정하는 데 있어 최근 공교육 밖에서 스스로 공부하는 청소년이 늘어나고 있는 상황을 면밀히 살펴보지 못했던 부분이 있었던 것이다.

대회의 일정 조절에도 어려움이 있었다. 지역 예선을 치른 이유는 지방에 사는 학생들에게도 기회를 주고자 하는 취지에서였다. 하지만 지역 예선부터 본선까지 짧은 방학 기간 내에 모두 마쳐야 하는 시간적 한계로 일정을 재조정해야 하는 문제가 생겼다.

아무리 젊은 담당자가 프로그램을 기획하고 실무를 진행한다 하더라도 회사 담당자와 학생 사이에는 세대 차이가 존재한다. 그러므로 유스마케팅 프로그램을 계획할 때는 구상이나 기획, 준비 단계에서부터 그들과 끊임없이 소통해야 한다. 소수일지라도 열정을 가진 학생들을 프로그램 기획에 참여시키고 그들의 의견을 물어보며 충분한 대화 속에서 프로그램을 준비해나가는 등 그들에 대한 세심한 배려가 무엇보다도 중요하다. 이런 경험을 통해 앞으로는 좀 더 세밀한 계획과 사전 준비가 필요하다는 교훈을 얻었다.

모형자동차 챔피언십 첫 대회는 이런 시행착오를 거치며 시작됐다. 다섯 명으로 시작된 응모자는 최종적으로는 1000여 명이 접수한 상황에서 대회를 열 수 있었다. 참가 학생들의 뜨거운 열정을 본 유스마케팅팀 구성원들은 깊은 감동을 받았다. 사흘간 본선을 치르는 동안 어떤 학생은 4시간밖에 못 잔 채 모형자동차를 깎고 또 깎는 등 혼신의 힘을 쏟았다. 충청 지역 예선을 거쳐 본선에 올라온 한 학생은 모형자동차에 옻칠을 시도했는데 지역 예선 후 본선까지 남은 자투리 시간을 이용해서 옻칠을 배웠다고 이야기했다. 마치 장인의 혼을 담는 듯한 그들의 열정적인 모습은 유스마케팅팀을 숙연하게 만들었다. '이 정도의 행사라면 그들의 흥미를 유발하고 재능을 발견할 수 있는 동기부여를 충분히 할 수 있겠지'라고 생각한 것은 어쩌면 너무나도 단순한 차원이었다.

모형자동차 챔피언십 대회의 의미는 유스마케팅팀이 생각한 것 그 이상이었다. 이 대회는 그들이 미래를 경험하는 일이었다. 미래 자동차 분야의 인재들에게 꿈과 열정, 영감을 불러일으키는 생생한 현장

▲ 2012 현대자동차 모형자동차 챔피언십

▲ 2013 현대자동차 모형자동차 챔피언십

이었다. 그들에게는 용기와 도전 정신이 넘쳤다. 이는 유스마케팅팀 구성원들이 모두 책임감을 갖고 일해야 함을 진정으로 깨닫게 해주었다.

첫 대회의 우승은 '아마존의 눈물'이라는 이름의 팀이 차지했다. 그들이 만든 작품명은 '불타는 아마존과 분홍 돌고래'였다. 이름에서 알 수 있듯 친환경 콘셉트의 모형자동차였다. 이 팀은 특별활동을 매우 중요시하는 와부고등학교의 발명 동아리 소속 학생들로 구성됐다. 독특한 점은 우승팀 구성원들 모두가 남학생에 비해 자동차에 큰 관심이 없는 여학생이라는 것이다. 참가 동기도 특이했다. 자발적으로 대회에 나선 게 아니라 평소 친하게 지내던 과학 선생님의 권유로 참가했다. 하지만 바로 이런 점들이 자동차에 대한 발상의 전환을 갖게 하여 새로운 관점을 표현할 수 있었다. 자동차에 대한 관심과 고정된 생각이 없던 여학생이라는 조건이 오히려 독창성을 담은 자동차 작품을 탄생시킬 수 있었던 것이다. 창의적 감성이야말로 유스마케팅팀이 대회를 통해 자동차에 대한 새로운 시각과 흥미를 유발시키고자 한 중요한 가치였다.

우승 작품 이외에도 미래 세대다운 독특한 감각이 넘치는 멋진 창작 작품들이 많이 나왔다. 어떤 팀은 한국의 멋을 담겠다는 의도로 태권도 발차기의 발바닥 모양을 그려 넣기도 하는 등 각자의 개성을 발휘하여 주제 의식을 표현했다. 애초 유스마케팅팀은 모형자동차 챔피언십 대회 자체를 팀워크를 살릴 수 있는 프로그램으로 기획했다. 학생들이 디자인, 엔지니어링, 페인팅 등 세분화된 영역을 맡아 분업을 통해 각자 잘할 수 있는 일을 열심히 하며 서로 협력하는 과정을 거치도록 했다. 3인 1조로 팀을 구성해서 자기 생각을 고집하지 않고 다른 팀원과의 협업을 통해 작품을 완성하도록 한 것이다. 이런 참여와 협동을 생생하게 경험함으로써 참가자들에게 '협력'과 '조화'라는 교육적 가치를 자연스럽게 심어주고자 했다.

2013년에 두 번째 대회가 열렸다. 전국 550여 팀, 1600여 명이 참여한 이 대회에 쏠린 관심과 호응은 기대 이상이었다. 유스마케팅팀은 첫 대회의 시행착오를 반복하지 않았다. 이를 밑거름 삼아 더 알찬 대회를 준비했다. 확대된 대회 규모와 위상만큼 그 내용적인 면에서도 한층 업그레이드되었다. 유스마케팅팀은 이렇게 두 차례의 대회를 진행하면서 학업에 눌려 있는 그들의 열망을 분출시킬 수 있는 기회를 더 많이 만들어야겠다는 의지를 다지게 됐다.

2013년 11월에는 2012년 우승한 와부고등학교팀과, 2013년 우승한 신진자동차고등학교팀을 미국 텍사스에서 열리는 '세계 모형자동차 대회'에 출전시켰다. 참여한 모든 학생에게 더욱 강렬한 동기부여를 해주기 위해서였다. 신진자동차고등학교팀은 짧은 기간이지만 학교에서 전문 교육을 통해 쌓은 실력을 바탕으로 내실 있게 대회를 준비했다. 와부고등학교팀도 마찬가지였다. 그들은 여학생만으로 구성된 팀의 성격을 잘 살려 'Queens'라는 이름으로 대회에 나섰다. 1년 넘게 갈고 닦은 실력을 가다듬으며 당당하게 대회에 출전했다.

현대자동차 유스마케팅팀은 작은 모형자동차에 원대한 꿈을 싣고 달리는 그들의 도전에 진정한 힘이 되어주기 위해 최선을 다하고 싶었다. 현직 디자인 연구원의 멘토링을 통해 대회 준비 기간에 심도 있는 전문 교육을 받을 수 있도록 했다. 우리나라를 대표하는 자동차 기업의 후원을 받은 학생들이 세계에서 제 역량을 한껏 발휘하며 경쟁력 있는 글로벌 인재가 되고자 하는 꿈을 키워나가는 데 있어 할 수 있는 모든 지원을 아끼지 않았다. 비록 수상은 못했지만 그들은 그 무엇과도 바꿀 수 없는 소중한 경험을 했다.

이 대회는 기대를 훌쩍 뛰어넘는 값진 성과를 남겼다. 무엇보다 참가자들 모두가 현대자동차에 대해 친근감을 갖게 되었다는 사실이 주목할 만하다. 그들은 지금 당장 현대자동차의 고객은 아니다. 하지만 이미 그들 마음속에 현대자동차는 단순히 자동차를 만들고 판매하는 회사가 아니라 그들의 특별한 친구로 자리 잡았다. 실제로 대회 참가자 중 많은 학생이 대학을 졸업한 후 꼭 현대자동차에서 일하고 싶다는 포부를 밝혔다.

두 번의 대회가 기대 이상의 성과를 냈지만 이제부터 시작이다. 특히 중요한 것은 프로그램의 연속성이다. 앞서 강조한 바와 같이 이 프로그램이 담고 있는 가장 큰 시사점은 바로 '진정성'이다. 그들이 순수한 열정을 안고 자동차를 즐기는 시간이 누적될 때 유스마케팅이 목표로 하는 가치를 이룰 수 있다. 즉 그들 마음속에 현대자동차 브랜드가 친근하게 자리 잡고 생활 속에 자동차 문화가 심어져 자연스럽게 미래에 그 힘을 발휘할 수 있게 될 것이다.

현대자동차 유스마케팅팀이 보여준 것과 같이 진심 어린 접근이 있어야 유스세대에게 실질적인 도움을 줄 수 있다. 모형자동차 챔피언십 대회는 순수한 의도와 사명감을 품고 그들과 만날 때에만 소통과 친밀함을 이루어낼 수 있다는 유스마케팅의 기본 원칙을 확인시켜주었다.

▲▲▲

체험 부스 4 게임

아직 운전면허를 취득할 수 있는 나이가 안 된 학생들이 자동차를 몰다가 사고를 냈다는 보도가 심심찮게 언론에 나온다. 중·고등학생 정도면 운전석에 앉아 직접 자동차를 운전해보고 싶은 충동이 생길 때다. 물론 대부분의 학생들은 직접 운전대를 잡는 위험한 행동을 하기보다는 다른 방식으로 욕구를 해결하는데 그것이 바로 게임이다. 그들은 디지털 기기에 익숙하기에 자동차 레이싱 게임을 즐기면서 운전하고 싶은 열정을 발산한다. 레이싱 게임의 인기는 운전에 대한 그들의 동경심이 매우 높다는 사실을 잘 반영하고 있다. 그들에게 게임은 단순한 오락 차원을 넘어 그들이 운전을 즐기고 느낄 수 있는 유일한 체험 수단인 것이다. 현대자동차 유스마케팅팀은 이 점을 중요하게 생각했다. 이것이 바로 게임을 유스마케팅의 중요한 통로로 삼고 있는 이유다.

게임은 본질적으로 '재미'와 '몰입감'을 제공한다. 유저들로 하여금 고도의 집중력을 발휘하게 하고 게임 속에 등장하는 브랜드를 거부 감 없이 받아들이고 강렬하게 기억하게 한다. 과도한 몰입으로 부작 용이 따르기도 하지만 게임이 유스세대 문화의 상징임을 부인할 수 없다. 그래서 게임이 주는 독특하면서도 재미있는 경험을 통해 그들 과 감성적 유대감을 형성하는 것이 중요하다. 게임의 긍정적인 측면 을 잘 활용한다면 그들과 진정한 소통을 이루는 데 큰 도움이 된다.

게임의 확산 정도는 놀라울 정도로 빠르다. '재미있다'는 유저의 평 가가 나오기 시작하면 그야말로 순식간에 퍼져나간다. 이 확산력은 국경이라는 장벽을 손쉽게 넘나든다. 그래서 게임을 매개로 유스마 케팅을 잘 전개하면 국내는 물론 전 세계 유스세대와의 감성적 교류 가 가능해진다. 이처럼 게임이 가진 확산력은 게임 특유의 재미와 감 각적 경험을 제공하는 수준을 넘어 현대자동차가 주도적으로 전 세 계 유스세대의 생활 속에 자동차 문화를 형성해나간다는 이미지를 자연스럽게 심어주고 있다.

유스세대는 어린 시절부터 자동차에 대한 관심과 운전에 대한 욕구를 지니고 있었다. 유아들이 부모의 자동차 핸들을 호기심 어린 눈으로 만져보거나 장난감 자동차를 가지고 노는 것은 주변에서 흔히 볼 수 있는 일이다. 레이싱 게임의 실감나는 주행 체험은 실제로 운전하는 듯한 느낌을 전달함으로써 유스세대의 운전 욕구를 해소시켜줄 수 있다.

그래서 현대자동차는 〈Gran Turismo〉, 〈Forza〉 등 입체적이고 사실감이 뛰어난 유명 레이싱 게임 속에 현대자동차 제품을 등장시켰다. 실제로 운전하는 듯한 느낌을 줄 수 있는 게임들을 통해 그들은 어릴 때부터 현대자동차를 간접 체험하게 된다. 이런 체험은 자연스럽게 브랜드에 대한 친근한 이미지로 연결된다. 게임을 통해 접한 현대자동차에 대한 긍정적 인식은 그들이 현대자동차의 미래 고객으로 성장하는 효과로 이어지는 것이다.

현대자동차는 게임 속에 자사의 제품을 등장시키는 것을 넘어 독자적인 게임 제작을 시도했다. 다운로드 횟수 100만 건을 넘어선 아이폰용 〈벨로스터 HD〉 앱이 대표적이다. 현대자동차는 게임 회사가 아니기 때문에 경쟁력 있는 게임을 기획하고 제작하는 데 어려움이 있었다. 그러나 이런 어려움을 모두 극복하고 자체 게임 제작을 시도했던 것은 기업의 브랜드 아이덴티티를 게임 속에 자유롭고 풍부하게 반영하고자 했기 때문이었다.

◀ 레이싱 게임 〈FORZA〉

〈아스팔트 7〉 게임 ▶

◀ 현대 〈아스팔트 7〉 Contest 수상자

현대 〈아스팔트 7〉 Contest 수상자 ▶

이렇듯 현대자동차 유스마케팅팀은 게임을 통해 미래 세대와의 만남을 여러 형태로 경험해보았다. 게임 내 주요 제품 참여, 공동 제작, 직접 제작 등 다양한 방식을 시도했다. 이런 다양한 경험을 토대로 주된 방향을 정할 수 있었다. 즉 자체적으로 게임을 제작하기보다는 좋은 게임과 협업하는 방식으로 현대자동차를 효과적으로 알릴 수 있는 콜라보레이션을 선택한 것이다.

2012년에는 유명한 모바일 게임인 〈아스팔트 7〉을 유스마케팅에 활용했다. '벨로스터 터보'를 이용한 레이싱 대회를 1주일간 온라인상에서 열었다. 현대자동차는 게임 자체를 홍보함으로써 해당 게임 회사도 마케팅 효과를 얻을 수 있게 해주었을 뿐만 아니라 전 세계 유저들을 대상으로 현대자동차를 알리며 높은 관심과 호감을 이끌어낼 수 있었다. 이는 게임 회사와 자동차 회사가 콜라보레이션을 통해 시너지 효과를 창출할 수 있음을 보여준 의미 있는 사례다.

게임과 연계한 유스마케팅을 전개할 때 가장 먼저 고려해야 할 점은 게임에 노출되는 현대자동차 브랜드를 어떤 방식으로 표현하고 운영할지에 대한 것이다. 유스마케팅팀은 현대자동차 모델들을 게임 속에 등장하는 다른 자동차 모델 사이에서 어떤 위치로, 어떻게 부각시킬지 고심했다. 수많은 유명 브랜드와 고성능 자동차 속에 현대자동차를 특별히 노출시키는 것이 쉽지 않으므로 지혜로운 전략이 필요했다. 예를 들어 게임을 시작할 때 기본 환경 설정에서 현대자동차를 반드시 선택하도록 만드는 방식 등이 하나의 전략이 될 수 있다. 벨로스터 같은 엔트리 레벨의 개성 있는 자동차는 이런 식으로 게임에 등장하기 적합하다. 또한 제네시스 쿠페와 같은 고성능 차량은 디자인과 성능을 앞세워 게임에 등장시키면 그 이미지를 더욱 돋보이게 할 수 있다.

한편 현대자동차는 해외 시장에서 브랜드 인지도와 선호도를 높이는 데 게임의 역할이 상당히 크다는 사실을 경험했다. 앞으로도 세계적인 인기 게임 회사와 콜라보레이션을 통해 전 세계 유스세대를 만나는 노력을 적극적으로 펼칠 계획이다. 그들은 게임을 통해 현대자동차를 만나고 특별하게 기억하게 된다. 다양한 게임에서 현대자동차를 체험한 그들은 현대자동차 브랜드를 강렬하게 인지함과 동시에 언젠가는 실제로 운전하고 싶다는 열망을 갖게 될 것이다.

현대자동차가 게임을 통한 유스마케팅을 시도하던 초창기에는 유스마케팅팀에서 먼저 게임 회사에 접촉해서 제안하는 형태가 일반적이었다. 그런데 지금은 분위기가 달라져 게임 회사에서 먼저 적극적으로 제안을 해오고 있다. 그동안 진행했던 게임 회사와 콜라보레이션이 양측에 기대 이상의 시너지 효과를 가져다주었기 때문이다.

유스마케팅팀은 오프라인에서도 게임 시뮬레이터와 대형 옥외광고를 활용한 인터랙티브 마케팅을 시도했다. 게임을 통해 유스세대와 가깝게 만나서 즐길 수 있는 이색적인 마케팅을 실행해나가는 데 있어 다양하고 적극적인 방법을 활용한 것이다.

게임은 그 안에 스토리를 담고 있다. 그리고 그 스토리를 매우 감각적인 방식으로 이용자에게 전달한다. 게임 그 자체에 스토리와 감성이 동시에 담겨 있는 셈이다. 따라서 게임의 순기능을 최대한 활용한다면 게임을 매개로 한 유스마케팅은 그들에게 친근하게 다가설 수 있는 매우 효과적인 툴이 될 것이다.

▲▲▲

대학생 프로그램

대학생은 아직 완전한 경제적 자립을 하지 못했을 뿐 어엿한 성인이다. 그들에게는 자기 의지대로 자신이 좋아하는 것을 선택하고 결정할 수 있는 상당한 자유가 주어진다. 그래서 대학생을 대상으로 한 유스마케팅은 다양한 시도가 가능하고 피드백이 빠르다는 장점이 있다.

대학생은 자동차에 높은 관심을 보이는 연령대에 속한다. 실제 조사에 따르면 현대자동차에 대한 우리나라 대학생의 친밀도는 상당히 높은 편이었다. 그러나 수입 자동차와 비교하는 과정에서 현대자동차를 지나치게 비하하는 왜곡된 정보가 수반되면서 이런 틀린 정보를 그대로 믿고 있는 경우도 많았다. 그래서 대학생을 대상으로 한 현대자동차 유스마케팅 프로그램은 그들이 올바른 정보를 접할 수 있게 하는 것을 기본 목표로 삼았다. 이 과정에서 그들의 마음속에 브랜드 이미지를 친근하게 심어주는 것에 주력하고 있다.

대학생 시절에 갖는 자동차에 대한 관심은 어릴 때 가졌던 단순한 흥미나 호기심과는 차원이 다르다. 가까운 미래에 자신의 자동차를 갖게 되는 상상을 해보며 구체적으로 꿈꾸고 고민하는 실질적인 관심이다. 그러나 그동안은 그들의 관심을 충족시켜줄 수단이 없었다. 유스마케팅팀은 이러한 관심을 구체적으로 이끌어줌으로써 그들의 미래에 실질적인 도움을 주는 것에 집중하고자 했다.

대학생 시기에 특별한 브랜드 체험을 갖게 된 그들은 가까운 미래

▲ 현대자동차 대학생 마케터 정기 발표 모임 현장

에 바로 충성 고객으로 연결될 가능성이 높다. 단, 이 시기의 유스마케팅에서 반드시 유의해야 할 점이 있다. 먼저 그 의도가 순수해야 한다는 것이다. 또한 지속적인 소통과 교감을 이루기 위해서는 그들이 꿈꾸는 미래에 현실적인 도움을 줄 수 있어야 한다. 즉, 그들의 꿈을 현대자동차가 진심으로 응원하고 있다는 느낌을 주는 것이 가장 중요하다.

▲▲▲

체험 부스 5 대학 수업 프로그램

현대자동차 브랜드에 대한 깊은 이야기를 나누기 위해서는 그에 맞는 자리와 시간이 필요했다. 대학생들은 자세한 정보를 다루고 깊이 있는 이야기를 듣는 데 비교적 익숙하다. 유스마케팅팀은 이 점에 착안하여 '수업' 형태의 프로그램을 기획했다. '대학 수업 프로그램'은 일정한 시간 동안 진지하게 현대자동차에 관련된 이야기를 들려준 후 그들과 의견을 나누는 것으로 시작된다. 현대자동차에 대해 허심탄회하게 이야기를 나누는 토론의 장인 것이다. 이를 통해 대학생에게 현대자동차에 대한 인식을 새롭게 하고 현대자동차 브랜드를 만들어가는 일에 그들을 동참시키고자 했다.

이 프로그램은 마케팅을 비롯한 디자인, 연구개발 분야의 임직원이 대학생들에게 현대자동차에 대해 열띤 강의를 한 후 학생들이 자신의 솔직한 의견을 제시하거나 질문하면서 새로운 아이디어를 제안하는 방식이다. 현대자동차 경영의 주요 화두를 강의 주제로 제시하여 학생들이 기업 현장에서 벌어지는 실전의 느낌을 가질 수 있도록 했다.

2011년에는 '여성 소비자 유입과 환경', '브랜드 전략', '고객 접점 및 브랜드 체험 시설'을, 2012년에는 현대자동차의 '브랜드 경영'을, 2013년에는 현대자동차 'Live Brilliant'를 주제로 다루었다. 2011년 처음 시작된 대학 수업 프로그램은 학생들의 큰 호응으로 현재는 MBA 프로그램으로까지 확대됐다. 현대자동차 해외 법인과 연계하여 터키의 빌기 대학교와 러시아의 모스크바 대학교에서도 프로그램을 진행하는 등 국경을 넘어 글로벌 유스마케팅 프로그램으로 발전해나가고 있다.

대기업 경영에서 다루고 있는 생생한 이슈를 대학생 신분으로 정확하고도 자세하게 접함으로써 기업 경영에 대한 의견을 자유롭고 솔직하게 제시할 수 있으며 현대자동차를 대변하는 임직원과 직접 진지한 토론을 할 수 있다는 점 때문에 프로그램에 참여한 대학생들과 교수들의 호응은 매우 높았다.

유스마케팅팀은 매년 프로그램을 진행할 때마다 참여한 대학생들 모두가 현대자동차와 특별한 관계를 맺은 듯한 느낌을 강하게 받는

▲ 대학 수업 프로그램

다. 한 번에 많은 학생을 대상으로 진행하지 못한다는 아쉬움도 있지만 다수를 대상으로 소홀하게 진행하는 것보다는 소수의 학생과 진정한 친구 관계를 맺을 수 있도록 섬세하게 진행하는 것에 집중하고 있다.

단순히 브랜드를 알리는 차원을 넘어 현대자동차 브랜드를 발전시킨다는 같은 목표 아래 함께 고민하고 대화하는 기회를 가짐으로써 그들과 친밀한 공감대를 형성할 수 있었다. 진지한 참여를 이끌어내 그들 미래에 도움이 될 동기를 부여하는 이 프로그램은 대학생을 대상으로 한 유스마케팅이 어떤 모습으로 진행되어야 할지에 대한 감을 잡을 수 있게 해준다.

▲▲▲

체험 부스 6 글로벌 마케팅 캠프와 대학생 마케터

지금 대학생들에게 외국은 낯선 공간이 아니다. 세계와 소통하는 진정한 글로벌 세대인 그들은 풍부한 해외 경험을 쌓는 일에 매우 적극적이며 외국에 나가는 것을 즐긴다. 외국의 대학생들 역시 한국을 직접 느끼고 싶은 열망을 갖고 있다. 그래서 대학생을 대상으로 하는 유스마케팅은 글로벌 확장이 어렵지 않다는 장점이 있다. 현대자동차 유스마케팅팀은 여기에 착안하여 '글로벌 마케팅 캠프'를 기획했다.

글로벌 마케팅 캠프는 앞에서 다룬 국내 대학 수업 프로그램의 대상을 넓혔다. 이 프로그램과 연결된 마케팅 캠프를 외국 대학으로 확대함으로써 두 프로그램을 연계시킨 것이다. 글로벌 마케팅 캠프의 멤버는 국내 주요 대학과 외국 대학에서 진행한 대학 수업 프로그램 과정 중에 평가 방식에 따라 우수한 학생을 선발하여 구성한다. 이 프로그램은 국내 대학생들에게는 외국 대학생들과 교류하는 소중한 기회이며 외국 대학생들에게는 한국을 방문할 수 있는 특별한 기회이다. 또한 글로벌 마케팅 캠프를 통해 우수 학생으로 선발된 사람에게는 6개월 동안 현대자동차 마케팅을 생생하게 경험할 수 있는 기회를 제공한다.

국내 대학생 마케팅 캠프는 2011년부터 매 학기마다 한 기수씩 운영되고 있다. 이것은 현대자동차 마케팅과 관련된 주제를 가지고 대학생들이 직접 아이디어를 만들어 발표하는 프로그램이다. 현대자동차 소속 관련 실무자의 평가도 들을 수 있어 마케팅 분야에 관심이 있는 대학생들에게는 참여하는 것만으로도 교육적 효과가 높은 프로그램이다. 현대자동차는 이를 통해 그들의 문화 코드를 읽어내고 마케팅 분야의 우수 인재를 조기에 발견할 수 있다는 부수적 효과도 만들어내고 있다.

이 마케팅 캠프에 참여하는 학생들은 학문으로서의 마케팅이 아

▲ 현대자동차 글로벌 마케팅 캠프

니라 실무 현장의 마케팅을 직접 경험하게 된다. 실무 마케팅 과정을 따라가며 체험하는 동안 학생들의 마음속에는 자연스럽게 현대자동차라는 브랜드가 친구와 같은 느낌으로 기억된다. 여기에 참가했던 인도 학생들은 캠프를 마치며 "우리 인생에서 가장 빛나는 순간이었다"라고 말하며 벅찬 감동을 표현하기도 했다.

2011년에 실시한 제1회 글로벌 마케팅 캠프의 경우 어려운 일도 많았고 여러 시행착오도 있었다. 유스마케팅팀은 첫 행사인 만큼 준비한 콘텐츠를 전달하는 데 집중했는데 일방적인 전달과 수용 방식은 호응을 이끌어내기에는 역부족이었다.

이에 유스마케팅팀은 재빠르게 방향을 바꾸었다. 콘텐츠 자체를 체험 위주로 재구성하였고 학생들이 능동적으로 참여하는 가운데 프로그램을 즐길 수 있도록 했다. 또 영어를 유창하게 구사하는 외국 대학생들과 스스럼없이 어울릴 수 있도록 캠프가 시작되기 전에 국내 학생들을 대상으로 사전 오리엔테이션을 열기도 했다.

현대자동차 마케팅에 직접 참여하는 경험은 그들이 현대자동차 브랜드에 대한 긍정적인 이미지를 갖는 데 큰 영향력을 발휘한다. 실제로 현대자동차나 기아자동차 신입사원 중에는 캠프 출신 학생들이 있다. 이는 프로그램이 자연스럽게 만들어낸 시너지 효과였다. 캠프 성적이 우수했던 어떤 학생은 유스마케팅팀에서 다른 팀의 인턴으로 추천을 했는데 이후 객관적인 평가를 거쳐 정식 입사에 성공하는 흐뭇한 결과를 내기도 했다. 현대자동차는 스펙보다는 진정한 실력을 갖춘 인재를 찾고 있다. 유스마케팅팀의 활동이 회사의 인재 선발에도 긍정적인 영향을 미치고 있음을 증명하는 사례가 나온 것이다.

대학생들의 뜨거운 참여와 열정을 이끌어낸 마케팅 캠프는 앞으로 현대자동차 브랜드를 전 세계 유스세대에게 알리는 데 큰 역할을 하게 될 것이다. 수용 인원에 한계가 있다는 게 가장 큰 아쉬움이지만 유스마케팅팀은 성급한 확장보다는 진정성에 초점을 맞추고 있다.

유스마케팅팀이 마케팅 캠프를 진행할 때 지켜야 할 대원칙이 하나 있다. 이는 프로그램을 진행하는 과정 중에 절대 현대자동차를 직접 홍보하지 않는 것이다. 이 원칙을 잘 지킬수록 참여한 학생들이 브랜드에 대한 친근한 느낌을 강하게 받는다고 한다. 이것은 '진정성'의 강력한 힘을 느끼게 해주는 대목이다.

현대자동차는 매년 한 차례 그해의 캠프 참여자가 한자리에 모여 친목을 다지는 '현대자동차 대학생 마케터의 밤'을 개최한다. 이는 현대자동차에 대한 대학생들의 애정이 대단하다는 것을 느낄 수 있게 해주는 그들만의 축제이다. 행사장에 모인 학생들이 발산하는 현대자동차에 대한 애정은 그야말로 기대 이상이다. 대학생들이 캠프를 통해 맺은 인연을 알차고 유익하게 발전시켜나가는 모습은 유스마케팅팀 구성원들이 프로그램을 진행하는 동안 힘들었던 모든 것들을 한순간에 잊게 해줄 만큼 강한 보람과 긍지를 느끼게 해준다.

대학 수업 프로그램은 국내 마케팅 캠프로 이어지고 이는 또다시 글로벌 마케팅 캠프로 연결된다. 그래서 이 과정 전체를 마치는 한 기수가 나오려면 1년 이상의 시간이 걸린다. 쉽지 않고 더디지만 1년 넘게 한 기수의 대학생들과 끈끈한 관계를 맺으며 지속적으로 소통할 수 있다는 것은 말로 표현할 수 없을 만큼 의미 있고 소중하다.

대학생들에게 이런 기회는 평소에는 전혀 접할 수 없는 마케팅 실전 교육이다. 자신의 창의성을 발휘할 수 있는 마케팅 체험 활동을 통해 미래 전문 마케터로서의 역량을 키워나가는 꿈에 한 발 더 다가서게끔 이끌어준다. 이로써 그들과 현대자동차는 진정한 친구 관계로 강력하게 맺어지는 것이다.

▲▲▲

체험 부스 7 영화제

지금 유스세대는 '영상 세대'라고 표현할 수 있다. 그만큼 생활 속에 영상이 큰 비중을 차지한다. 영상에 익숙하고 그것을 자유자재로 즐긴다. 그들은 영상을 즐겨 보고 영상을 만드는 데도 어려움을 느끼지 않는다. 글로 자기소개서를 쓰는 것은 어렵다고 느끼면서도 동영상으로 자기소개서를 제작하는 것은 재미있어 한다. 이런 그들에게 영화는 독특한 의미가 있다. 현대자동차 유스마케팅팀은 '영화'를 통해 영상에 익숙한 세대에게 다가서고 싶었다. 영화야말로 젊은 세대에게 감성적으로 접근할 수 있는 친숙한 툴이기 때문이다. 자동차가 등장하지 않는 영화는 찾아보기 힘들 만큼 자동차와 영화의 연계성을 찾는 일은 크게 어렵지 않았다.

현대자동차가 2012년 10월 '29초 먼슬리영화제'에 참여한 것은 이런 그들과 감성적인 만남을 갖기 위해서였다. 1년 365일 24시간 열린 영화제를 표방하는 29초 먼슬리영화제는 매월 특성화된 주제를 내걸고 작품을 공모한 후 시상한다. 29초짜리 짧은 영상에 공익 캠페인이나 후원 기업이 제시한 주제를 잘 표현해야 한다. 현대자동차는

◀ Brilliant Film Festival 포스터

'자동차와 함께하는 빛나는 순간'을 주제로 내걸었다. 출품된 작품은 모두 290편이었다. 예심을 거쳐 그중 181편이 심사 대상에 올랐는데 10% 정도는 검토하는 모든 이들을 놀라게 할 정도로 뛰어난 작품성을 보여주었다. 현대자동차 로고만 넣으면 당장 TV 광고로도 손색이 없는 임팩트 있는 작품들도 있었다.

대상은 장재혁 학생의 〈대화〉라는 작품으로 결정됐다. 이 영화는 현대자동차 유스마케팅이 표현하고 싶었던 메시지를 고스란히 담고 있었다. 자동차를 주제로 한 이 영화에 자동차는 단 한 번도 등장하지 않는다. 영화에는 전날 다툼이 있었는지 서로 아무 말 없이 데면데면한 아버지와 아들이 나온다. 그리고 아들이 학교에 다녀오겠다는 인사를 건네지만 아버지는 TV만 쳐다볼 뿐 대꾸도 없다. 그렇게 서먹한 분위기가 흐르고 있는데 아들이 입을 연다. "아빠, 나 오늘 아빠 차 타고 갈래." 아버지는 그제야 뒤를 돌아본다. 부모와 자녀의 소통이 단절된 요즘 자동차가 소통의 공간이 되어줌을 잘 표현한 작품이었다. 자동차가 단순한 이동 수단이 아니라 가족을 연결해주는 매개체이자 문화라는 것을 상징적으로 드러냈다. 이 작품은 유스마케팅팀이 미래를 향해 추구하는 '자동차가 곧 문화'라는 화두를 극적으로 잘 나타내주었다.

현대자동차는 29초 먼슬리영화제를 통해 큰 영감을 얻었다. 그리고 독자적인 영화제가 필요하다고 느꼈다. 29초라는 제한된 러닝타임은 좋은 스토리텔링을 담기엔 너무 짧아 학생들이 창의성을 발휘하며 차별화된 콘텐츠를 생산하기에는 한계가 있었다. 이것만으로는 자동차 문화를 담은 영화 제작을 효과적으로 이뤄낼 수 없다고 판단했다.

현대자동차는 2013년 독자적인 영화제 '브릴리언트 필름 페스티벌(Brilliant Film Festival)'을 개최했다. 학생들이 그들의 상상과 꿈을 자유롭게 펼치며 현대자동차가 추구하는 자동차 문화를 영상에 담을 수 있도록 격려한 것이다.

브릴리언트 필름 페스티벌은 단순 시상 개념의 일반적인 영화제가 아니다. 완성된 작품을 평가해서 시상하는 방식이 아니라 공모를 통해 시나리오를 선발한 후에 제작 과정 전체를 지원해주는 독특한 방식으로 진행되는 영화제이다. 러닝타임을 30분으로 정하여 스토리텔링을 담기에 부족함이 없도록 했으며 현직 영화감독의 멘토링을 받을 수 있도록 하여 완성도 높은 작품을 만들어내는 데 적극적인 지원을 아끼지 않았다. 이런 제작 과정을 통해 영화감독을 꿈꾸는 학생들이 현대자동차와 함께 호흡하는 경험을 하게 되는 것이다. 학생들은 자기 아이디어를 충분히 담을 수 있는 방식과 전문가의 세밀하고 친절한 조언을 발판으로 하여 영화감독의 꿈에 한 발 더 나아갈 수 있는 기회를 가졌다.

영화에 꿈을 실은 대학생들은 프로그램이 진행되는 동안 마음껏 상상하며 현대자동차와 자연스럽게 교감했다. 영화제 기간 내내 그들의 꿈을 향한 도전과 열정은 작품 선정 여부에 상관없이 매우 뜨거웠다. 작품을 응모하지 않은 학생조차 영화를 좋아하는 공감대 때문에 엄청난 호응과 지지를 보내왔다.

현대자동차는 영화제를 통해 대학생들과 정서적 친밀감을 높이는 경험을 했다. 대학생들은 SNS를 통해 영화제에 관한 내용을 자발적으로 공유하고 확산시켰다. 이런 현상은 영화가 대학생들과 감성적 소통을 이루어내는 데 강력한 역할을 한다는 것을 잘 보여주었다. 이를 통해 자동차 문화를 만들어가고자 하는 현대자동차의 목표가 실현될 수 있음을 다시 한 번 확인할 수 있었다.

문화를 만드는 것은 일반적인 노력으로 해낼 수 없는 특별한 일이다. 하지만 미래를 굳건하게 그리는 기업에게는 꼭 필요한 과정이다. 현대자동차는 유스세대의 꿈과 상상력을 응원하고 이끌어줌으로써 자동차 문화를 만들고자 하는 원대한 목표에 점점 더 가까워지고 있다. 이것은 현대자동차를 세계에서 가장 사랑받는 브랜드로 만드는 데 결정적인 원동력이 될 것이다.

03
유스마케팅의 목표와 비전
자동차 문화 창조

기업들은 극심한 변화의 소용돌이 속에 있다. 시장과 고객, 경영 환경의 변화 속도는 따라잡기 힘들 정도다. 그래서 미래를 예측하고 그를 위한 준비와 체제를 다지는 일이 경영의 최우선 과제로 떠오르고 있다. 현대자동차 경영진은 다가올 자동차 시장의 변화에 대응해 브랜드 전략을 새롭게 가다듬어야 할 필요성을 뚜렷이 인식했다. 그리고 유스마케팅팀이라는 유례없이 독특한 조직을 설립하기에 이르렀다.

현대자동차 유스마케팅팀의 목표는 크게 두 가지다. 첫 번째는 유스세대가 자동차를 일상생활의 일부로 받아들일 수 있도록 자동차 문화를 친근하게 심어주는 것이다. 그리고 미래 고객이 될 그들의 마

음속에 현대자동차가 자연스럽게 자리 잡도록 하는 것이 두 번째 목
표이다.

　현대자동차 유스마케팅팀은 이런 목표를 이루어 궁극적으로 전 세
계에서 가장 사랑받는 자동차 브랜드로 우뚝 서는 미래를 꿈꾼다.
바로 이것이 현대자동차 유스마케팅팀이 그리는 미래 세상 속 현대
자동차의 모습이다. 이를 향한 유스마케팅팀의 사명과 역할은 명확
하다. 현대자동차의 미래 브랜드 이미지를 유스세대의 마음속에 지
금부터 한 가지씩 의미 있게 심어주는 것이다.

▲ ▲ ▲

현대자동차가 보여준 유스마케팅의 세 가지 원칙

　우리는 현대자동차 유스마케팅의 여러 세대별 프로그램을 살펴보
면서 다음과 같은 세 가지 중요한 원칙을 발견할 수 있다.

① 진정성

　유스마케팅은 무엇보다 진정성이 전제되어야 한다. 유스마케팅 활
동은 당장의 상품 판매를 염두에 두는 것이 아니라 미래 세대에게
실질적인 도움을 주려는 순수한 목적을 지녀야 한다는 뜻이다. 미
래 '고객'이라는 점을 앞세워 상품 판매와 연결하려는 목적으로 다가

간다면 오히려 거부감을 불러 일으키게 된다. 그들을 매출에 기여하는 고객이 아니라 기업의 미래를 지켜주는 '가치'로 인식하는 것이 중요하다. 예민한 감수성을 가진 유스세대는 자신이 어떤 목적을 위한 수단이 되고 있다는 사실을 알아차리는 순간 떠나고 말 것이다.

② 재미

유스마케팅은 미래 세대의 자발적인 참여와 소통을 이루며 그 지속성을 유지해야 한다. 이를 위해서는 무엇보다 프로그램이 재미있어야 한다. 재미있는 콘텐츠로 프로그램을 채워야 한다는 뜻이다. 아무리 유익한 콘텐츠라도 재미가 없다면 제 역할을 할 수 없다. 현대자동차 유스마케팅이 게임이나 영화 같은 미래 세대가 열광하는 문화 코드를 적극 활용하고 있는 것은 바로 이 때문이다. 그들은 재미있는 콘텐츠를 알아서 확산시킨다. 그들 스스로 능동적으로 참여하며 스스로 콘텐츠를 소비할 수 있는 형태를 만드는 일은 '재미'에 달려 있다 해도 과언이 아니다.

③ 책임 의식

유스마케팅은 미래 세대에 대한 강한 책임 의식을 가져야 한다. 현대자동차 유스마케팅팀은 자신의 역할을 단순한 마케터로 인식하지 않는다. 현대자동차가 레이싱 게임 대회를 열었을 때의 일이다. 부산에 사는 꽤 실력 좋은 학생이 예선에 참가했는데 마침 그날 컨디션이 좋지 않아 탈락하고 말았다. 하지만 그는 포기하지 않았다. 새벽에 KTX를 타고 서울 예선에 다시 참가했고 결국 예선을 거쳐 본선에서 수상까지 하는 결과를 만들어냈다. 유스마케팅은 이런 그들의 열정을 일회성으로 생각해서는 안 된다. 유스마케팅 프로그램도 마찬가지다. 이것은 단순한 마케팅이 아니라 그들의 미래에 관여하는 일이다. 그러므로 그들이 보여주는 열정을 존중하고 책임감을 가져야 한다. 그래야만 자동차 문화를 일구며 그들이 자동차에 대한 동경을 품고 현대자동차 브랜드를 사랑하게 되는 멋진 일을 해낼 수 있다. 또한 미래 사회의 주역을 키우는 데 힘을 보탠다는 사명을 잊어서는 안 된다. 유스마케팅 프로그램은 그들의 부모처럼 책임감을 갖고 신중하게 계획하고 실행했을 때 좋은 결과를 이뤄낼 수 있다.

▲ ▲ ▲

서울 양재동 현대자동차 사옥 안에 위치한 유스마케팅팀의 분위기는 타 부서들과는 사뭇 다르다. 그곳을 방문하면 유리로 된 커다란 자동문이 열리면서 문 안쪽으로 나무 자재로 마감된 인테리어가 눈길을 끈다. 회의실은 언제든지 아이디어를 적을 수 있도록 화이트보드로 둘러싸여 있고 회의실 벽면 전체를 문으로 만들어 항시 개방

할 수 있게 했다. 자유롭게 소통함으로써 서로 영감을 주는 환경을 조성한 것이다. 유스마케팅팀이 이렇게 색다른 분위기를 가진 데에는 그만한 이유가 있다. 다른 부서보다 팀원들의 창의성이 강조되기 때문이다. 위계에 속박되지 않은 자유롭고 부드러운 분위기 속에서 누구나 능동적으로 아이디어를 낼 수 있어야 한다. 그래야 유스세대와 소통할 수 있는 젊은 감각을 항상 유지할 수 있다. 이것이 유스마케팅팀이 추구하는 팀 문화다.

유스마케팅팀은 평등 문화를 지향하는 부서답게 워킹 그룹 시스템으로 업무를 수행한다. 팀원 한 명이 어떤 아이디어를 제시하면 끊임없는 토론을 통해 정제된 결론에 도달한다. 자신의 아이디어를 소통과 설득을 통해 현실화시킬 수 있다는 성취감이 일에 대한 의욕과 열정을 불러일으키고 팀원들의 사기를 높여준다. 고객의 숨은 니즈를 찾는 일을 맡은 이노베이션 랩을 유스마케팅팀 내에 두었다는 것도 주목할 만하다. 이는 유스마케팅이 혁신적 사고와 창의적인 아이디어가 요구되는 업무를 수행하고 있다는 것을 의미한다. 이노베이션 랩과 함께 일함으로써 유스마케팅 프로그램을 전개할 때 좀 더 고객지향적 관점을 지니게 되는 장점이 있다.

유스마케팅 활동을 펼칠 때 유스세대와 직접 만나는 것이 중요하듯 팀원 간의 긴밀하고 친근한 소통도 필수다. 각 세대를 담당하는 전담 파트가 있지만 기획과 실행 단계에서는 모두 함께 참여하여 의견을 나눈다. 자신이 담당하는 프로그램이 아니더라도 팀원 모두가 행사에 참여하여 그들과 직접 소통하고 피드백을 받는 과정을 함께 한다. 이렇듯 유스마케팅팀의 DNA는 그들과 만나 진정한 소통이 가능하도록 서로를 밀고 끌어주며 진화하고 있다.

현대자동차 유스마케팅팀이 출범한 지 5년이 채 안 된다. 무엇을 이루어냈는지 평가하기에는 짧은 역사다. 아직은 구체적인 성과보다는 유스마케팅팀 출범 그 자체와 진정성 있는 실행에 주목해야 한다.

"현대자동차는 단지 차를 만드는 회사가 아니라 새로운 가치를 창조하는 회사이며, 우리의 목표는 가장 많이 판매하는 자동차 회사가 아니라 가장 사랑받는 자동차 회사이자 고객의 일생에 있어 신뢰받

▲ 현대자동차 슬로건 New Thinking. New Possibilities.

는 동반자가 되는 것이다."

정의선 부회장이 2011년 디트로이트 모터쇼의 브랜드 슬로건을 발표하는 자리에서 한 말이다. 이 비전을 실현할 강력한 방안이 유스마케팅이다. 이러한 미션을 부여받고 조직된 유스마케팅팀은 기존 마케팅팀과 분리된 자체 비전과 목표를 세웠고 독립적인 역할과 기능을 수행하며 약 4년간 이를 위한 밑그림을 그렸다. 그간의 노력과 성과는 현대자동차 미래 비전에 있어 유스마케팅팀이 기대를 훨씬 뛰어넘는 높은 수준의 가치를 이끌어낼 것이라는 예측을 가능케 해주었다.

블루윌 애니메이션 제작이 완성되는 2015년에는 유스마케팅팀에서 탄생시킨 블루윌 캐릭터와 관련 콘텐츠 등이 마케팅팀과 CSR팀을 비롯한 여러 부서에 적극 활용될 것이다. 회사의 모든 부서가 업무를 위해 유스세대와 소통해야 할 때 그 채널이 되는 역할을 맡게 될 것이다. 블루윌 캐릭터는 앞으로 자동차의 과학적 원리를 체험하는 체험 전시관과 자동차 관련 다양한 어린이 체험 시설 등 오프라인 공간에서도 중요한 임무를 수행하기 위해 만반의 준비를 하고 있다. 이런 노력이 유스세대에게 미래의 꿈을 일깨워주는 창조적인 결과를 만들어낼 것임에 틀림없다. 그들의 성장 시기에 자동차에 대한 동경심을 키워주고 그들 마음에 현대자동차를 친근한 브랜드로 자연스럽게 자리 잡게 만드는 일, 이것이 바로 현대자동차 유스마케팅팀이 기업의 미래를 일구기 위해 실현하고자 하는 핵심 가치이다.

난 유스 세대다!

대한항공
유스마케팅으로 미래의 하늘을 날다

"미국, 어디까지 가봤니?"

새로운 대한항공을 알리는 TV 광고였다.

단정하고 깔끔한 유니폼을 입은 승무원들은 보이지 않았다.

젊은 프로게이머만이 보일 뿐이었다.

자유, 그리고 떠나고 싶다는 갈망을 자극했다.

1등 항공사라는 권위를 내세우기보다는

미래 세대와의 벽을 허무는

친근한 소통이 시작된 것이다.

하늘과 비행기,
그들의 꿈이 대한항공의 꿈이다.
대한항공 유스마케팅 전략에는
브랜드를 젊고 역동적인 이미지로 새롭게 강화하고
이를 유지하기 위해서는
유스세대와 함께 성장해야 한다는
강한 의지가 담겨져 있다.
대한항공의 유스마케팅은
기업의 미래를 지키기 위한 비장한 전략이다.

01
대한항공의 미래,
유스마케팅으로 지킨다

"탑승을 환영합니다!" 이것은 비행기를 탈 때 받는 인사가 아니다. 대한항공 SNS 채널에 접속한 순간 받게 되는 인사말이다. 계정 담당자는 기장으로 불린다. 그는 "스카이님이 보내주신 멋진 사진과 함께 오늘의 비행을 시작합니다"라는 멘트로 인사를 건넨다. 대한항공의 SNS는 기업이 운영한다는 느낌이 전혀 들지 않을 정도로 친근하다. 이는 대한항공이 유스세대와 본격적으로 소통하고 있다는 것을 잘 나타내준다. 이렇듯 대한항공의 젊어진 모습은 SNS 소통을 통해서도 쉽게 찾아볼 수 있다.

"그거 아니? 더 큰 비행기일수록 더 멀리 나는 비행기일수록 더 긴 활주로가 필요하다는 거. 힘들어도 포기하지 마. 지금 넌, 날아오르기 직전이니까."

대한항공 TV 광고의 메인 카피이다. 젊은 꿈을 응원한다는 메시지가 친구처럼 유스세대의 어깨를 두드린다. 항공사의 주 고객층은 40대이다. 그래서 유스세대가 항공사의 매출 신장에 직접적인 영향을 미치기까지는 상당한 시간이 걸린다. 하지만 대한항공은 그 시간을 기꺼이 그들의 꿈을 응원해주는 친구이자 멘토가 되는 일에 투자하기로 결심했다. 그들과 눈높이를 맞추며 그들의 진정한 친구로 점점 다가서고 있는 것이다.

▲▲▲

새로운 세상, 새로운 경쟁

대한항공은 1990년대부터 야심 찬 성장의 비전을 내놓았다. 최고의 명품 서비스를 제공하며 전 세계 항공 업계를 선도하겠다는 것이 대한항공의 목표다. 2004년에 발표한 'Excellence in Flight'라는 슬로건에는 이러한 미래 비전이 잘 담겨져 있다. 대한항공의 목표는 이제 어느 정도 결실을 맺고 있다.

최근 대한항공은 체코 항공을 인수했다. 90년의 역사를 지닌 체코 항공은 23개국 40개 도시에 취항하고 있는 중부 유럽의 대표 항공사이다. 대한항공이 2000년 6월 창설을 주도한 글로벌 항공 동맹체 스카이팀의 일원이기도 하다. 대한항공의 체코 항공 지분 인수는 우리나라 항공사가 외국 국적 항공사에 투자한 첫 사례이다. 이는 유럽 시장을 확대하겠다는 대한항공의 의지를 표명한 것으로써 글로벌 항공 시장에서 대한항공의 발전된 위상을 보여준 의미심장한 일이다.

대한항공은 여러 면에서 세계 항공 업계의 본보기가 되고 있다. 특히 승무원 서비스 부문에서는 독보적인 경쟁력을 자랑한다. 아시아 지역의 항공사들이 스카이팀 항공 동맹에 들어오려면 대한항공의 교육을 받고 감수를 통과해야 할 정도로 대한항공의 글로벌 위상은 매우 높아졌다.

앞서 말했듯 항공사의 주 고객층은 40대이다. 그래서 불과 얼마 전까지만 해도 10대에서 30대를 타깃으로 한 마케팅은 거의 없을 정도였다. 주력 고객에 집중하는 것 외에 다른 세대를 위한 마케팅은 크게 염두에 두지 않은 것이다. 1990년대만 해도 외국에 나가는 일은 흔하지 않았다. 비행기를 타는 사람들의 대부분은 비즈니스가 목적이었고 해외여행은 엄두도 내기 힘들었다. 외국 항공사는 승무원과 의사소통이 어렵고 기내식이 입에 맞지 않아 이용하는 데 큰 불편이

따랐다. 국내 항공사가 두 군데 밖에는 없던 상황에서 대한항공은 특별한 마케팅 없이도 무난하게 성장해올 수 있었다.

그러나 글로벌 시대의 도래와 함께 상황이 달라졌다. 비행기를 타는 사람이 늘었을 뿐 아니라 수요도 다양해졌다. 어학연수나 유학, 배낭여행을 떠나는 대학생들과 어린 자녀를 동반한 가족 여행객들의 모습은 공항에서 아주 흔히 볼 수 있는 장면이다.

외국 항공사들은 한국 항공 시장을 매력적으로 바라보았다. 그리고 한국 고객을 연구하기 시작했다. 한국인 승무원을 채용해서 탑승시키며 국내 시장을 공략하는 데 적극 나섰다. 언어 장벽도 무너져서 국적기를 타야 안전하고 편리하다는 고정관념도 사라졌다. 더구나 외국 항공사는 국적기보다 더 저렴한 가격을 무기로 내세웠다. 고객들은 외국 항공사가 제공하는 값싼 항공편에 매력을 느꼈고 저가 항공사들도 속속 시장에 진입했다. 항공사들은 이제 글로벌 무한 경쟁이라는 치열한 상황에 돌입한 것이다.

시장이 변화하면서 대한항공은 위기의식을 느꼈다. 이제 고객들이 대한항공을 꼭 이용해야 할 이유가 사라진 상황 속에서 과거의 마케팅 방식만으로는 미래를 장담할 수 없다는 현실을 깨달은 것이다. 이런 성찰이 지금은 직접 돈을 내고 티켓을 구입하는 고객은 아니지만 부모의 지원으로 비행기를 이용하고 있는 유스세대에게 집중하게끔 만들었다. 가까운 미래에 실질적인 고객으로 성장할 그들을 주목하기 시작한 것이다.

대한항공의 유스마케팅은 기업의 미래를 지키기 위한 비장한 전략이다. 현재의 1등 항공사 타이틀만으로는 더 이상 미래가 보장되지 않는다. 변화하는 글로벌 사회와 트렌드를 따라가지 못하면 언제든 1위 자리를 빼앗기고 큰 위기에 처할 수 있다는 의식이 변화를 선도하는 항공사가 되어야겠다는 목표를 세우게 했다. 이를 위해서는 미래 고객인 유스세대를 직접 만나는 일이 선행되어야 한다. 그들과 진정으로 소통하며 그들의 마음속에 의미 있는 존재로 자리 잡아야만 하는 것이다. 대한항공은 이를 실현시키기 위해 유스마케팅을 핵심 경영전략으로 세우게 됐다.

▲▲▲

대한항공의 유스마케팅은 브랜딩이다

항공사들은 12세 미만 어린이가 혼자서 여행할 경우 'UM(Unaccompanied Minor, 비동반 소아)'이란 이름을 붙여 관련 서비스를 제공한다. 대한항공은 이것을 좀 더 발전시켰다. 2007년부터는 이 서비스에 '플라잉 맘'이라는 친근한 이름을 붙였다. 아이가 혼자 여행을 할 때 엄마의 마음으로 알뜰살뜰하게 보살피겠다는 뜻을 담았다. 아이가 기내에서 어떤 음식을 먹고 어떻게 지냈는지 자세하게 작성한 편지를 보내 부모가 안심할 수 있게 했다. 한편으로는 유학생이나 배낭여행 고객을 타깃으로 하는 마케팅도 다양하게 전개해왔다.

그러나 이런 서비스나 마케팅 활동들은 진정한 의미의 유스마케팅 과는 거리가 있었다. 이 모든 것들이 실제로 티켓을 사는 부모의 만족과 감동을 주는 데 초점을 맞추고 있었기 때문이다. 다시 말하자면 과거 유스세대를 대상으로 펼쳤던 마케팅은 그들보다는 실구매자인 그들 부모의 마음을 얻으려는 데 목적이 있었다. 그러나 유스마케팅은 다르다. 미래 고객인 그들의 마음을 얻기 위해 오로지 그들을

위한 마케팅을 하는 것이다. 이를 통해 그들 부모가 감동을 받아 충성 고객으로 바뀌는 것은 근본적인 목표가 아니라 자연스럽게 뒤따라오는 효과이다.

그런 점에서 대한항공은 이제 막 본격적인 유스마케팅 궤도에 접어들었다. 유스세대와의 진정한 교감과 소통 속에서 그들의 꿈과 열정을 응원하며 그들이 미래의 꿈을 이루기 위해 도전하는 데 실질적으로 도움을 주는 일을 시작한 것이다.

지금까지 항공 업계는 서비스와 가격을 중심으로 경쟁을 펼쳐왔다. 항공사마다 각자 고유의 이미지를 지니고 있으나 본질적인 차이는 거의 없는 게 사실이다. 이는 특정 항공사를 특별히 선호할 이유가 없다는 뜻으로도 풀이할 수 있다. 대한항공은 이런 상황에서 차별화된 경쟁력을 보여주고자 했다. 그래서 '차이'의 수준을 넘어 '격'이 다른 항공사가 되기 위한 브랜딩을 펼쳐나가고 있다. 유스마케팅은 여기에서 매우 중요한 역할을 담당하고 있다.

유스세대가 대한항공에 대해 품은 호감이 가족 여행을 계획할 때 부모님께 나는 꼭 대한항공을 타고 싶다고 얘기하는 모습으로 이어지길 기대해본다. 또 그들이 성인이 되어 첫 신용카드나 마일리지 카드를 만들 때 그리고 자신의 힘으로 첫 외국 여행을 계획할 때 자연스럽게 대한항공을 떠올리고 이왕이면 대한항공을 선택하도록 만들고 싶다는 바람을 가져본다.

마음속 깊이 품게 되는 이러한 진정한 호감은 하루아침에 저절로 생기지 않는다. 오랜 시간에 걸쳐 그들 마음에 잔잔한 감동을 지속적으로 전했을 때에만 생길 수 있다. 이것이 대한항공이 유스마케팅을 점점 더 강화해나가고 있는 이유다.

대한항공의 유스마케팅은 미래 고객의 마음속에 친근한 이미지를 심어주는 브랜딩 전략의 한 축에서 마케팅, 홍보, CSR 등 회사의 여러 활동에 좋은 영향력을 미치며 든든한 기둥이 되고 있다. 또한 그들과의 진정한 교감과 소통을 추구하며 그들의 꿈과 열정에 따뜻한 격려와 응원을 보낸다. 그들이 미래의 꿈을 이뤄나가는 데 진정한 도움을 줄 수 있는 유스마케팅 프로그램으로 사원부터 최고경영진까지 모두 한마음 한뜻이 되어 정성을 쏟고 있다.

▲▲▲

그들의 꿈과 함께 이륙하는 대한항공

공항의 모습을 떠올려보자. 엄마와 아빠 손을 잡은 어린아이가 초롱초롱한 눈빛에 호기심을 가득 담아 이곳저곳을 두리번거린다. 그 아이의 손을 잡은 부모의 얼굴에도 미소가 떠나지 않는다. 배낭을 짊어진 대학생은 여행책을 뚫어지게 들여다보고 있다. 어떤 유학생은 미지의 세계에 대한 기대로 비장한 모습마저 느껴진다. 배낭을 짊어

진 학생들과 두 손을 맞잡고 있는 신혼부부의 모습, 이 모두가 공항
에서 흔히 볼 수 있는 기대와 설렘 가득한 행복한 정경이다.

비행기를 탄다는 것 자체가 현재 내가 머무는 곳을 떠나 새로운
곳으로 옮겨가는 의미가 있다. 낯선 곳으로 떠날 때의 기대, 일상을
벗어 던질 수 있는 용기, 자기 인생에서 가장 빛날 순간이 될지도 모
르는 색다른 경험에 대한 갈망이 공항으로 향하는 순간부터 마음속
에 넘친다. 모든 것으로부터 자유로워지는 느낌과 여유를 전해주는
존재, 이것이 바로 비행기다.

2008년 한국과 미국 간 비자면제협정이 체결되면서 하늘길은 더
넓어진 느낌이다. 그리고 더 큰 세상으로 나아가고 싶은 젊은이의 갈

망은 한층 더 커졌다. 이런 변화 속에서 대한항공은 국내 최고 항공사다운 새로운 콘셉트와 역할에 대한 강한 책임감을 느꼈다. 비행기가 전해주는 가슴 벅찬 설렘, 여행의 즐거움, 익숙한 곳을 떠나 새롭게 시작하는 꿈을 향한 도전과 기대, 이런 그들이 꾸는 꿈속 한 가운데에 대한항공 브랜드를 친근하게 새겨놓고 싶었다. 더 나아가 유스세대와 함께 성장하면서 대한항공을 그들 꿈의 동반자이자 친구로 새겨 미래 대한항공의 고객을 안정적으로 확보해나가고자 했다.

지금부터 소개할 대한항공의 여러 유스마케팅 프로그램은 모두 그런 비전과 가치를 담고 있다. 여기에는 미래 세대 중 누군가는 노벨상을 받고 또 다른 누군가는 스티브 잡스 같은 CEO가 되어 과거를 회고하며 "내 꿈은 대한항공 비행기 안에서 시작되었다"라고 이야기하는 광경이 펼쳐지기를 바라는 마음이 있다. 대한항공만 고집하며 밀리언 마일러가 된 고객에게 왜 대한항공만 타느냐고 질문했을 때 "어린 시절 대한항공이 내게 꿈을 심어주었기 때문이다"라고 대답하는 모습을 기대한다. 대한항공 신입사원의 지원 동기가 10년 전 참가했던 유스마케팅 프로그램에서 비롯되었다고 말하는 모습을 소망한다.

꿈이 영글던 시절 자신에게 힘을 북돋아주며 어린 시절 오랜 친구처럼 다가왔던 대한항공을 떠올리며 기쁜 마음으로 대한항공 티켓을 사는 고객이 미래에는 더 많이 생길 수 있도록 하는 것이 대한항공 유스마케팅이 꿈꾸는 미래상이다. 대한항공은 이런 미래를 기대하며 유스세대와 진정한 친구가 되기 위해 특별한 노력을 기울이고 있다.

대한항공은
하늘에만 있지 않다

보통 사람에게 항공사는 자주 접할 수 있는 대상이 아니다. 일상 생활과 밀접한 관련이 없기 때문이다. 글로벌 시대로 접어들어 해외 여행이 늘어나고 친숙해진 것은 사실이지만 그렇다고 일상 속에서 늘 마주하는 건 아니다. 그래서 대한항공의 유스마케팅 프로그램은 하늘에서뿐만 아니라 땅 위에서도 언제나 친근하게 만날 수 있도록 계획했다. 특별한 날에만 만나는 항공사가 아니라 평범한 일상에서도 언제나 함께하는 친구 같은 항공사가 되어 그들에게 더 가까이 다가가고자 하는 의지가 담겨져 있다.

▲▲▲

체험 부스 1 내가 그린 예쁜 비행기

어린 시절 크레파스로 파란 하늘과 그 위를 나는 예쁜 비행기를 그려본 기억이 있을 것이다. 하늘과 비행기는 어른들조차 동심의 세계로 이끄는 마력을 가지고 있다. 특히 어린이에게 비행기는 꿈처럼 신비한 대상이다. 그래서인지 아이들의 그림에는 하늘과 비행기가 유독 자주 등장한다. 항공사의 이미지에는 비행기와 함께 하늘의 모습이 겹쳐 있다.

대한항공은 아이들이 하늘과 비행기에 대해 갖고 있는 동심을 도화지 위에 표현하는 계기를 만들고 싶었다. 수많은 기업들이 단순 이벤트나 행사 성격으로 크고 작은 어린이 그림 대회를 진행하고 있다. 하지만 대한항공은 항공사만이 할 수 있는 특별한 그림 대회를 열고 싶었다. 대한항공다운 브랜드 아이덴티티가 담겨져 있으면서도 어린이들의 꿈을 항공사답게 응원해 줄 수 있는 방법을 고민한 것이다. '내가 그린 예쁜 비행기' 그림 대회는 이렇게 탄생되었다.

대한항공의 대표적 유스마케팅 프로그램인 내가 그린 예쁜 비행기는 미래 희망인 어린이들에게 하늘과 비행기에 대한 꿈을 심어주고, 세상을 향한 시야를 넓혀준다는 취지로 매년 정기적으로 열린다. 대회가 열리는 장소부터 이색적이다. 항공사만이 갖추고 있는 격납고

▲ 내가 그린 예쁜 비행기 래핑기

▲ 내가 그린 예쁜 비행기 행사장 및 시상식

라는 공간에서 대회를 진행한다. 평소 격납고는 외부인에게 공개되지 않으므로 쉽게 가볼 수 없는 독특한 장소이다. 비행기를 정비하고 운행을 준비하는 곳이어서 어린이에게는 휴식을 취하고 있는 비행기를 만날 수 있다는 것 자체가 매우 흥미로울 수밖에 없다. 또 1등 수상 작품을 실제로 비행기 외관에 래핑하여 수상한 어린이나 참가한 모든 어린이들에게 한층 더 동기부여가 될 수 있도록 한다.

항공사 격납고에서 꿈을 그리고 그렇게 그려진 꿈을 비행기 외관에 새겨 하늘로 날려 보내는 것은 대한항공만이 할 수 있는 차별화된 유스마케팅 프로그램이다.

내가 그린 예쁜 비행기는 처음에는 2009년 회사 창립 40주년을 기념하는 이벤트로 기획됐다. 이 대회가 대한항공을 대표하는 유스마케팅 프로그램으로 자리 잡게 된 데에는 여러 가지 이유가 있다. 이 대회는 단순히 시상하는 것을 목적으로 하지 않는다. 대한항공은 이 프로그램을 통해 어린이들로 하여금 다양하게 항공사 체험을 할 수 있도록 기획했다. 상위 클래스 좌석 체험, 우주여행 콘셉트의 4D 영화관 체험, 하늘 콘셉트의 놀이터 등 비행기와 관련된 다양한 체험 위주의 콘텐츠로 구성했다. 이처럼 다양한 항공 관련 체험을 할 수 있다는 점, 격납고라는 특별한 장소를 경험해볼 수 있다는 점, 1등 수상 작품이 실제 운행하는 비행기에 래핑되어 그 그림이 세계를 누빈다는 점 등 대한항공만이 할 수 있는 차별화된 프로그램 운영이

▲ 내가 그린 예쁜 비행기 홈페이지

어린이들의 참여와 열정에 신선한 동기부여를 해주었다. 내가 그린 예쁜 비행기는 그야말로 어린이 눈높이에 맞춰 대한항공을 만나고 경험하게 해주는 브랜드 체험의 장이 되었다.

또한 이 프로그램은 자유롭게 가정에서 그림을 그린 후 제출하는 일반 그림 대회와는 달리 일정한 시간과 공간에서 그림을 그리는 진행 방식이 심사의 공정성 면에서도 좋은 평가를 받았다. 이것은 자녀의 입상에 예민한 부모들에게 대회에 대한 신뢰감을 높여줬다.

2009년 첫 대회를 치른 대한항공은 문화체육관광부 등 국가 기관과의 협력을 통해 대회 위상을 강화했다. 특히 2013년 대회는 더 뜻깊었다. 2013년 10월 9일 한글날은 국경일로서 가치를 회복하며 23년 만에 공휴일로 재지정된 의미 있는 날이었다. 대한항공은 내가 그린 예쁜 비행기 그림 대회에 한글의 소중함을 되새기고 자긍심을 높이는 데 의미를 부여하고 싶었다. 그래서 행사의 부제를 '한글 사랑, 하늘 사랑'으로 정했다. 어린이들에게 한글의 소중함을 일깨우면서 한글을 사랑하는 마음과 푸른 하늘을 동경하는 마음을 도화지에 그려내도록 한 것이다.

어린이들의 아름다운 꿈과 상상이 비행기와 함께 하늘을 날도록 한 내가 그린 예쁜 비행기는 일상에서는 쉽게 접하기 어려운 독특한 경험을 하는 과정을 통해 대한항공의 이미지가 어린이들 마음속에 의미 있게 새겨지도록 했다.

또한 이 프로그램에는 그림 그리기를 좋아하는 아이들의 재능을 발견해주는 교육적 목적과 비행기에 자신의 꿈을 담아 표현해보는 감성적 목적이 함께 녹아 있다. 이런 순수한 의도는 부모들의 감동으로 이어져 현재의 마케팅에까지 좋은 영향을 미치는 효과를 가져왔다.

대한항공은 미래 고객인 어린이들의 마음속에 특별한 '문화 파트너'로 자리매김하면서 공항이나 하늘에만 있는 항공사가 아닌 항상 곁에 있는 친근한 존재로서의 이미지를 구축해가고 있다.

▲▲▲

체험 부스 2 주니어 공학기술교실

'주니어 공학기술교실'은 제법 긴 역사를 지닌 대한항공의 유스마케팅 프로그램이다. 2005년부터 부산 테크센터에서 열리고 있는 이 행사는 처음에는 사회공헌 활동의 일환이었다. 지역 초등학생들을 초대해서 그들이 공학기술을 쉽게 접해보고 즐겁게 체험해볼 수 있는 기회를 제공하는 프로그램이다. 이는 대한항공이 속한 산업 분야의 전문성을 살려 지역사회에 긍정적인 영향을 주는 계기가 되고 있다.

주니어 공학기술교실은 사내 직원들의 재능 기부로부터 시작됐다. 처음에는 매월 한 차례씩 행사를 진행했는데 어린이들의 관심과 열정에 큰 보람을 느낀 직원들의 자발적인 참여가 이어져 월 2회로 늘어날 만큼 직원들의 열기가 대단했다. 아이들의 눈에서 빛이 날 정도로 열정적이고 적극적인 수업 분위기는 전문직 종사자로서 큰 감동과 긍지를 갖게 해주었다. 학생들의 열정이 대한항공 사내 직원들의 자발적인 참여를 끊이지 않게 하는 원동력이 된 셈이다.

이 프로그램은 학생들의 흥미를 자아낼 수 있는 다양하고 재미있는 콘텐츠로 알차게 구성되어 있다. 전동 모형 비행기를 직접 만들어보면서 비행기의 구조와 원리를 이해하는 '라이트 형제 따라잡기', 비행기 모형 조립을 통해 날개와 관련된 항공 공학기술을 이해하는 '비행기 날개의 비밀', 2축 자이로를 만들어보고 실험을 통해 자이로의 속성을 알아보는 '일편단심 자이로스코프' 등의 체험형 교육이 진행된다.

이런 과정은 학생들이 평소에 학교에서는 경험할 수 없는 내용이

▲ 주니어 공학기술교실

다. 더욱이 우리나라는 이공계 분야에 대한 실질적 교육이 턱없이 부족하다. 이런 현실 속에서 학생들은 직접 실험하고 만들어보는 체험 활동을 통해 공학의 재미를 한껏 느끼고 미래 공학기술자의 꿈을 키워나간다. 그야말로 대한항공다운 전문성을 잘 살린 유스마케팅 프로그램인 것이다.

주니어 공학기술교실은 학생들과 학교, 부모들로부터 뜨거운 호응을 받고 있다. 또한 학교 교육을 지원하는 모범 사례로 꼽혀 여러 언론 매체를 장식하기도 했다. 이 프로그램의 성공적 운영은 기업이 자신이 속한 산업 분야의 전문성을 살리면서 교육적 역할을 맡았을 때 얼마나 큰 효과가 일어날 수 있는지를 잘 보여준다. 이 프로그램을 통해 학생들은 자신의 꿈과 재능을 발견하고 단순한 호기심을 의미 있게 발전시켜나가고 있다.

참여하는 직원들은 재능 기부를 통해 전문가로서 그리고 대한항공의 일원으로서 큰 보람과 긍지를 느낀다. 지역사회는 의미 있는 기여를 하는 대한항공에 대해 존경심을 갖게 된다. 다양한 측면에서 시너지 효과가 자연스럽게 일어나는 것이다. 비행기와 꿈, 도전과 열정, 이 모든 키워드들을 대한항공이라는 하나의 이미지 속에 스며들게 하는 것, 이것이 바로 대한항공의 유스마케팅이다.

▲▲▲

체험 부스 3 신기하고 궁금한 대한항공 여행

대한항공은 그동안 미래를 이끌어갈 주역인 우리 어린이들에게 꿈과 희망을 심어주기 위해 회사의 선진 항공 시설을 직접 둘러보고 항공 지식을 습득할 수 있는 어린이 견학 프로그램을 비정기적으로 운영해왔다. 이 프로그램에 참여한 어린이들의 흥미와 관심은 매우 뜨거웠다. 프로그램을 진행하는 직원들조차 아이들의 호응에 가슴이 벅차오르는 감동을 느낄 정도였다고 한다.

그러나 행사가 비정기적으로 열리다 보니 한편으로는 좀 더 많은 어린이들에게 기회를 주지 못하는 점이 항상 아쉬움으로 남았다. 그래서 더 많은 어린이를 꿈과 희망의 현장으로 초대할 수 있도록 견학 행사를 정기적으로 운영하는 방안이 적극 검토됐다. 행사를 진행하면서 아이들의 열정에 감동한 경험이 있는 직원들의 자발적 의지가 한데 모여 비로소 결실을 맺게 된 것이다.

2013년 9월부터 정식으로 가동된 정기적 견학 프로그램인 '신기하고 궁금한 대한항공 여행'은 이렇게 시작됐다. 어린이들에게 올바른 직업관을 형성하는 데 도움을 주고자 하는 것이 주요 취지다. 신기하고 궁금한 대한항공 여행은 상시 견학 프로그램으로 초등학교 3~6학년 사이의 어린이를 대상으로 매달 둘째, 넷째 주 금요일에 열린다.

서울에서는 공항동 본사에서 견학 프로그램이 이뤄진다. 어린이들은 통제 센터, 격납고, 객실 훈련원 등을 둘러보며 항공기 운항과 관련한 종합 통제, 정비, 객실 승무원 훈련 과정 등의 현장을 가까이에서 경험하게 된다.

부산에서는 대저동 테크센터에서 견학 프로그램을 진행한다. 군용기와 중장비를 만드는 공장을 견학하고 주니어 공학기술교실에서 모형 비행기를 직접 만들어 날려보는 체험 학습 시간을 갖는다.

이 프로그램은 항상 신청 마감일 이전에 예약이 모두 완료되는 등

테크센터에서
모형 비행기를 날리는 어린이 ▶

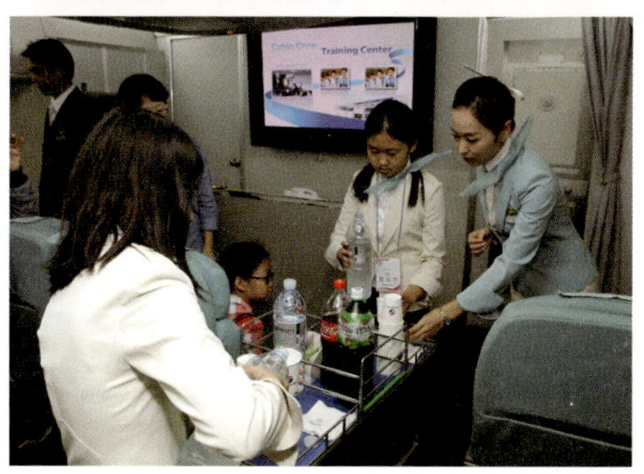

객실 훈련원에서
기내 서비스 체험을 하는 어린이 ▶

어린이와 부모의 관심이 매우 높다. 어린이들의 눈높이에 맞춘 다양한 볼거리가 풍부할 뿐만 아니라 실질적인 체험 위주로 진행되기 때문이다. 또한 어린이 한 명 한 명을 세심하게 지도하고 행사의 내실을 기하기 위해 한 회당 참가 인원을 40명 이내로 제한하고 있다.

어린이의 작은 호기심을 진지한 관심으로, 그리고 그 관심을 미래의 꿈으로 이끌어주는 역할을 하는 이 프로그램은 참가한 어린이들의 마음속에 대한항공이라는 브랜드를 깊이 새기고 있다. 아울러 직원들이 가지고 있는 지식과 역량을 재능 나눔에 적극 활용함으로써 기업의 사회적 책임을 다하고자 하는 대한항공의 의지를 표명하고 있다.

▲▲▲

체험 부스 4 키자니아

"이다음에 크면 뭐가 될까?" 모든 어린이의 마음속에 품고 있는 질문이다. 내가 잘할 수 있는 일, 내가 즐기면서 열정을 바쳐서 할 수 있는 일을 찾아 미래의 꿈을 키우는 것은 어린이들이 누려야 할 당연한 권리이다. 그리고 이것은 부모 세대의 의무이기도 하다. 그러나 현실에서 이 권리와 의무는 제대로 지켜지지 않는다.

아이들은 학교 공부에 바빠서 자신의 꿈을 키울 시간과 마음의 여유가 없다. 거기다 직접 미래 직업을 한자리에서 자세히 알아보고 자신의 꿈과 재능을 발견할 수 있는 체험의 기회나 장소도 턱없이 부족하다. 이래저래 진로 교육은 뒤로 밀린 채 공부에만 짓눌려 생활하는 아이들이 안타깝게 느껴진다. 부모들은 학교 교과 공부에만 치우쳐 있는 교육 현실에 답답한 심정을 호소한다. 다행스럽게도 최근에는 조금씩이나마 아이들의 꿈과 재능을 일깨우는 진로 교육 프로그램들이 생기고 있다.

대한항공은 이런 안타까운 현실 속에서 어떻게 하면 아이들에게 쉽게 직업 체험의 기회를 제공해줄 수 있을지 고민했다. 아이들에게 대한항공을 일상에서 가깝게 만날 수 있게 해줘야겠다고 생각했다. 이런 성찰은 MBC 플레이비에서 운영하는 어린이 직업 체험 테마파크 '키자니아'에 대한항공을 통째로 옮겨놓는 일을 가능케 해주었다. 공항에 가야만 볼 수 있는 대한항공을 재미있고 신나게 뛰어노는 테마파크에서 만날 수 있게 된 것이다. 각 산업 분야의 대표적 선도 기업들이 참여하고 있는 키자니아에서 아이들은 하루 종일 뛰어놀면서 다양한 직업 체험을 해볼 수 있다. 이른바 '직업 체험 테마파크'인 셈이다.

키자니아에 도착하면 입구에서부터 아이들은 탄성을 지른다. 대한항공 탑승 수속 카운터를 보는 순간 진짜 대항항공 비행기를 타고 어디론가 멀리 여행을 떠나는 듯한 신나는 느낌 때문이다. 아이들은 키자니아에 입장을 하려면 공항에서와 똑같이 입국 수속을 밟아야 한다. 대한항공 탑승 수속 카운터와 흡사하게 꾸며진 키자니아 입구의 티켓 카운터에서 티켓을 구입한다. 여기에서는 대한항공 승무원 복장을 한 직원들이 어린이의 티켓팅을 도와주고 티켓을 손에 쥔 아이들은 비행기에 올라타듯이 입장한다.

아이들은 키자니아 입구에 들어서자마자 대한항공 비행기 동체가 통째로 자리 잡고 있는 모습을 발견하게 된다. 이곳에서 아이들은 승무원이 되어 승객을 응대하기도 하고 조종석에 앉아 비행기 조종을 체험하기도 한다. 이러한 과정 모두가 어린이들에게는 대한항공의 브랜드 체험이자 실질적인 직업 체험의 기회인 것이다. 이곳에서 아이들은 미래 자신의 모습을 그려보며 상상의 나래를 펼친다.

대한항공은 키자니아의 체험 프로그램을 통해 지난 3년간 40억 원 가치의 브랜딩 효과가 발생된 것으로 분석하고 있다. 그리고 향후 3년간의 연장 계약을 이미 마친 상태이다. 이처럼 대한항공은 미래 세대가 꿈을 발견하고 재능을 키워가도록 지원하는 유스마케팅을 진행하는 데 있어 키자니아를 매우 효과적으로 활용하고 있다. 대한항공의 키자니아 참여는 대한항공 유스마케팅이 궁극적으로 지향하는 바를 잘 나타내주고 있다.

▲▲▲

대한항공의 '하늘사랑 영어교실'은 지역사회 학생들을 위한 프로그램이다. 부산에서 주니어 공학기술교실이 진행되듯 인천에서는 하늘사랑 영어교실이 열린다. 하늘사랑 영어교실은 2008년 11월부터 회사가 위치한 인천 지역의 초등학교 1~3학년 학생들에게 흥미로운 방식으로 영어를 가르치는 프로그램이다. 매년 5~6월과 11~12월에 영어교실이 열리는데 모둠별로 영어 연극을 준비하거나 유명 POP 음악에 맞춰 뮤지컬 공연을 하기도 한다.

항공사는 우리나라와 다른 나라를 이어주는 글로벌 통로에 위치하고 있다. 항공사의 모든 업무는 국제적 의사소통 속에서 이루어진다. 이런 글로벌 업무를 주요하게 다루는 기업의 직원들이 직접 학생들에게 영어 교육을 시킨다면 현장에서 바로 사용할 수 있는 실용적인 영어 교육을 기대할 수 있다. 대한항공은 이런 장점을 적극 활용하여 하늘사랑 영어교실 프로그램을 만들게 됐다.

먼저 학생들을 직접 마주할 강사를 뽑는 데 신중을 기한다. 직원 중에서 미국에서 학위를 받았거나 영어를 전공한 사람, 영어 구사력의 전문성을 갖춘 사람을 강사로 선발한다. 그리고 학생들에게 오빠나 누나처럼 친근하게 다가가 열정적으로 가르칠 수 있는 마음가짐과 태도를 중요한 선발 기준으로 삼는다.

대한항공은 일반적인 영어 회화를 가르치기보다는 국내 1위 항공사답게 실전 회화를 가르치기 위해 노력하고 있다. 외국 여행을 할 때 유용하게 사용할 수 있는 영어 회화, 우리나라를 소개하는 영어 회화 등 항공사다운 콘셉트와 주제로 학생들이 흥미를 갖게끔 이끈다. 재미있는 교육 콘텐츠를 구성하는 데도 세심한 정성을 들인다.

엄격한 과정을 거쳐 강사로 선정되긴 했지만 대한항공 직원들은 전문 영어 강사는 아니다. 그래서 더 많은 시간을 할애해 꼼꼼하게 강의를 준비한다. 30명의 학생들에게 좀 더 알찬 교육을 제공하기 위해 6명의 강사가 수업 시작 두 시간 전부터 모여 수업 방향에 대해 서로 의견을 나눈다. 학생들의 눈높이에 맞추기 위해 학교 선생님들과 직접 대화하는 자리를 마련하여 조언을 구하기도 한다.

◀ 용유초등학교
영어 뮤지컬 공연

◀ 용유초등학교
영어 수업시간

학생들에게 줄 상품이나 기념품 하나를 고를 때도 강사진 모두가 아이디어를 짜내어 토의를 통해 결정한다. 미국 현지에서 최근 인기를 끌고 있는 새로운 영어 동화책이나 독특한 영어 사전 등 영어 공부에 유익하게 사용할 수 있는 선물을 고른다. 학생들이 즐겁게 영어를 익힐 수 있도록 작은 것 하나에도 세심한 배려를 다한다.

이런 노력은 참여 학생들의 뜨거운 호응으로 이어졌다. 매 학기 개최되는 영어교실 수강생의 대다수는 다음 학기 영어교실에 재신청하는 것은 기본이며, 일부 학생은 1~3학년 내내 수강하는 경우도 많다. 이렇듯 학생들의 적극적인 반응은 하늘사랑 영어교실이 알차게 진행되고 있음을 증명해주고 있다.

영어교실에서 사용하는 학습 자료에는 대한항공 비행기가 자주 등장한다. 교육적인 역할을 하면서 대한항공에 대한 친근한 이미지를 자연스럽게 심어주기 위해서다. 앞으로는 실제 생활에서 더욱 유용하게 사용할 수 있도록 영어로 듣고 말하는 체험 교육 기능이 훨씬 더 뛰어난 프로그램을 도입할 계획이다.

대한항공은 직원들의 자발적 참여 속에서 항공사의 전문성을 잘 살린 내실 있는 영어 교육 프로그램을 운영함으로써 우리 아이들이 글로벌 리더로 성장하는 데 힘을 보태고 있다. 교육적 역할을 수행하며 미래 세대에게 대한항공 브랜드를 심어주는 하늘사랑 영어교실은 유스마케팅과 사회 책임 경영을 동시에 수행하는 모습을 보여주는 좋은 사례이다.

▲▲▲

 애심계획

대한항공의 유스마케팅은 국내에만 한정되지 않는다. 글로벌 항공사의 면모에 걸맞게 외국의 미래 세대에게도 친근하게 다가가기 위해 노력하고 있다. 2008년부터 중국에서 진행하고 있는 '애심계획'이 그 대표적인 예이다. 애심계획은 도서관이 없는 농촌 학교에 도서관을 꾸며주는 '꿈의 도서실', 베이징 외곽 지역의 학생들을 대상으로 펼치는 '컴퓨터 기증 및 어린이 건강검진', 주로 소외 계층 어린이와 학부모를 한국으로 초청하는 '중국 청소년 초청 행사' 등이 그 구체적인 내용이다.

프로그램 명칭에서 알 수 있듯이 애심계획은 사회공헌 성격이 강한 장기적인 프로젝트로 명확한 마케팅적 목표를 염두에 두지는 않는다. 하지만 거대한 잠재 시장인 중국에서 자라나는 수많은 미래 고객에게 특별한 항공사로 다가가는 데 큰 역할을 하고 있다. 그들의 마음속에 대한항공은 기업의 이미지가 아닌 친구의 이미지로 자리 잡아가고 있는 것이다.

순수한 목적의 이 활동은 그 어떤 광고나 마케팅보다도 대한항공을 알리는 데 큰 역할을 하고 있다. 애심계획이 시작된 2008년만 해도 중국 내 대한항공의 인지도는 20%에 불과했다. 하지만 5년이 지난 2013년에는 대한항공의 인지도가 무려 80%로 상승됐다. 이것이 의미하는 것은 분명했다.

모든 기업은 최소의 비용으로 자사의 브랜드를 알리고자 한다. 하지만 단순히 광고를 집행하는 일은 투자한 만큼의 효과를 가져오지 못한다. 대부분의 기업이 경험을 통해 이 사실을 잘 알고 있다. 그런 점에서 대한항공의 애심계획은 큰 시사점을 지닌다. 어린이를 대상으로 한 사회공헌 활동이 그들의 부모를 감동시키면서 전혀 의도하지 않았던 브랜딩 효과를 불러오는 점을 주목해서 볼 필요가 있다. 우리 회사의 상품이나 서비스를 사달라고 외치는 수많은 기업들 속에서 진정성 있게 자국민에게 다가가고자 한 대한항공의 노력이 중국인들의 마음을 사로잡은 것이다.

애심계획은 지역 소비자들의 마음을 얻기 위해서는 그들이 절실히 필요로 하는 것들에 먼저 관심을 가져야 한다는 교훈을 전해주었다. 애심계획은 중국의 빈곤층과 소외 계층에게 도움을 주고자 유스마케팅 개념을 입혀 기획한 진정한 사회공헌 활동임을 다음의 일화가 잘 전해주고 있다.

2012년 대한항공은 윈난 성 쿤밍의 산골 초등학교를 찾았다. 집에서 학교까지 무려 4시간이나 걸리기에 그곳의 아이들은 모두 기숙사에서 생활했다. 그리고 주말이면 왕복 8시간을 걸어서 집에 다녀와야 하는 열악한 환경에 처해 있었다. 이런 환경에 제대로 된 도서관이 있을 리 없었다. 30년도 더 된 낡은 의자와 책상, 1970~1980년대에 출판된 수십 권의 책이 전부였다. 그곳에 대한항공의 손길이 미치자 최신 도서 2000권을 소장한 아늑하고 깔끔한 분위기의 멋진 도서관이 탄생했다.

호기심 가득한 눈망울로 이 과정을 지켜본 중국의 어린이들은 큰 감동에 휩싸였다. 프로젝트에 참여한 직원들도 말로 표현할 수 없는 뿌듯한 보람을 느꼈다. 직접 혜택을 본 어린이들뿐만 아니라 그들의 부모에게도, 그 이야기에 감동을 받은 주변의 또 다른 부모에게는 물

▲ 중국 지역에 꿈의 도서실 기증

론 인근 지역 주민과 일반 대중에게까지도 감동의 물결이 퍼졌다. 이런 감동이 수반된 브랜딩은 돈으로 환산할 수 없는 값진 것이다. 애심계획은 중국에서 대한항공의 이미지를 강렬하게 만들어가는 데 의미 있는 역할을 하고 있다. 이처럼 진정성 있는 사회공헌 활동이 유스마케팅 개념과 결합할 때는 상상을 뛰어넘는 영향력을 발휘하게 된다.

▲▲▲

체험 부스 7 Reach for the World

공항은 엄청난 규모와 첨단 시설을 갖춘 장소다. 또한 거대한 동체를 가진 비행기가 이착륙하는 곳인 만큼 그 규모와 시설에서부터 차원이 다르다. 보통 사람들은 이런 공항의 모습을 평소에 자주 접할 기회가 많지 않다. 서울 같은 대도시에 사는 사람들도 공항을 이용하는 날이 손에 꼽을 정도인데 시골 마을이나 도서 지역에 사는 사람들에게 공항은 한없이 멀게 느껴질 수밖에 없다. 특히 도서 지역에 사는 어린 학생들에게 공항이라는 곳은 TV에서나 볼 수 있는 동경의 장소일 수 있다.

이것이 'Reach for the World' 프로그램이 기획된 이유다. Reach for the World는 경제적으로 어려움을 겪고 있는 도서 지역 중학생들을 초대하여 공항 체험 및 영어 실습의 기회를 제공하기 위해 만들어진 프로그램이다. 도서 지역 청소년들에게도 해외여행에 대한 소망은 가득하다. 이미 비행기와 공항이라는 단어 자체가 꿈과 같은 느낌으로 각인되어 있을지도 모른다. Reach for the World는 이런 여건을 세심하게 배려하여 기획됐다.

대한항공은 2008년부터 인천광역시 교육청과 공동으로 이 프로그램을 운영하고 있는데 2013년까지 16차례가 시행됐다. 외국 여행을 위해 필요한 영어 수업을 진행하고 이것을 탑승 수속 과정에서 실제로 사용할 수 있도록 체험 위주의 콘텐츠로 구성하였다. 인천국제공항으로 초청받은 30여 명의 학생들은 실제 탑승 수속과 같은 과정을

◀ 탑승 수속 실습

◀ 영어 강의

밟아보면서 관련 영어 회화를 실습하고 여행을 떠나기 위해 필요한 사전 과정을 체험한다.

주로 백령도나 연평도 등 공항 접근성이 떨어지는 지역의 중학생들이 이 프로그램에 참여하는데 영어 교육보다는 여행과 항공 문화를 자연스럽게 몸에 익히고 공항을 체험하는 것이 주된 목적이다. 기업들은 자신이 속한 산업 분야에서 각자의 특성을 지닌다. 그러므로 현재 회사가 놓인 상황과 위치에서 유스세대를 위해 어떠한 교육적

◀ 키자니아
대한항공 승무원 교육센터

역할을 해줄 수 있는지를 찾아내는 노력이 중요하다. 대한항공은 항공사의 특수성을 잘 살려 차별화된 교육적 역할을 발굴했다. 그리고 이를 체험 프로그램에 녹여 제공함으로써 청소년들의 꿈을 응원하는 친구로 다가서고 있다.

▲▲▲

체험 부스 8 Korean Air and Young Artist Collaboration

하나의 좋은 아이디어가 또 다른 진화된 아이디어를 이끌어낼 때가 있다. 어린이를 대상으로 한 내가 그린 예쁜 비행기는 한발 더 나아가 대학생 버전인 'Korean Air and Young Artist Collaboration' 프로그램의 탄생으로 이어졌다.

내가 그린 예쁜 비행기가 어린이들의 상상력과 재능을 북돋우는 데 중점을 두고 있다면 Korean Air and Young Artist Collaboration은 예술가를 지망하는 대학생들이 자신의 재능을 마음껏 발휘하도록 만들어진 프로그램이다.

대학생들의 참신한 아이디어를 통해 항공기 외부 디자인을 공모하는 이 대회는 '비행기, 아트가 되다'라는 주제로 2013년에 처음 개최됐다. 유스세대 중 가장 먼저 성인이 될 대학생을 주 대상으로 하는 이 대회는 예술혼을 발휘하여 디자이너로 성장하고자 하는 그

들의 꿈을 응원하기 위해 기획됐다. 비행기는 하늘을 나는 단순한 이동 수단이 아니다. 경험해보지 못한 세계에 대한 상상과 미래의 꿈을 향한 새로운 도전을 상징한다. Korean Air and Young Artist Collaboration은 그들의 이런 상상과 도전을 비행기라는 이색적인 캔버스에 그려낼 수 있도록 한 항공사다운 유스마케팅 프로그램이다.

이 대회는 수상작을 가려 시상에 그치는 단순한 대회가 아니다. 권위 있는 예술가들을 심사위원으로 초빙하여 공정한 심사를 의뢰하는 등 전문성을 갖춘 운영을 통해 우리나라를 대표하는 예술 공모전으로 발전시키겠다는 의지가 담겨 있다. 그래서 꿈을 향해 도전하고 열정을 불사르는 그들이 가까운 미래에 그 꿈을 이룰 수 있도록 구체적인 도움을 주는 역할을 하고자 하는 것이다.

프로그램 명칭에 사용된 'Collaboration' 단어에는 특별한 의도가 담겨 있다. 참가자들은 누구도 상상하지 못한 참신한 아이디어를 내고 대한항공은 그 아이디어를 표현해 볼 수 있는 기회를 제공함으로써 근사한 협력을 이루어내겠다는 의미다.

대한항공은 유스세대와 공감하며 그들이 열망하는 것을 제대로 실현해볼 기회를 제공하는 노력을 펼침으로써 여행할 때만 생각나는 항공사가 아닌 그 이상의 의미 있는 존재가 되고자 한다. 그들과 문화적으로 소통하고 그들의 꿈과 희망을 이끌어주는 좋은 친구이자 멘토로 자리매김하는 데 중점을 둔 것이다. 이것이 대한항공이 추구하는 유스마케팅의 본질적 가치이다.

▲▲▲

체험 부스 9 코리안 온에어

대학생과 배낭여행을 떠올리면 그 사이로 '도전'이라는 키워드가 떠오른다. 글로벌 시대에서 배낭여행은 대학생들의 필수 경험으로 인식되고 있다. 젊은 시절 낯선 세계와 부딪히면서 얻게 되는 경험은 돈으로는 살 수 없는 값진 것이다. 배낭족들 사이에서 인기가 높은 대한항공이 이를 모를 리 없다.

'코리안 온에어' 프로그램은 대학생들의 도전 정신을 응원하고 글로벌 마인드를 키워주고자 기획된 프로그램이다. 단순히 대학생들을 선발하여 외국으로 보내주는 이벤트성 행사가 아니다. 그보다는 대학생들로 하여금 외국에 한국 문화를 잘 알릴 수 있는 방안을 스스로 세우게 하고 그중 완성도 높은 콘텐츠를 담은 기획안을 적극 지원해주는 방식으로 프로그램이 진행된다. 대한항공은 대학생들의 참신한 아이디어를 지원하는 유스마케팅을 펼치면서 이를 통해 차별화된 여행 콘텐츠를 확보하는 일석이조의 효과를 내고 있다.

1차 프로젝트로는 한국어 안내 자료를 제작해서 프랑스 스트라스부르 인근 유적지에 비치하는 활동이 이루어졌다. 2차 때에는 육로로 미국을 일주하는 동안 현지인 가정에서 숙박하면서 한국 문화를 알리는 프로젝트가 진행됐다. 3차 때에는 영국 에든버러 프린지 페스티벌 현장에서 한국의 전통 예술을 알리는 공연을 무대에 올렸다. 4차 때에는 미국 유학 중인 한국 교환 학생들이 한국의 맛을 알리는 동아리 활동이 수행됐다.

주목할 점은 모든 프로젝트가 대학생들의 자발적인 참여로 이뤄지고 있다는 사실이다. 참여를 신청한 대학생들의 계획 중 완성도가 떨어지는 기획안은 심사를 거쳐 지원 대상에서 제외된다. 2008년 첫 시행 이래 아쉽게 탈락한 기획안들도 많았다. 대학생들은 심사를 통과하기 위해 더욱 치밀하게 프로젝트를 구상하게 되는데, 그 과정 자체가 그들에게 의미 있는 체험이자 학습 기회가 되고 있다.

대학생들은 자발성을 가지고 적극 참여한 프로그램 진행 과정에서 대한항공에 대해 긍정적인 이미지를 형성하게 된다. 대한항공 또한 다수의 프로젝트 기획안들을 검토하면서 그들의 가치관과 행동 방식을 생생하게 이해하게 된다. 대한항공은 프로젝트 진행 중에 생성되는 소중한 가치들을 놓치지 않고 꼼꼼하게 챙김으로써 유스마케팅 프로그램이 더욱 효용성을 갖출 수 있도록 최선을 다하고 있다.

코리안 온에어는 유스세대 중 가장 먼저 미래 고객이 될 대학생들과 직접 만나면서 그들을 이해하고 소통을 이뤄나가는 데 의미 있는 역할을 맡고 있다. 또한 참여 과정 그 자체로써 교육적 효과를 이끌

▲ 코리안 온에어

어낼 수 있음을 잘 보여주는 유스마케팅 프로그램이다. 즉 유스마케팅의 필수 조건인 교육적 가치를 잘 갖춘 프로그램인 것이다.

▲▲▲

체험 부스 10 e스포츠 후원

　게임은 전 세계적으로 젊은층이 열광하는 대표적인 콘텐츠다. 이제 게임은 10대에서 30대까지를 아우르는 유스세대의 문화 아이콘으로 자리 잡았다. 그래서 유스마케팅을 펼칠 때 게임은 그들과의 소통을 이어주는 강력한 툴이 된다. 대한항공은 그들의 문화에 동참하여 진정한 소통을 이뤄내기 위해 국내 'e스포츠'인 스타리그를 후원하기로 결정했다.

대개 기업에서 하는 '후원'이라고 하면 일정한 비용을 지원하는 단순한 내용으로 생각하기 쉽다. 그러나 대한항공의 e스포츠 후원은 그 성격과 내용 면에서 단순한 후원과는 큰 차이를 보인다. 대한항공은 2007년에 처음으로 e스포츠 후원을 검토하기 시작했는데 발상 단계에서부터 유스마케팅 개념을 적용했다.

어떻게 하면 대한항공이라는 브랜드를 자연스럽게 그들 문화 속에 심어줄 수 있을지, 어떤 방법이 가장 효과적일지, 어떻게 하면 단순한 후원 형식을 넘어 그들과 같은 언어와 감성으로 소통할 수 있을지 등에 대한 고심을 거듭한 끝에 e스포츠가 가장 적합하다는 결론을 얻은 것이다. 그리고 그중에서도 대중성을 지닌 스타리그를 후원하는 게 가장 효과가 크다고 판단했다.

당시 대한항공의 e스포츠 후원 결정은 젊은 층이 갖고 있던 대한항공의 이미지와는 다소 어울리지 않는 부분이 있었기 때문에 조심스럽게 접근해야 했다. 대한항공은 젊은 항공사로 거듭나기 위해 다양한 노력을 펼치고 있었으나 e스포츠 후원이 대한항공의 추진 의도에 맞는 역할을 제대로 해내려면 철저한 사전 전략과 준비가 필요했다.

조심스러운 만큼 더욱 치밀하게 e스포츠 후원을 준비한 끝에 대한항공조차도 당황스러울 정도의 엄청난 반응과 호응을 이끌어낼 수 있었다. 대한항공이 메인 스폰서로 참여한 '대한항공 스타리그 2010'

▲ 대한항공 스타리그 결승

▲ 대한항공 스타크래프트II 래핑기

▲ 프로게이머가 등장하는 대한항공 호주 TV 광고

▲ 스타크래프트II 스카이패스 카드

은 e스포츠의 제2 전성기를 이끌었다는 평가를 받았다. 그 공로로 대한항공 조현민 전무가 '2011 한국 e스포츠 대상' 공로상을 받기도 했다.

e스포츠 후원을 통해 대한항공이 얻은 가장 큰 결실은 대한항공 브랜드에 대한 유스세대의 인식이 새로워졌다는 것이다. 처음부터 e스포츠 후원을 유스마케팅 차원으로 접근하여 목표를 세우고, 그 목표를 이뤄내기 위해 행사 매 순간 그들과 함께 호흡하고 열광했던 것이 좋은 성과로 이어졌다. 그들의 문화 속으로 직접 뛰어 들어가 그들과 함께 열광하고 응원한 대한항공은 이제 가장 오래되고 보수적이었던 항공사의 이미지에서 젊고 자유로우며 역동적인 이미지로 새롭게 재탄생된 것이다.

유스세대에게 대한항공의 변신은 마치 늘 정장만 입고 다니던 사람이 어느 날 갑자기 캐주얼 차림으로 나타난 것과 같은 느낌이었다. 그처럼 강렬한 인상을 줄 수 있었던 것은 치밀한 사전 준비 덕분이었다. 항공기 래핑, 격납고에서 진행한 결승전, 한정판 회원 카드 발행, 프로게이머를 모델로 한 TV 광고 방영 등 항공사라는 브랜드 특성을 잘 살려냄으로써 기존 후원과는 차원이 다름을 입증시켰다. 그들의 문화 속으로 뛰어들어 그들과 가깝게 만나고 함께 즐겼던 것이 적중하여 단순한 후원을 유스마케팅 프로그램 차원으로 변모시켜 수준 높은 결과를 이뤄낼 수 있었다.

특히 스타리그 후원과 연계해 프로게이머들을 TV 광고 모델로 출연시킨 것은 세간에 큰 화제를 불러일으켰다. 유명 프로게이머인 이윤열, 김준호 선수가 모델로 등장한 대한항공의 TV 광고 '지금 나는 호주에 있다'는 4개 시리즈로 제작되어 4개월 동안 방영되었는데 아직도 많은 사람의 뇌리에 남아 있을 정도로 인상적이었다. 외국 관광 명소를 1인칭 시점에서 소개하는 스토리텔링 형식의 광고 콘셉트도 유스세대에게 여행에 대한 꿈과 동경을 심어주기에 충분히 매력적이었다. TV 광고에 맞춰 대한항공 여행 정보 사이트에 관련 콘텐츠를 공개하는 단계별 전략도 효과적이었다. 또한 이윤열, 김준호 선수가 TV 광고를 제작하는 과정에서 수행한 다양한 미션이 담긴 UCC 동영상이 가감 없이 서비스되면서 유스세대의 관심과 흥미를 고조시켰다.

이 모든 활동은 유스세대와의 활발한 소통으로 자연스럽게 연결되었고 대한항공은 개성이 넘치는 새로운 이미지로 그들의 마음속에 심어졌다. 대한항공을 이를 계기로 유스마케팅에 더욱 박차를 가하게 되었다.

▲▲▲

‘항공사’ 하면 가장 먼저 연상되는 단어는 ‘여행’과 ‘비행기’이다. 이처럼 비행기는 항공사를 대표하는 친근한 상징물이지만 일반인들이 탑승객으로 비행기에 올라타는 경우 외에는 비행기에 가깝게 접근해서 여기저기 만져보거나 살펴볼 수 없는 신비한 물체이기도 하다. 더욱이 현실적으로 자동차를 운전하듯이 비행기를 조종해보는 일은 불가능하다. 그래서 비행기 조종사를 꿈꾸는 이들에게조차 비행기를 가깝게 느껴보는 것은 상상 속에서나 가능한 일처럼 여겨진다.

대한항공은 멀게만 느껴지는 비행기 조종 체험을 실전 느낌과 같이 해볼 수 있는 이색적인 프로그램을 기획했다. 항공기 조종에 대한 관심을 이끌고 특히 조종사를 꿈꾸는 유스세대에게 조종사의 꿈을 키워주기 위해 기획된 ‘플라이트 시뮬레이션 콘테스트’가 바로 그것이다. 이 프로그램은 조종사를 꿈꾸는 미래 세대가 그들의 꿈에 한 발짝 더 다가서는 계기를 마련해주었다. 2004년에 첫 대회를 개최한 이후 지금까지 총 여섯 차례의 대회가 열렸다. 이는 마이크로소프트의 비행 시뮬레이션 프로그램인 ‘플라이트 시뮬레이터(Flight Simulator)’를 이용해서 실제 비행과 비슷한 환경을 사이버상에 옮겨놓고 참가자들이 가상 세계에서 비행 실력을 겨루는 대회이다.

플라이트 시뮬레이터는 전 세계의 모든 조종사들이 교육 과정 중 비행을 처음 경험할 때 다루게 되는 시뮬레이션 게임으로 국내에서

▲ 경기에 몰입하고 있는 어린 학생과 평가 중인 B777 기장님

▲ 인터넷 실시간 방송 실시. 온게임넷 정소림 아나운서와 B747 – 400 김민수 부기장님

▲ 현장 체험 행사

도 동호회를 중심으로 마니아층이 형성되어 있는 상황이었다. 이를 파악한 대한항공은 본 대회를 통해 자연스럽게 그들 마음에 대한항공을 의미 있게 심어주고자 했다.

첫 대회를 개최하자마자 참가자들이 보여준 열정은 그야말로 대단했다. 대한항공은 참가자들이 열정을 쏟아냄에 있어 부족함이 없도록 대회 수준을 꾸준히 발전시켜 왔다. 현재 현장 체험 행사, UCC 이벤트 등 다양한 프로그램을 운영하고 있으며 전용 웹페이지를 개설하여 비행기 조종에 관심을 지닌 그들과 소통을 이어가고 있다. 2007년 대회부터는 서울 에어쇼와 함께 2년에 한 번씩 정기적으로 개최되고 있다.

플라이트 시뮬레이션 콘테스트 이전의 대한항공 유스마케팅은 단순한 방문 형태의 견학 프로그램이 대부분이었다. 그러나 플라이트 시뮬레이션 콘테스트 프로그램 진행 이후부터는 기존에 운영해오던 전달 방식의 콘텐츠에서 체험 방식의 콘텐츠로 콘셉트 자체가 바뀌었다. 이는 항공사의 특성을 이용하여 직접적인 참여를 유도하는 마케팅 방안을 적극 채택하는 등 대한항공 내부적 차원에서의 변화를 이끌기도 했다.

대한항공 현직 조종사들에게 자신의 비행 실력을 평가받고 교감을 나눈 참가자들의 후기가 동호회 게시판과 개인 블로그를 통해 소개되면서 놀라운 파급 효과로까지 이어졌다. 그들에 의해 자발적으로 프로그램 홍보가 되는 것은 물론 대한항공의 친근한 이미지가 자연스럽게 확산되고 퍼져나가는 즐거운 사후 결과를 만들어낸 것이다.

항공기 조종과 게임을 서로 연계하여 재미 요소를 극대화시키고 자발적인 참여를 이끌어낸 것이 프로그램 성공의 원동력이 되었다. 그들의 자발적인 참여를 이끌어낼 수만 있다면 그 이후는 누가 시키지도 않아도 그들 스스로 프로그램의 마케팅에 적극적으로 나서주는 것을 경험하면서 유스마케팅의 위력을 실감할 수 있다. 플라이트 시뮬레이션 콘테스트는 항공사만이 지닌 경쟁력을 제대로 활용한 유스마케팅 프로그램으로서 그 진가를 톡톡히 발휘하고 있다.

03
하늘과 비행기,
그들의 꿈이 대한항공의 꿈이다

대한항공은 'Excellence in Flight'라는 비전을 표방하며 전 세계를 대표하는 항공 업계 최고의 기업이 되겠다는 포부를 지닌 기업이다. 서비스, 물류, 항공 개발, 안전을 기본으로 기업 이미지와 브랜드 선호도에서도 최고가 되겠다는 목표를 향해 부지런히 달려가고 있다.

최고의 기업이 되려면 늘 젊고 역동적인 이미지를 지녀야 한다. 대한항공의 유스마케팅은 이러한 기업 이미지를 생명력 있게 발전시키기 위한 핵심 경영전략으로 매우 중요하게 다루어지고 있다. 대한항공은 글로벌 세상 속에 살고 있는 우리나라 유스세대가 세계 어느 곳에서든 한국이 만들어낸 세계 최고의 항공사임을 자랑스럽게 이야기하는 모습을 꿈꾼다. 더 나아가 전 세계 유스세대의 마음속에 최고의 항공사로 자리 잡는 것을 꿈꾼다.

▲▲▲

젊고 활기찬 항공사로 거듭나고 있는 대한항공

대한항공 직원들이 결성한 그룹 직딩슈주의 〈쏘리쏘리〉라는 동영상이 큰 화제가 된 적이 있다. 젊은 사원부터 풍채 좋은 중년 직원들까지 선글라스에 검은 양복을 맞춰 입고 재미있는 안무로 춤추는 모습은 보는 이들까지 신나게 만들었다.

사내 작은 음악회의 공연 장면이 촬영된 이 동영상은 유튜브에 게시되어 10만 회 가까운 조회 수를 기록했고 외국 언론에까지 기사화됐다. 이런 열띤 호응은 다소 우스꽝스러운 퍼포먼스 때문만은 아니었다. 묵직한 무게감과 차분함이 느껴지는 대한항공 직원들의 파격적인 모습이 반전 효과를 불러일으킨 것이다.

이렇듯 대한항공은 이미 젊어지고 있었다. 대한항공이 유스마케팅을 본격적으로 다룰 수 있게 된 데에는 이렇게 젊어진 기업 문화가 큰 뒷받침이 됐다.

잘 알려져 있듯 대한항공은 45년이라는 역사를 지닌 우리나라 최고의 항공사다. 그러나 그 유구한 전통은 최근 스마트 세상에 살고 있는 유스세대에게 오히려 보수적인 이미지로 비춰질 염려가 있었다. 다행히 대한항공은 변화를 두려워하지도 거부하지도 않았다.

직딩슈주의 〈쏘리쏘리〉 동영상은 그런 대한항공의 새로운 시작을 알려준 신호탄이었다. 새로운 기업 문화를 일구고 정착하기 위해 펀(Fun) 경영을 적극 도입하였으며 그런 일련의 과정이 결국 유스마케팅으로 귀결됐다.

격식이 있어야만 프리미엄 서비스가 아니라 대한항공과 함께하는 시간이 언제나 즐겁다고 느낄 수 있게 해주는 것이 진정한 프리미엄 서비스라는 발상의 전환이 일어난 것이다. 직원이 행복한 항공사로 만들기 위한 노력 속에서 자연스럽게 젊은 세대에게 다가갈 수 있는 요소를 발견했고 그것이 결국 대한항공 유스마케팅을 본격적으로 이륙시키는 가장 큰 힘이 되어주었다.

▲ ▲ ▲

그들의 꿈과 함께 할수록 튼튼해지는 대한항공의 미래

그렇게 이륙한 대한항공 유스마케팅의 목표는 분명하다. 유스세대의 꿈을 응원하고 그들의 열정을 지원하는 일이다. 그들의 열정이 보상받고 꿈을 이룰 수 있는 세상이 되어야 기업의 미래도 있다는 통찰이 대한항공 유스마케팅의 기본 바탕을 이룬다.

▲ 직딩슈주의 〈쏘리쏘리〉 동영상

　대한항공은 사회공헌 통합 프로그램인 '위드(WITH) 캠페인'을 통해 '나눔지기', '꿈나무지기', '환경지기', '문화지기'의 네 분야에서 다양한 사회공헌 활동을 전개하고 있다. 그중에서 주니어 공학기술교실, 교육 기부 박람회 참가 등 직원들의 재능 기부를 통해 기업의 사회적인 역할을 다하고자 노력함에 있어서도 역시 그 주요 대상은 유스세대이다.

　유스세대의 꿈을 응원하려는 대한항공의 노력은 다방면에 걸쳐 전개되고 있다. 오래 전부터 관련 분야 주요 대학들을 통해 항공 인력 양성을 지원하고 있는 것은 이미 잘 알려진 사실이다.

　신기하고 궁금한 대한항공 여행 프로그램에서는 회사를 개방하여 체험 위주의 견학 기회를 제공함으로써 어린이들이 항공 산업의 다양한 진로와 미래 직업에 대해 구체적으로 생각해볼 기회를 만들고 있다.

　과거 플라이트 시뮬레이션 콘테스트에 입상했던 친구가 대한항공

부기장으로 입사해 직접 플라이트 시뮬레이션 콘테스트 행사 진행을 맡았다. 조종사의 꿈을 이루지 못한 젊은이도 플라이트 시뮬레이션 콘테스트를 통해 다시 도전했고 프랑스 에어버스 공장 견학 기회를 갖게 되면서 항공 분야에 대한 꿈을 이어갈 수 있었다. 이런 이야기들은 대한항공의 진정한 노력이 조금씩 결실을 거두고 있는 것을 증명해준다.

대한항공의 유스마케팅은 항공 분야의 꿈을 꾸는 유스세대는 물론 모든 유스세대를 아우르며 그들의 꿈을 응원하고 있다. 특별히 소외되기 쉬운 유스세대들에게도 세심한 관심을 표현한다.

이와 같은 진정한 노력이 이미 그들의 마음속에 대한항공을 친구와 같은 존재로 자리 잡게 만들었다. 대한항공은 그들과 함께 성장하면서 미래를 가꾸고 그들의 재능과 열정을 기업 성장의 원동력으로 삼고자 한다.

◀ **캐나다(북극곰 투어) 편 – 아동 타깃**
본 적도 없는 동물을 어떻게
그릴 수 있을까?

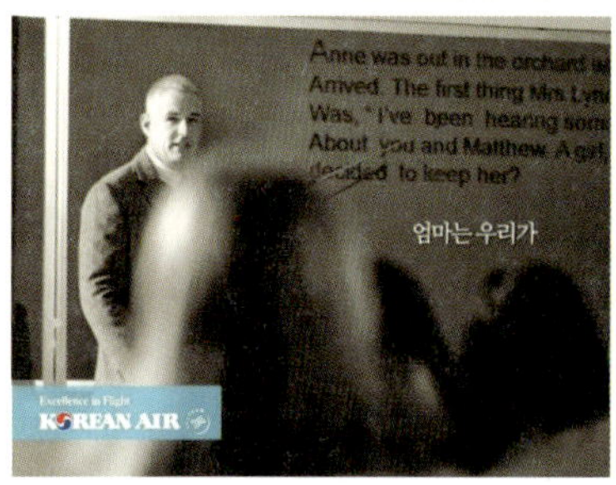

◀ **캐나다(레이크 루이스) 편 – 중·고등학생 타깃**
엄마는 우리가
영어 공부만 한다고 생각하겠지만…….

◀ **캐나다(개썰매) 편 – 대학생 타깃**
강남역에서 보내는 겨울방학이
점점 지겨워졌다.

◀ **캐나다(헬리스키) 편 – 대학생 타깃**
남자들끼리만 가서
뭔 재미가 있겠냐만…….

▲ **미국(애틀랜타) 편**
파릇파릇한 토마토에 예쁜 튀김옷을 입혀 기름에 퐁당~!
애틀랜타가 만들어준 프라잉 그린 토마토.
미국, 어디까지 가봤니?

미국(내슈빌) 편 ▼
내슈빌에게 배웠다.
처음 만나는 사람들과 가장 빨리 친해지는 법
음악에 몸을 맡긴다. 이렇게~
미국, 어디까지 가봤니?

30/50
travel.
koreanair.
com
Seattle
New York
Washington D.C.
Chicago
San Francisco
내슈빌
Las Vegas
Atlanta
Los Angeles
Dallas
Honolulu
미국 10개 도시 최다 노선 운항
Excellence in Flight
KOREAN AIR
스타얼라이언스에서도 만나보세요

그거 아니?
더 큰 비행기일수록
더 멀리 나는 비행기일수록
더 긴 활주로가 필요하다는 거
힘들어도 포기하지 마.
지금 넌 날아오르기 직전이니까!

Excellence in Flight
KOREAN AIR
대한항공이 높은 꿈을 응원합니다

대한항공은 내 친구

현재 SNS가 기업 마케팅에 미치는 영향력에 대해서는 모든 마케터가 실감하고 있다. 그럼에도 정작 SNS를 제대로 활용하여 큰 효과를 보고 있는 기업은 극히 드물다. SNS의 본질이 '진정한 소통'에 있음을 알면서도 기존에 해왔던 방식으로 운영하다 보니 일방적인 홍보 툴로만 활용하고 있는 것이다.

대한항공 유스마케팅이 지닌 특징 중 하나는 그 어느 기업보다 SNS를 적극 활용하고 있다는 점이다. 유스세대의 꿈과 열정을 응원하기 위해서는 그들과 친구가 되어야 한다. 이것은 모든 유스마케팅 프로그램을 기획하고 운영하는 데 있어 놓쳐서는 안 될 중요한 요소다. 대한항공과 같은 대기업이 스마트한 세상을 살아가는 그들과 친

구가 되어 그 관계를 지속시키려면 그들의 세상으로 들어가야 한다. 대한항공은 무엇보다도 그들과 가깝게 교감하는 것을 중요하게 다루며 이를 꾸준히 실천하고 있다.

비행기로 여행할 때가 아니면 대한항공과 접촉할 기회가 별로 없다. 고객 접점이 부족한 점은 대한항공에게 항상 큰 아쉬움이었다. 하지만 지금은 상황이 달라졌다. 이 공백을 SNS가 메워주고 있기 때문이다. 대한항공은 SNS를 통해 언제나 고객과 소통할 수 있게 되었으며 일상에서 언제든지 편하게 만날 수 있게 됐다. 기업과 고객 사이에 교감을 이루는 소통을 통해 관계를 형성하는 일은 마케팅의 생명과도 같다. 그래서 대한항공은 트위터, 페이스북, 구글플러스 등 각 SNS를 관리하는 담당자들에게 '기장' 역할을 맡긴다. 또한 대한항공의 얼굴이며 목소리 역할을 하는 SNS의 기장들을 세심하게 관리하며 교육하고 있다.

기장들은 자신들이 관리하는 계정에 사람들을 탑승시키고 사소한 이야기들을 정답게 나누면서 그들과의 소통을 이어가고 있다. 특히 유스마케팅 프로그램 관련 소식들을 중점적으로 소개하며 일일카페와 같은 사회공헌 활동 등을 SNS 회원들과 함께 공유하고 전개함으로써 고객과의 소통 공간을 오프라인으로 확대해나가고 있다. 또한 SNS 회원 대상 견학 프로그램 등을 열어 회원들이 평소 대한항공에 대해 궁금해했던 것들을 해결해주고 있다.

대한항공의 SNS 소통은 특히 유스세대들과 활발하게 이루어지고 있으며 이를 통해 유스세대와 한층 더 가까워졌다. 일상에서 쉽게 만날 일이 없던 대한항공을 편안하고 가깝게 만나게 되면서 브랜드에 대한 호감도가 높아졌다. 이제 유스세대는 대한항공을 친구처럼 여기기 시작했다. 대한항공 SNS는 평소 듣기 어려웠던 대한항공에 대한 젊은 세대들의 의견과 객관적인 평가를 모으는 창구 역할도 수행하고 있다.

대한항공 사례가 잘 보여주듯이 이처럼 SNS는 제대로 활용하면 기업 브랜딩 과정에서 큰 역할을 해낼 수 있다. 관계를 맺은 한 사람한 사람과 진심이 담긴 대화를 나누다 보면 나중에는 그들이 알아서 대한항공에 대한 좋은 이미지를 주변에 알리고 퍼트려준다. SNS를 활용한 대한항공 유스마케팅은 유스세대와 친구가 되는 방법을 잘 알려주고 있다. SNS가 대한항공 유스마케팅의 중심축에서 큰 역할을 맡고 있는 것이다.

▲▲▲

대한항공 브랜딩의 큰 역할을 맡고 있는 유스마케팅

대한항공은 사내 통합커뮤니케이션팀을 통해 유스마케팅을 총괄 관리하고 있다. 여러 부서가 함께 전개하는 모든 유스마케팅 프로그

램들을 통합커뮤니케이션팀에서 체계적으로 관리함으로써 일관성 있는 메시지를 전달하고 부서 간 시너지 효과를 창출해낸다. 이것이 대한항공 유스마케팅의 기본 운영 방식이다.

대한항공 유스마케팅 전략에는 브랜드 이미지를 새롭게 하고 이를 유지하기 위해서는 새로운 세대와 함께 성장해야 한다는 의지가 담겨져 있다. 이를 기반으로 다양한 유스마케팅 프로그램을 통해 그들과의 접점을 늘려가며 새로운 대한항공 이미지를 구축해나가고 있다. 대한항공 브랜딩에 있어서 유스마케팅의 역할은 점점 더 확대될 것이다.

난 유스세대다!

홈플러스
4랑운동의 중심에 있는 유스마케팅

"사회공헌은 수단이 아닌 경영의 목적이 되어야 한다."

홈플러스는 이렇게 생각하고 이에 맞게 운영해왔다.

테스코 그룹의 글로벌 영업망 중에서

가장 성과가 뛰어난 곳이 우리나라 홈플러스다.

테스코는 처음에는 홈플러스의 새로운 시도에

확신을 갖지 못했다.

하지만 이젠 홈플러스의 사례와 시스템을

벤치마킹하기에 이르렀다.

홈플러스가 보여준 이 놀라운 성과는 어떻게 시작된 것일까?

"사회공헌은 수단이 아닌 경영의 목적이 되어야 한다."

홈플러스
4랑운동의 중심에 있는 유스마케팅

유스마케팅과 사회공헌 활동이 '교육'을 통해
어린이와 관계를 맺으며 그들의 부모와 교감하는 데까지
이어지도록 하는 것, 이것이 바로
홈플러스가 준비하는 미래이며 진정한 CSV이다.
홈플러스에게 유스마케팅이란
수년간 노력해온 사회공헌 활동들이
미래 CSV와 이어질 수 있도록
연결해주는 통로인 것이다.

01
CSR 선구 기업 홈플러스가
CSV를 말하다

▲▲▲

마트의 개념을 바꾼 마트

국내 기업들을 긴장시키며 우리나라에 들어왔던 글로벌 기업 월마트를 기억할 것이다. 월마트는 국내 대형 마트와는 콘셉트가 좀 다르다. 넓은 창고형 공간에서 저렴한 가격으로 상품을 대량 판매하는 방식이다. 이런 월마트가 얼마 지나지 않아 한국 시장에서 철수하고 말았다. 세계적인 기업이 한국에서 제대로 자리 잡기도 전에 처참하게 물러날 것이라고는 그 누구도 예상하지 못했을 것이다. 도대체 무슨 일이 있었던 것일까?

　홈플러스가 개척한 새로운 비즈니스 모델이 우리나라 대형 마트의 기준이 되면서 기존 방식과 시스템을 고수하던 외국 기업들은 발 빠르게 변화하는 트렌드를 따라가지 못했다. 상대적으로 경쟁력이 떨어질 수밖에 없었다. 우리는 대형 마트에 가서 물건만 사지 않는다. 푸드 코트, 제과점, 놀이방, 서점 같은 공간에서 쉬고 즐긴다. 그뿐만 아니라 문화 공연과 교육 강좌 등 다양한 즐길 거리를 찾기도 한다. 그래서 어떤 경우에는 쇼핑과는 상관없이 대형 마트에 들르는 일이 있을 정도이다. 대형 마트는 우리 생활에서 단순한 쇼핑 장소가 아닌 문화 공간으로 인식되고 있다.

홈플러스는 '창고형 할인점'을 '커뮤니티형 유통 체인'으로 바꾸어 놓은 최초의 기업이다. 한국 소비자의 특성을 이해하지 못한 채 접근했던 월마트는 이런 흐름을 읽지 못하고 결국 국내 시장에서 철수할 수밖에 없었다. 국내 후발 주자로 시작한 유통업계의 햇병아리가 거인을 물리친 셈이다. 테스코 그룹의 글로벌 영업망 중에서도 가장 성과가 뛰어난 곳이 우리나라 홈플러스다. 테스코 역시 처음에는 홈플러스의 새로운 시도에 확신이 없었다고 한다. 하지만 지금은 오히려 국내 홈플러스의 시스템을 벤치마킹하고 있다. 그만큼 홈플러스는 혁신을 일으켰다.

이렇듯 최단시간 내에 엄청난 성장을 이룬 홈플러스이기에 새로운 세상을 열어가며 미래 세대의 주역이 될 유스세대들에 대한 걱정은 남다를 수밖에 없다.

▲▲▲

공유 가치 창출로 기업의 미래를 지킨다

기업의 존재 이유와 목적이 이윤 추구라는 사실은 상식이다. 하지만 홈플러스는 이런 상식에 의문을 던졌다. 과연 이윤 추구만이 기업의 존재 이유인지에 대한 근본적인 문제를 제기한 것이다. 오늘날의 기업은 과거와는 달리 이윤 추구 이상의 더 큰 과제를 안고 있다.

이른바 협력 경제 시대에 걸맞은 사회적 책임이 그것이다. 특히 홈플러스의 최고경영자 이승한 회장은 그런 책임감 없이 운영되는 기업의 미래가 결코 견고할 수 없음을 뚜렷이 인식하고 있었다.

물론 기업들이 사회적 책임을 전혀 인식하지 못하거나 회피한 것은 아니다. 사회가 도움을 필요할 때면 기꺼이 손길을 내밀었다. 사회공헌 개념이 서서히 정립되면서 기업의 자선과 기부 활동은 기업 홍보 차원에서 다루어지는 경영의 한 수단이 되었다. 그러다 최근에는 그 의미와 가치가 크게 진화되었다. 기업 가치를 높이고 미래의 위기를 관리하는 차원의 전략으로 좀 더 확장된 것이다.

홈플러스는 여기서 한 걸음 더 나아갔다. 사회공헌이 경영전략 차원을 넘어 기업의 존재 목적이 되어야 한다는 생각을 가졌다. 그리고 한 계단 더 올라섰다. 홈플러스는 사회공헌이 기업 이익에도 크게 기여하는 진정한 공유 가치 창출의 대표적 사례가 되어야함을 제시했다. 그럼으로써 다른 기업들에 영향력을 발휘하고 결국 모든 기업이 함께 더 좋은 사회, 더 좋은 대한민국을 만들어가는 데 실질적인 역할을 하고자 하는 것이 홈플러스의 의지이다.

사회에 기여하는 동시에 기업 이익에 도움이 될 수 있는 경영을 하고 이것이 기업 가치를 끌어올리는 차원으로 이어져 다시금 사회공헌 활동에 재투자하는 선순환 구조를 만들어내겠다는 것은 이승한 회장의 신념이기도 하다.

이러한 리더십 아래 정립된 기업 경영 방식은 자연스럽게 미래 주역으로 자라나고 있는 어린이들에게 눈길을 향하게 했다. 그래서 어린이를 대상으로 한 사회공헌과 마케팅의 중요성이 홈플러스 내부의 큰 이슈로 떠오르게 되었다. 이것이 바로 홈플러스의 사회공헌과 유스마케팅 활동의 대부분이 어린이를 대상으로 이뤄지고 있는 이유다.

▲▲▲

업계 최초의 사회공헌 전담 조직

홈플러스는 2004년 5월 '사회공헌 기업 선포식'을 열었다. 이와 함께 '사회공헌팀'이 출범했다. 국내 기업 최초의 사회공헌 전담팀이 구

성되어 활동을 시작한 것이다. 홈플러스는 그동안 누구도 예상하지 못한 성장을 거듭했는데 그 성공의 중심에는 사회공헌의 역할이 상당히 컸다는 강한 확신을 가지고 있다. 홈플러스 사회공헌팀은 다양한 CSR 활동을 체계적으로 수행하며 홈플러스의 미래를 만들어가는 조직으로서 중요한 역할을 해왔다. 2009년 이후에는 공익 법인인 '홈플러스 e파란재단'을 설립하여 더욱 체계적이고 전문적이며 투명한 사회공헌 활동을 전개하고 있다. e파란재단은 '4랑운동'이라는 고유한 사회공헌 체계를 통해 어린이와 청소년을 대상으로 사회공헌과 마케팅을 전개함으로써 기업 공유 가치 창출을 위한 진정성 있는 노력을 펼쳐나가고 있다.

이러한 홈플러스의 노력은 다른 기업들의 본보기가 되어 왔다. 특히 e파란재단의 활동은 많은 기업에게 CSV 벤치마킹 사례가 되고 있을 만큼 사회공헌과 유스마케팅 측면에서 큰 성과를 거두고 있다.

02
어린이가 기업의 미래다
e파란에서 4랑운동까지

설립 당시부터 기업의 사회적 책임을 경영 목표로 전면에 내세운 홈플러스는 '환경', '어린이', '인터넷'이라는 3대 사회공헌 주제를 선정했다. CSR이라는 개념 자체가 희박했던 당시 우리나라 실정에서 홈플러스의 모습은 생소하게 느껴졌다. 갓 태어난 신생 회사가 당장의 경영 성과를 걱정하기보다는 마치 공익 기관과 같은 행보를 보이는 게 납득이 되지 않았다.

하지만 홈플러스의 경영 방식은 옳았다. 홈플러스가 걸어온 길이 곧 우리나라 기업의 CSR 역사라 해도 과언이 아닐 것이다. 홈플러스는 기업의 사회공헌 활동을 당연한 상식으로 여기도록 만드는 데 큰 몫을 담당했다. 홈플러스의 CSR에는 독특한 점이 있다. 그 활동이 모두 미래 성장 세대에게 맞춰져 있다는 것이다. 사회공헌이 지닌 가치를 뚜렷이 인식한 상태로 가장 먼저 그리고 체계적으로 CSR 활동을 수행해온 홈플러스는 미래를 향해 자라나고 있는 유스세대를 위한 교육적 역할이 곧 홈플러스의 미래를 지키는 길임을 알고 있었다. 그리고 일찍부터 이를 위해 본격적인 노력을 기울여왔다.

이것이 홈플러스가 CSR과 유스마케팅을 하나로 보고 있는 이유이다. 이렇게 홈플러스의 CSR과 유스마케팅은 '어린이'라는 하나의 대상에 집중하고 있기 때문에 서로 강력한 시너지를 내고 있다.

▲▲▲

'e파란' 캐릭터의 탄생

홈플러스가 사회공헌을 경영 비전으로 삼았을 당시 우리나라에는 CSR의 개념에 대한 인식조차 크게 없었다. 단순한 기업 홍보 차원으로 받아들이고 주로 사내 홍보팀에서 이벤트성으로 수행하는 정도에 그치는 경우가 대부분이었다. 또한 IMF로 인해 당시 기업들의 관심은 대외적 차원의 공헌보다는 생존을 위한 내적 체질 개선에 있었다.

이런 상황에서도 이승한 회장은 국내에 CSR의 개념을 제대로 심어주고 그 인식을 자연스럽게 확장시켜야겠다는 의지를 품었다. 그래서 선택한 것이 캐릭터 개발이었다. 캐릭터에게 화자의 역할을 맡겨서 홈플러스의 CSR 활동을 지속적으로 전하고 알린다면 다른 기업과 사회에 거부감 없이 스며들 수 있으리라는 확신이 있었다. 업계 최초의 사회공헌 캐릭터인 e파란은 이런 의지가 담겨져 탄생됐다.

'e파란'이란 이름에 담긴 의미는 특별하다. 'e'는 'everlasting(지속가능성)', 'environmental(환경)', 'ethical(도덕성)', 'extended(확장)', 'exciting(흥미)', 'e-world'를 의미한다. 그리고 '파란'은 파란(=초록)과 운동·확산·전파의 뜻을 지닌 푸른 물결을 상징한다. 2000년 8월에 첫선을 보인 e파란은 지금껏 홈플러스 사회공헌 활동의 상징적인 아이콘 역할을 해오고 있다. 2010년 e파란은 지속 가능 성장, 환경, 인권, 반부패 등 유엔 의제에 대해 논의하고 실천을 모색하는 글로벌 기업

▲ 홈플러스 e파란

리더들의 포럼인 'UNGC 리더스 서밋 2010'에 참석하여 홈플러스의 메시지를 전하는 메신저 역할을 하기도 했다. 초기 환경 콘셉트의 캐릭터로 시작했던 e파란의 역할은 홈플러스 사회공헌이 발전함에 따라 점점 확장된 의미와 가치를 담아가고 있다.

e파란 캐릭터는 남녀노소를 가리지 않고 누구에게든 홈플러스의 기업 이미지를 친근하게 알리고 CSR 활동을 전파하는 데 큰 역할을 하고 있다. 홈플러스 브랜드 가치를 높이는 데 실질적인 기여를 해왔으며 결국 이러한 성과는 e파란재단 설립으로 이어졌다.

▲▲▲

e파란 = 홈플러스

e파란은 10년 이상 이러한 역할을 수행하면서 고객과의 친근한 소통을 담당해왔다. 그런데 사회공헌 활동을 하면서 '홈플러스'를 부각시키지 않고 'e파란'을 전면에 내세우는 것을 내부 마케팅팀에서조차 이해하지 못했다고 한다. 사회공헌 활동 역시 결국 기업 가치를 창출하는 데 제 몫을 다해야 하는데 기업 이름을 사용하는 대신 e파란 캐릭터를 앞세우는 것 자체가 쉽게 받아들여지지 않았던 것이다.

탄생 초기에는 사회공헌 활동을 상징했고 지금은 기업 공유 가치 창출의 역할을 상징하는 데까지 성장해온 e파란 캐릭터를 홈플러스와 동일시하는 것은 위험할 수도 있다. 그러나 이런 위험을 감수하는 데에는 특별한 배경이 있다. 홈플러스는 소매 유통 기업으로서 일반 소비자들과 자주 만난다. 예전 같으면 시장인 셈이다. 시장은 장사꾼들과 흥정이 넘쳐나는 장소다. 소비자들은 필요한 물건을 사러 왔지만 장사꾼들의 언행에 늘 의구심을 품곤 한다. 아무리 좋은 일을 한다 해도 '장삿속 아니겠어?'라는 의심부터 갖게 되는 것이다. 홈플러스도 그런 오해를 받기 쉬운 위치에 있었다. 고객에게 최상의 상품과 품질, 최고의 서비스를 제공하기 위해 노력하는 것은 물론 자발적인 의지를 갖고 그 어느 기업보다 사회공헌에 앞장서고 있지만, 고객에게는 그런 순수한 의도마저도 물건을 더 많이 팔려는 속셈으로 비칠 수 있다. 이런 고객의 반응을 고려하지 않을 수 없었다. 효과보다는 오히려 반감을 살 수 있는 위험성이 늘 존재했다.

e파란을 전면에 내세우는 것은 이런 리스크를 줄이는 길이었다. 진정성이 가장 중요한 가치인 사회공헌과 유스마케팅을 전개할 때 홈플러스를 내세우지 않고 e파란에게 모든 역할을 맡기면 거부감을 줄이고 순수성을 지켜낼 수 있다고 판단한 것이다.

그 판단은 적중했다. e파란의 이름으로 활동을 진행하면서 고객과 사회의 신뢰와 지지를 얻었다. 결과적으로는 e파란의 모든 활동이 홈플러스 이미지로 연결되기 시작했다.

세계로 진출한 e파란 ▲

e파란재단의 탄생

e파란재단은 2009년 10월 홈플러스 사회공헌 활동이 무르익는 과정에서 탄생했다. 대형 마트는 소비자의 기본 생활과 가장 가까운 업종이다. 종래에 시장이 맡았던 모든 역할은 물론이고 문화 서비스까지 해내고 있다. 그래서 단 한 번의 실수가 사회적 지탄으로까지 번질 수도 있다. 우리는 이런 위기를 겪는 기업 사례들을 주변에서 흔히 볼 수 있다.

홈플러스 또한 마찬가지였다. 10년이라는 짧은 시간에 국내 유통을 망라하는 규모로 성장을 이뤄내자 공격을 받기 시작했다. 건전한 성장과 사회적 기여라는 두 가지 가치를 내세우며 출발했던 당시만 해도 홈플러스의 존재감은 미약했다. 하지만 상황은 달라졌다. 대한민국 유통 산업의 큰 줄기를 바꾼 홈플러스에게 그 규모와 위상에 걸맞은 사회적 책임을 묻는 목소리가 거세졌다.

e파란을 내세워 설립 초기부터 일찌감치 사회적 책임을 다해온 홈플러스였지만 그것으로도 부족했다. 창립 당시 그 누구도 귀 기울이지 않던 기업의 사회적 책임을 강조한 홈플러스였다. 하지만 이제는 기업 외부에서 사회적 책임을 다하라는 요구가 들어올 정도로 홈플러스의 존재감은 거대해졌다. 기존의 CSR 활동 정도로는 홈플러스

의 순수한 의지를 전달하기에 역부족일 만큼 기업의 규모가 커진 것
이다. 기업의 규모에 적합한 그 이상의 사회공헌 활동이 필요한 시점
이 찾아왔다.

e파란재단은 그런 사회적 요구에 대한 홈플러스의 응답이다. 지난
10여 년간 e파란 캐릭터를 통한 친근한 소통으로 큰 성과를 거두었
던 홈플러스의 사회공헌 활동을 이어가면서 유스마케팅을 체계적이
고도 본격적으로 도입하여 미래 성장 세대를 위한 노력을 아낌없이
하고자 하는 강한 의지가 담겨 있는 것이다. e파란재단 출범식에서
이승한 회장은 "지난 10년간의 3대 사회공헌 가치인 환경 경영, 나
눔 경영, 문화 교육 경영을 더욱 체계화한 활동을 선보이게 될 것"이
라고 강조했다. e파란재단은 홈플러스 사회공헌 활동의 노하우를 바

▲ e파란재단 출범식

탕으로 미래 성장 세대를 위한 유스마케팅 기능을 강화하고 기업 공유 가치 창출을 실현하고자 하는 미래 목표를 가지고 있다. 현재 e파란재단은 어린이 교육을 위한 평생교육스쿨 운영 인력만 500여 명에 이르는 등 국내 최대 규모의 조직을 갖추고 미래 목표를 향해 나아가고 있다.

비영리 공익 법인 사회공헌 재단을 설립한 목적은 분명하다. 미래의 꿈나무들을 위한 교육을 통해 사회적 기여를 함으로써 기업의 급속한 성장과 함께 일어날 수 있는 고객들의 오해와 반감이라는 역효과를 줄이고자 하는 차원이다. 즉 유스마케팅을 적극 가동함으로써 주 고객층인 부모들에게 좀 더 실질적인 도움을 줄 수 있는 진정한 사회공헌을 이뤄내고 이러한 활동 자체가 홈플러스 기업 이미지에 대한 효과적인 브랜딩이 될 수 있도록 하는 고도의 전략을 담았다. 또한 기업이 주체이면서도 기업 이름을 앞세우지 않기 때문에 더 폭넓게 사회공헌 활동을 확장해나갈 수 있다.

e파란재단 설립 이후 홈플러스 그룹의 모든 사회공헌은 재단을 통해 이뤄지고 있다. 모든 프로그램에 '홈플러스'가 아닌 'e파란' 로고가 새겨져 있다. 그리고 e파란재난은 다른 기업이 사회공헌 활동을 할 때 필요한 경우 얼마든지 e파란 캐릭터를 사용할 수 있도록 허락하고 있다. e파란 캐릭터의 상업적인 활용은 철저히 막으면서도 다른 기업들이 사회공헌 활동과 관련해서 사용하는 것에 대해서는 전혀

재산권을 주장하지 않는다. 오히려 널리 사용할 것을 권장하고 이를 위한 협조와 지원을 아끼지 않고 있다. 원칙만 지켜진다면 되도록 다양하게 활용되어야 e파란 캐릭터가 본래의 취지와 역할을 충실히 해내리라고 판단하기 때문이다.

홈플러스는 e파란재단 설립을 계기로 오랫동안 계획해오던 유스마케팅을 본격적으로 가동시켰다. 특히 어린이들을 위한 다양한 교육 프로그램을 더욱 알차게 기획했다. e파란재단에서 사회공헌과 유스마케팅, 유스마케팅과 사회공헌은 모두 같은 차원에서 다루어진다. 이렇듯 e파란재단 설립은 기존 홈플러스 사회공헌 활동에서 한층 더 발전해 유스마케팅을 보다 전문적이고 체계적으로 전개할 수 있는 계기를 마련해주었다.

▲▲▲

4랑운동의 전개

홈플러스는 창립 10주년을 맞으면서 사회공헌의 새로운 도약이 필요하다고 생각했다. 업계 최초로 사회공헌을 전담하는 팀을 만들어 운영해왔지만 이승한 회장은 그것만으로는 부족하다고 여겼다. 그는 사회공헌팀 담당자들을 한자리에 불러 모아놓고 칠판에 네 잎 클로버를 직접 그리면서 각각의 잎마다 의미를 부여하여 '4랑운동'을 설명했다. 네 개의 잎을 가진 클로버 형상의 숫자 '4'와 '사랑'의 '사'가 포개져 홈플러스의 미래 공유 가치 실현을 상징하는 '4랑운동'으로 탄생했다. 기업 가치 경영 안에 있는 사회공헌과 유스마케팅 활동 모두 사랑이 근간이 되어야 한다는 신념의 메시지를 담은 것이다. 이것은 또한 '사'람에 대한 사랑, '사'회에 대한 사랑이 없으면 기업이 존재할 수 없다는 홈플러스의 초심을 담은 것이기도 하다.

4랑운동은 그저 적절한 뜻을 연결한 단순한 아이디어가 아니다. 홈플러스의 공유 가치 실현에 대한 의미심장한 철학을 담고 있다. 이승한 회장을 비롯하여 관계자 모두가 밤을 새워가며 의미를 다듬고 체계화시켰다. 그 결과는 사랑(Love)을 상징하는 하트(Heart)로 이뤄진

▲ 4랑운동을 통한 홈플러스 사회공헌 활동

환경사랑	
나눔사랑	
이웃사랑	
가족사랑	

▲ e파란의 4랑운동

네 잎 클로버 모양에 오롯이 담겼다. 네 개의 잎은 홈플러스가 펼쳐 나갈 4가지 영역의 미래 경영전략으로 체계화된 모델을 뜻한다. e파란재단을 통해 이루고자 하는 홈플러스의 미래 가치를 고유의 브랜드로 수립한 것이다.

네 잎 클로버의 4가지 영역에는 유통업계의 리더답게 홈플러스가 실천해야 할 기업 공유 가치의 비전이 담겨 있다. 먼저 환경 영역에는 유통업의 반환경적 이미지를 극복하기 위한 의지를 담았다. 유통업 하면 교통체증 유발, 에너지 소비, 쓰레기 양산 등과 같은 반환경적 이미지가 떠오를 수 있는데 홈플러스는 환경문제에 적극 앞장서는 기업으로 자리매김하기를 원했다. 환경은 창립 당시부터 각별하게 신경을 쓴 영역이기도 한 만큼 네 잎 클로버의 첫 잎을 장식했다. 실제로 환경문제와 관련해 홈플러스가 할 수 있는 역할은 매우 크다. 매장을 방문하는 수많은 고객을 대상으로 환경문제를 환기하고 동참을 유도할 수 있기 때문이다. 이런 강점을 이용하여 특히 어린이들에게 다양한 환경 교육을 하고 생활 속에서 환경을 지키는 습관을 기르고 실천할 수 있도록 하는 어린이 환경 운동을 지속적으로 펼쳐나가고자 했다.

'나눔'은 경기 침체와 사회 양극화 등으로 기업의 적극적인 나눔 실천을 요구하는 사회적 요구에 부응하기 위한 영역이다. 이것은 우리나라의 국민 정서를 고려한 측면도 있다. 일반적으로 사회공헌 활동이라고 하면 나눔을 실천하는 모습을 떠올린다. 나눔은 그만큼 기업의 이미지에 큰 영향을 준다. 일반 국민의 생활에 가장 가까이 있는 홈플러스는 그 어느 기업보다 홈플러스다운 나눔 실천으로 영향력을 발휘하고자 했다.

'지역'은 홈플러스의 영업 특성을 고려해 중점을 둔 사회공헌 영역이다. 대형 마트는 해당 지역 주민과 밀접하게 연결되어 있다. 매장과 지역 주민은 불가분의 공존 관계이므로 지역 주민에 대한 실질적인 기여는 선택 사항이 아니다. 지역과 상생의 추구는 홈플러스의 의무인 것이다.

'가족' 영역은 홈플러스 하면 바로 떠오르는 이미지이기도 하다. 저출산과 여성 취업 문제가 중요한 사회적 이슈로 떠오르고 있다. 또한 홈플러스 직원의 절반 이상이 여성이다. 무엇보다도 주부를 중심으로 한 가족 단위가 홈플러스의 주요 고객층이다. 이처럼 가족과 홈플러스의 관계는 하나로 이어진다.

이런 각 영역의 활동은 모두 관련 기관과의 협조를 이끌어내어 공익 지향적 면모를 갖추고 더 큰 시너지 효과를 낼 수 있도록 펼쳐지고 있다. 환경 영역은 글로벌 이슈인 만큼 환경부나 UNEP 한국위원회와의 연계 속에 활동한다. 그리고 나눔 영역은 보건복지부와의 협업을 통해, 이웃 영역은 해당 지방자치단체들과의 협업을 통해, 가족 영역은 YMCA나 여성가족부 등과 함께 서로 돕고 지원하는 구조를 만들어내면서 더욱 효과적으로 운영하고 있다.

e파란재단 설립과 함께 시작된 4랑운동은 이처럼 그 기획 초기부터 의미가 특별했다. 뚜렷한 체계를 갖추고 관련 기관들과의 유기적 협조 속에 전문적이고도 지속적인 활동을 펼치고자 하는 의지가 실려 있는 것이다. 4랑운동은 e파란재단에서 본격적으로 다루고 있는 유스마케팅에서도 중추적 역할을 하고 있다.

▲ ▲ ▲

사회공헌 속에서 이루어지는 유스마케팅

환경사랑

체험 부스 1 e파란 어린이 그린리더

홈플러스의 사회공헌 활동은 초창기부터 환경에 대한 지대한 관심을 포함하고 있었다. 환경문제는 현재의 문제일 뿐만 아니라 방치될 경우 심각한 미래 문제로 이어진다. 지금처럼 내버려둔다면 심각한 상황을 불러올 수 있다. 그러므로 미래를 책임질 우리 어린이들에게 환경 의식을 심어주고 환경을 지켜야 하는 마음을 키워주는 일은 바람직한 미래를 만들어가기 위해 반드시 필요한 과제이며 책임이다.

이런 취지에서 시작된 것이 'e파란 어린이 그린리더'이다. 이 프로그램은 10만 명의 e파란 어린이 그린리더를 양성하겠다는 목표로 추진

되고 있는 교육 프로그램으로 어린이들에게 환경의 소중함을 일깨워 주고 있다. 환경부를 비롯해 UNGC 한국협회, 서울대학교 AIEES 등 국내 최고의 환경 교육 전문가들이 프로그램 기획에 참여했다. 이런 과정을 거쳐 만들어진 교육 콘텐츠를 통해 어린이들은 기후 변화에 대한 이해를 높이고 재활용 등 가정이나 학교에서 실천할 수 있는 녹색 소비 습관을 익히게 된다.

매년 7000명이 참가하는 이 교육 프로그램은 2000년 처음 시작한 이래 현재까지 4만여 명의 e파란 어린이 그린리더를 키워냈다. 초창기 그린리더들은 이미 성인이 되었다. 그린리더가 된 어린이가 자라서 환경 분야로 자신의 진로를 결정한 사례도 있었다. 2013년 청와대에

▲ 그린리더 어린이들의 수업 장면

서 열린 e파란 어린이 환경그림 공모전 시상식에서는 환경부에서 근무하는 한 인턴 직원이 인상적인 발표를 했다. 자신은 홈플러스 그린리더 출신인데 그때의 경험을 계기로 지금의 진로를 결정하게 되었다고 말했다. 그의 이야기에 홈플러스 임직원들은 말로 표현할 수 없는 큰 감동과 보람을 느꼈다고 한다.

유스세대를 향해 진정성을 갖고 성실하게 수행한 홈플러스의 환경교육은 이렇게 결실을 맺고 있다. 사회공헌의 가치를 바탕으로 펼치고 있는 유스마케팅 프로그램 e파란 어린이 그린리더는 이렇듯 그들

반기문 UN 사무총장과 그린리더 ▲

미래의 진로와 인생을 바꿀 정도로 깊은 영향력을 발휘하고 있다.

▲▲▲

체험 부스 2 e파란 어린이 환경그림 공모전

홈플러스는 2000년부터 UNEP와 공동으로 'e파란 어린이 환경그림 공모전'을 개최하고 있다. 이 행사는 전국 최대 규모의 어린이 환경그림 대회로 확고하게 자리매김했다. 초기 담당자들의 끊임없는 도전과 노력이 결실을 거두어 현재는 환경부, 지자체, 교육청, MBC, 서울대학교, 영국 대사관 등 주요 협력 기관들의 아낌없는 후원을 받고 있다.

▲ 청와대 사랑채에서 열린 e파란 어린이 환경큰잔치

▲ e파란상(환경부장관상)_김예진(고잔초)

▲ e파란상(환경부장관상)_조현진(월성초)

▲ 푸른하늘상(e파란재단 이사장상)_박준홍(대전둔천초)

▲ 푸른하늘상(UNEP 대표상)_이동희(부용초)

어린이들은 전국 135개의 홈플러스 매장을 통해 그림을 응모한다. 그다음 6개 지역별로 예선을 거친 후 본선 심사가 이루어진다. 본선 시상식은 세계 환경의 날을 기념하여 청와대 사랑채에서 진행되며 입상작은 한국을 대표하여 UNEP 세계 환경그림 대회에 출품된다.

이 공모전은 어린이들에게 지구 환경을 지키는 일과 이를 위한 실천이 왜 중요한지에 대한 경각심을 심어주고 환경을 가꾸고 지키는 일에 관심을 불러일으키며 실질적인 동기부여를 해주는 우리나라의 대표적 환경 교육 프로그램으로 발전해왔다.

이 공모전이 환경부 장관상을 시상하는 연례행사로 발전한 데에는 e파란재단이 환경부에 등록될 수 있도록 열과 성을 아끼지 않은 홈플러스의 노력이 뒷받침되었다. 그 이후로는 국가 차원의 관심과 후원을 이끌어내는 것이 가능해졌다. 대통령과 반기문 UN 사무총장이 시상식에 참여하여 그 위상이 커지고 공신력을 갖추게 됐다. 부모들의 지속적인 신뢰도 이끌어냈다. 반기문 사무총장은 CEO 조찬 시간을 줄여가면서까지 시상식에 참석하여 수상 어린이를 격려할 정도로 이 공모전의 의미는 각별하다.

이 공모전은 e파란재단 설립 이후 홈플러스가 아닌 e파란의 이름으로 개최되고 있다. 기업 홍보 효과를 노리기보다는 어린이에게 교육적 역할을 하겠다는 진정성을 갖고 있기 때문이다. 굳이 의도하지 않아도 대회를 진행하면서 홈플러스 브랜드 이미지가 어린이와 부모의 마음속에 특별하게 새겨지는 것은 자연스럽게 따라오는 효과다. 이 공모전의 참여 대상자는 어린이이지만 가족이 모두 참여하는 행사로 진행된다. 그 과정 중에 홈플러스의 주 고객층인 부모와 긴밀한 만남을 가지며 브랜딩 효과가 극대화되는 결과를 낳는 것이다.

e파란 어린이 환경그림 공모전은 해를 거듭할수록 부모의 참여도와 작품 수준이 높아지고 있다. 출품된 어린이들의 그림을 청와대 사랑채에 전시하고 싶다는 요청이 들어올 정도라고 한다. 이 프로그램에 대한 관심이 점점 뜨거워지면서 미술학원 단위의 참여도 적극 이뤄지고 있다.

e파란 어린이 환경그림 공모전의 심사 위원들은 환경에 대한 어린이만의 동심을 꾸밈없이 표현한 그림에 높은 점수를 준다. 반대로 부모나 교사가 손을 댄듯한 작품은 탈락시키고 있다. e파란 어린이 환경그림 공모전은 유스마케팅의 진정성과 지속성이 지켜졌을 때 엄청난 브랜딩 효과로 이어진다는 것을 잘 보여주는 대표적 사례다.

▲▲▲

체험 부스 3 어린 생명 살리기 캠페인

사회공헌 성격이 짙은 '어린 생명 살리기 캠페인'은 특별한 의미가 있는 프로그램이다. 홈플러스와 여러 협력 업체가 함께 힘을 모으기 때문이다. 홈플러스는 유통 업체로서 여러 제조사와 긴밀한 비즈니스 관계를 맺고 있는데 그 회사들이 사회를 위한 일에 기꺼이 참여하도록 이끌고 있다. 그 결과 264개의 협력 회사가 참여함으로써 2800만 명이 함께하는 연합 사회공헌 캠페인으로 성장했다.

여러 기업이 모여 협력하는 캠페인이기에 어린이들의 미래를 지키는 데 앞장서는 기업 이미지를 심어주는 브랜딩 차원의 효과도 참여하는 모든 기업이 나누어 갖게 된다. 이런 의미에서 어린 생명 살리기 캠페인은 사회공헌에 유스마케팅 개념이 더해져 기업 이익에도 기여하는 CSV 차원의 의미를 갖는다고 할 수 있다. 기업이 단독으로 진행했을 때는 작은 규모에 그치지만 동참함으로써 큰 가치를 만들어내는 것을 눈여겨볼 필요가 있다.

쇼핑 그 자체가 어린 생명을 살릴 수 있다는 아이디어는 이승한 회장이 2012년 '세상을 바꾸는 따뜻한 경영'을 선포하면서 본격적으로 실행으로 옮겨졌다. 매년 300명이 넘는 어린이가 백혈병과 소아암으로 목숨을 잃는다고 한다. 완치율이 70% 이상인데도 경제적인 어려움 때문에 치료가 늦어져 생명을 잃는 안타까운 일이 벌어지고 있는 현실이다.

2012년 홈플러스의 쇼핑카트에는 '사랑'과 '생명'이라는 단어가 새겨졌다. 물건을 고르고 계산대에서 결제를 마친 고객은 "고객님의 따뜻한 쇼핑으로 소아암 어린이 치료에 도움을 주셨습니다"라는 문구가 적힌 영수증을 받게 된다. 소비자가 캠페인 참여 상품을 사면 물건 값의 1%가 자동으로 기부되는 방식이다. 여기에 홈플러스가 매칭 그랜트 방식으로 1%를 더 보태어 기부한다. 고객은 이런 방식으로 쇼핑을 통해 어린 생명 살리기에 자연스럽게 동참하게 된다.

처음에는 홈플러스 단독으로 캠페인을 진행하려고 했었다. 그런데 기획 단계에서 유통 기업의 특징을 살려 협력사들과 힘을 합치자는 아이디어가 나왔다. 그것이 실행에 옮겨져 바로 적용하게 된 것이다. 이렇게 해서 세계 최초로 대형 마트와 소비자, 그리고 협력 업체가 모두 함께하는 독특한 네트워크 형태의 사회공헌 모델이 탄생할 수 있었다. 이 프로그램은 사회공헌이 기업 간 경쟁이 아닌 협력의 영역이어야 함을 잘 보여주었다. 그리고 기업의 사회공헌 활동이 단순히 도움의 손길을 내미는 차원을 넘어 고객들과 교감하고 기업 이미지를 친근하게 심어주는 데 큰 역할을 한다는 것을 협력사들이 실제로 체험하게 되는 계기를 마련했다.

물론 난관에 부딪히기도 했었다. 자신의 돈이 강제로 기부되는 것으로 오해하는 고객도 있었다. 무엇보다도 협력사들을 캠페인에 동참시키는 데 다방면에 걸친 노력이 필요했다. 선한 의도만으로는 부족했다. 이 캠페인에 동참함으로써 얻을 수 있는 실질적인 효과를 제시해야 했다. 홈플러스는 이승한 회장의 열성적인 주도 아래 진정 어린 설득을 해나갔다. 캠페인에 참여하는 협력사들이 매출 증대에도 힘을 받을 수 있도록 홈플러스가 더욱 애쓸 것을 약속했고 이런 노력으로 여러 기업의 참여를 이끌 수 있었다. 그 결과 264개 협력사가 참여하여 총 22억 원의 기금을 조성하고 106명의 어린이에게 수술비와 치료비를 지원할 수 있었다. 참여한 협력 업체들의 매출은 전년보다 상승했다. 이러한 효과는 또 다른 협력사들의 참여를 이끌어내는 데 도움을 주고 있다.

어린 생명 살리기 캠페인은 내용 면에서도 더 깊어지고 있다. e파란 재단은 현재 폐교 등의 시설을 활용한 'e파란 힐링센터' 개설을 검토하고 있다. 이 시설을 통해 수술을 받은 어린이들이 사회에 잘 적응할 수 있게 준비하고 오랜 기간 간호로 심신이 지친 부모들이 세심한 보살핌을 받을 수 있는 시스템을 구축하고자 한다. 수술과 치료를 통해 목숨을 살리는 것에 그치지 않고 어린이가 사회에 잘 적응하고 부모가 다시 일어설 수 있도록 실질적인 도움을 주는 차원으로까지 발전시키고자 한 것이다. 이런 진정성 있는 홈플러스의 노력이 자라나는 미래 세대와 부모들에게 가족과 같은 따뜻한 이미지로 심어지는 것은 당연한 일이다.

▲▲▲

이웃사랑

전 세계 모든 유통 기업들이 할인점을 상품 판매를 위한 곳으로만 여겼을 때 홈플러스는 그 이상을 꿈꿨다. 이런 홈플러스의 꿈은 현실이 되어 대형 마트가 단순한 시장 기능을 넘어 새로운 커뮤니티와 문화 공간이 될 수 있음을 증명해냈다. 2000년 홈플러스 안산점에 처음으로 문화센터(평생교육스쿨의 초기 명칭)를 열었을 때만 해도 이런 시도는 황당한 것으로 여겨졌다. 할인점의 상식을 저버린 파격적인 행보에 국내 유통 전문가들은 물론 영국 테스코 임원들마저도 고개를 내저었을 정도였다.

대형 마트는 그 특성상 넓은 공간이 생명이다. 공간은 곧 비용이며 매출 확대의 기반이다. 바꾸어 말하면 엄청난 공간을 감당할 수 있을 만큼의 매출을 올려야 한다는 뜻이다. 문화센터를 운영하려면 마트 내에 별도의 공간을 확보해야 하는데 이는 곧 커다란 비용 지출로 이어진다. 당시 한 경쟁사가 매장 중 한 곳에 문화센터를 열어 운영하다가 큰 손실을 내고 철수한 상황이었다. 과연 막대한 비용을 감당할만한 성과가 나올지에 대한 우려가 쏟아졌다. 누가 보더라도 이런 염려는 당연한 것이었다.

이승한 회장은 이 계획을 설득하면서 내부적으로 비용이 아니라 홈플러스의 미래를 지키기 위한 투자라는 개념으로 접근했다. 예상은 적중했다. 문화센터는 홈플러스의 기업 브랜드 가치를 높이는 동시에 평생 고객을 확보하는 핵심 전략으로 자리 잡게 되었다. 최단기간에 이뤄낸 홈플러스의 매출 신기록의 한 축을 맡을 만큼의 큰 성과를 낸 것이다. 문화센터를 찾은 고객들은 자연스럽게 매장에 들려 쇼핑을 했고, 장을 보기 위해 매장에 온 주부들은 문화센터에 들려 자녀를 위한 교육 프로그램을 찾기 시작했다.

홈플러스가 미래 잠재 고객을 확보하는 동시에 현재 주 고객을 충

▲ 홈플러스 평생교육스쿨

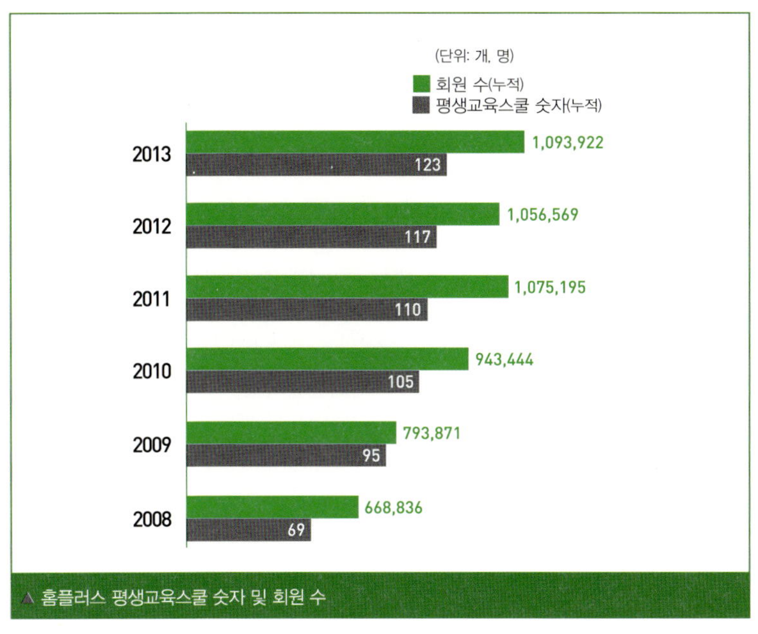

△ 홈플러스 평생교육스쿨 숫자 및 회원 수

성 고객으로 만드는 브랜딩 전략을 위해 주목한 것은 바로 '교육'이었다. 지역 커뮤니티 센터가 부족한 현실을 고려하여 교육을 통해 지역사회에 그 기회를 제공하려는 취지로 설립된 것이 문화센터이다. 문화센터가 성공할 수 있었던 이유는 바로 그런 진정성에 있었다. 2005년에는 문화센터 업무를 사회공헌팀으로 이관하면서 '평생교육스쿨'로 그 명칭을 새롭게 바꾸었다.

이후 e파란재단 설립과 함께 평생교육스쿨의 운영을 e파란 재단에서 맡게 되었다. 이에 따라 유스마케팅 기능을 본격적으로 더해 더욱 철저하고 세심하게 관리하고 있다. 홈플러스는 지역에 기반을 둔 비즈니스이므로 지역 주민에 대한 실질적인 기여를 항상 염두에 두어야 한다. 형식적인 기여는 오히려 반감을 살 수도 있기 때문이다. 홈플러스는 지역 주민에 대한 기여를 자녀와 부모를 대상으로 하는 교육에 초점을 맞추고 평생교육스쿨을 운영하고 있다. 이는 지역 주민과 상생하는 차원을 넘어 홈플러스 주 고객층의 자녀 교육에 실질적인 역할을 함으로써 기업 브랜드 가치를 높이는 데 큰 효과를 내고 있다.

홈플러스와 경쟁 관계에 있던 한 외국계 할인점이 문화센터를 만들 정도로 경쟁사들이 홈플러스를 주목하기 시작했다. 처음에 우려를 나타냈던 영국 테스코 그룹도 오히려 벤치마킹하기 시작했다. 말레이시아와 터키에서 직접 국내 홈플러스를 견학하고 시스템을 도입하기 위해 지원 요청을 했다. 태국 테스코의 요청으로 부사장이 직접 태국으로 가 현지 컨설팅을 했고 중국에는 아예 직원을 파견하기도 했다.

국내 경쟁 업체에서 홈플러스 평생교육스쿨을 맡은 직원들을 스카우트해가는 일도 많아졌는데 홈플러스는 이것을 오히려 긍정적으로 받아들이고 있다. 홈플러스의 사례를 벤치마킹하는 문화센터에 홈플러스 출신들이 많다는 사실에 자부심을 느끼기 때문이다. 홈플러스로 인해 사회적으로 좋은 영향력이 확산되는 현상은 진정 바라던 효과인 것이다. 홈플러스가 시작한 지역사회를 위한 어린이 교육은 평생교육스쿨을 통해 실현되었다. 이것은 이제 대형 마트를 중심으로 한 우리나라 소비문화의 한 특징으로 정착됐다.

홈플러스 평생교육스쿨은 다른 대형 마트처럼 매장 운영팀에서 관리하지 않는다. 초창기부터 사회공헌팀에서 기업 공유 가치 차원으로 운영했으며 현재는 e파란재단이 맡고 있다. 그래서 훨씬 더 전문적이고 체계적인 운영 관리가 이뤄진다. 이것이 차별화된 경쟁력이다. 또한 다른 대형 마트들이 '문화센터'라는 이름으로 벤치마킹할 때 홈플러스는 '평생교육스쿨'로 명칭을 바꾸면서 공익을 추구하고 공유 가치 창출을 실현하는 데 주력하고 있다. 이것은 홈플러스의 미래를 지키는 든든한 원동력이 되고 있다.

현재 평생교육스쿨은 전국적으로 530개가 있는데 총 1만 6000평의 공간에서 운영되고 있다. 매장 1개 면적을 3000평 정도로 본다면 5개 정도의 매장 공간이 오로지 지역의 자녀와 부모 교육을 위해 사용되고 있는 것이다. 평생교육스쿨은 가정에서도 홈플러스의 이름이 입에 오르내리게 만들었다. 평생교육스쿨에서 수업을 받는 아이를 기다리는 동안 부모는 자연스럽게 홈플러스 매장에서 쇼핑을 한다. 평생교육스쿨 회원의 매장 방문 횟수와 구매 금액은 일반 고객에 비해 2.5배나 높다고 한다. 이는 평생교육스쿨이 사회공헌과 기업의 성장에 동시에 기여하는 CSV의 대표적인 사례임을 증명하고 있다.

또한 평생교육스쿨의 자체적인 모든 수익은 수강료를 내리거나 수준 높은 강사를 초빙해 교육하는 등으로 환원된다. 평생교육스쿨의 이러한 순수한 취지와 운영 방침이 매장 내에서 서비스가 이뤄진다는 점 때문에 제대로 알려지지 못하는 아쉬움이 있었다. 그래서 교육부가 주관하는 평생학습대상을 받을 때에도 오해와 편견을 극복하는 과정이 필요했다. 2006년 그 명칭을 새롭게 바꾸고 야심 차게 거듭난 평생교육스쿨이었지만 정부 기관과 교육계 종사자들의 시선은 차가웠다. 교육부의 까다로운 허가를 받기는 했지만 소위 장사꾼들이 평생학습대상 후보자가 될 수 있겠느냐는 식의 편견이 존재했다. 기업이 하는 일이다 보니 진정성을 인정받는 데 어려움이 있었던 것이다. 하지만 100만 명의 회원과 50만 명에 이르는 수강생에 대한 교육이 그 어느 교육기관보다 활발하고도 실질적으로 이뤄지고 있었기에 결국 그동안의 오해와 편견을 씻고 그 진정성을 인정받을 수 있었다.

평생교육스쿨은 제3회 평생학습대상 수상을 계기로 지역사회에 실질적으로 기여하는 평생 교육 시설로 인정받게 됐다. 상을 받았다는 명예보다는 그 진정성을 인정받았다는 것과 그동안 수많은 담당자의 노력이 보람찬 열매를 맺었다는 사실이 훨씬 더 값졌다. 국가와 국민이 인정하고 신뢰하는 교육 시설, 이것은 홈플러스 평생교육스쿨이 역경을 극복하고 이뤄낸 소중한 결과이다.

▲▲▲

체험 부스 5 ┃ e파란 어린이 축구클럽

'e파란 어린이 축구클럽'은 스포츠를 통해 어린이들에게 협동심과 인내심, 자신감과 꿈을 심어주겠다는 취지로 시작됐다. 이 프로그램은 스포츠마케팅이 아니라 유스마케팅 차원으로서 새로운 모델을 제시하고 있다. e파란 어린이 축구클럽에서는 단순히 축구 기술만을 가르치지 않는다. 국내 어린이 축구클럽은 대부분 영리로 운영되고 있는 만큼 아이들의 축구 기술 향상과 대회 성적에 주안점을 둘 수밖에 없다. 그러나 e파란 어린이 축구클럽은 e파란재단이 운영하기에 홈플러스의 가치관이 그대로 담겨 있다. 어린이들이 환경, 나눔, 지역, 가족이라는 4랑운동을 배우며 착한 리더십을 가진 미래의 주역으로 성장하도록 돕는 것이 e파란 어린이 축구클럽이 지향하는 목표이다. 어린이들이 학교에서 충분히 배울 기회가 없는 가치 있는 분야에 대한 교육이 축구를 통해 이루어지는 것이다.

축구를 사회공헌과 연결하는 과정에서 축구 종주국인 영국 테스코 그룹의 도움이 컸다. 축구가 생활문화의 일부인 영국에서는 축구를 통해 어린이들의 인성을 개발한다. 상대 선수를 제치고 전진하는 과정에서는 난관을 극복하는 용기와 도전 정신을 가르치고 패스를 통해 협동심을 가르친다. 운동을 잘하는 사람보다는 사람다운 사람을 키우는 게 축구 교육의 목적이다. e파란 어린이 축구클럽은 그런 영국의 교육 프로그램을 효과적으로 도입하기 위해 영국 축구협회 코치진을 강사진으로 초빙했다. 세계 최고 수준의 선진 축구 교육을 제공하겠다는 의지였다.

'FA 스킬 프로그램'이라는 이름으로 도입된 이 교육에서는 축구 기술뿐 아니라 사회성, 기초 체력, 바른 정신 건강을 위한 생활 습관 등 어린이들의 전인적 성장을 지원하는 체계적인 과정이 진행된다. 프로그램이 모두 영어로 진행되는 만큼 영어 교육에도 큰 도움이 된다. 그뿐만 아니라 국내 유소년 코치들에게 영국 강사들의 교육법을 배울 기회를 제공하여 유소년 축구 선진화에도 기여하고자 했다.

홈플러스가 그 무엇보다 기대하는 효과는 축구를 통해 건강한 가족 문화가 자리 잡는 것이다. 어린이가 있는 가정에서 가족이 행복하기 위한 첫 번째 전제는 어린이가 건강하고 행복해야 한다는 것이다. 축구는 체력을 단련시켜 건강한 상태를 유지해주며 즐겁고 신나게 뛰어 노는 것 자체가 어린이에게 행복을 가져다준다.

실제로 클럽에서 축구를 하며 자신감을 찾고 씩씩하게 생활하는 어린이들이 많이 늘었다. 키가 작아 놀림을 받았던 한 어린이는 외려 그 작은 몸집에서 나오는 날쌘 몸놀림과 개인기를 인정받아 선수 반에 뽑혔고 대회에 나가면 경계 대상 1호 선수로 불릴 만큼 성장했다. 당연히 학교생활도 달라져 부회장을 맡게 될 만큼 모든 면에서 자신감이 생겼다고 한다. 아이 때문에 늘 걱정이 많았던 부모에게 이것만

▲ 이을용 선수를 총감독으로 영입하여 미래 축구 꿈나무를 육성

▲ 영국 축구협회와 연계한 'FA 스킬 프로그램'을 국내 최초로 도입

▲ '축구도, 나눔도, 공부도 잘하는' 미래 리더 육성

큼 행복한 일은 없었다.

e파란 어린이 축구클럽은 사회공헌 활동으로 시작되었지만 축구 실력에서도 대단한 성과를 올리고 있다. 창단 2년 만에 국내 최대 규모의 유소년 축구대회인 'MBC 꿈나무 축구대회 U-11 리그'에서 우승을 차지했다. 지금까지 창단 2년 만에 전국 대회에서 우승을 거둔 축구클럽은 단 한 곳도 없다. 기본기와 인성을 강조한 교육의 결과가 승부의 세계에서도 큰 경쟁력이 된다는 것을 증명한 셈이다. 순수한 사회공헌의 가치를 실현하면서 어린이들의 마음속에 홈플러스 브랜

▲ e파란 어린이 축구클럽

드를 친근하게 심어주고자 하는 유스마케팅 개념으로 시작된 e파란 어린이 축구클럽은 축구든 경영이든 진정성과 지속성이 있다면 기대 이상의 좋은 결과를 낳을 수 있다는 사실을 깨닫게 해준다.

경쟁사가 늘 비용이라 여기며 머뭇거릴 때 홈플러스는 과감히 투자한다. e파란 어린이 축구클럽 또한 전 세계의 모범이 될 만한 미래지향적인 CSV 모델이라 할 수 있다. 현재 홈플러스는 매장 중 한 곳의 옥상을 어린이 축구장으로 만들 계획이다. 여기서 한발 더 나아가 전 세계 14개국 테스코 그룹사들과 연계한 테스코 월드컵을 개최할 계획도 있다. 훗날 등장할 한국의 메시는 그렇게 홈플러스의 품에서 키워질 것이다.

아이들이 행복하면 부모도 행복하다. e파란 어린이 축구클럽은 축구를 통해 그런 행복한 가정을 만드는 데 진정으로 기여하고자 한다. e파란 어린이 축구클럽을 통해 행복해지는 자녀를 보는 부모는 그 자체가 감동적일 수밖에 없다. 이렇게 만들어지는 홈플러스의 브랜드 이미지가 현재 주 고객층인 부모에게 어떻게 작용할지 그리고 미래의 주역인 어린이들 마음속에 어떻게 심어질지는 굳이 설명할 필요가 없다.

▲▲▲

CSR = 유스마케팅, R&D를 위한 사회공헌연구소

홈플러스는 지난 13년간의 사회공헌 활동에서 축적된 경험과 노하우를 바탕으로 CSR과 유스마케팅의 R&D를 위한 사회공헌연구소를 설립했다. 지금껏 사회공헌 활동에 R&D 기능을 도입한 기업이나 재단은 없었다. 홈플러스가 이 정도까지 사회공헌 활동에 매진하는 것은 다른 기업들에게 사회공헌에 대한 성찰을 하게끔 만들었다. 특히 최근에는 기업 가치 창출, 즉 CSV 경영을 모르는 기업은 마케팅을 논하기 힘든 상황이다. 그 정도로 미래 지향적 측면이 강조되고 있는 만큼 CSV는 기업의 핵심 경영전략으로 크게 떠오르는 이슈가 됐다. 이런 상황에 기업들이 홈플러스의 행보에 큰 관심을 보이는 것은 당연한 일이다.

기존의 사회공헌 활동은 경영의 수단으로 보았을 뿐 경영의 목적으로는 다루어지지 않았다. 하지만 홈플러스는 기업의 지속 성장 가능성은 CSV에 있다고 확신한다. 홈플러스는 CSR과 유스마케팅에 대한 중요성을 일찍부터 인식하고 이를 위한 지속적인 노력으로 큰 성과를 거두어왔다. 그렇기에 사회공헌과 유스마케팅을 위한 모든 일은 비용이 아닌 투자 개념에서 다루어질 수 있었다. 이에 대한 R&D를 위한 사회공헌연구소도 같은 인식을 배경으로 설립될 수 있었다. 홈플러스의 CSR과 유스마케팅은 경영 외적 활동이 아닌 경영 그 자체가 된 것이다.

사회공헌연구소는 크게 연구와 출판, 맞춤형 CSR 및 유스마케팅 교육과 프로그램 개발, 공동 사회공헌 활동이라는 3가지 영역의 연구와 컨설팅을 담당하고 있다. 연구와 출판을 통해서는 홈플러스 CSR의 글로벌 스탠더드화를 연구하면서 CSR 관련 최신 이론과 트렌드, 사례들을 연구하며 관련 출판물을 발간한다. 맞춤형 CSR 및 유스마케팅 교육과 프로그램 개발 분야에서는 국내 협력 회사와 중소기업을 대상으로 기업 특성에 맞는 사회공헌과 유스마케팅 전략을 제시하고 프로그램 컨설팅을 제공한다. 그리고 공동 사회공헌 활동 분야는 협력 회사와 중소기업, 정부와 NGO에 이르기까지 이해관계자들과 연대하여 진행하는 사회공헌 활동 프로그램을 만들고 실행에 옮긴다.

이와 같은 사회공헌연구소의 활동에서 주목할 점은 바로 연대 의식이다. 사회공헌연구소는 사회공헌이라는 개념 아래 함께할 수 있는 모든 기업과 기관들에게 열려 있다. 각각에 맞는 맞춤형 프로그램과 교육이 제공되며 또 함께하는 연계 속에서 홈플러스의 사회공헌이 더욱 폭넓은 외연을 갖추기를 희망하며 체계적으로 전개해나가고 있다.

P&G의 '함께 만드는 내일'을 비롯하여 풀무원의 '바른 먹거리 확인 교육', 클린앤클리어의 '빅 워크 캠페인', LG생활건강의 '아름다운 지구 교실', 하이트진로의 '해피 레인보우' 등은 모두 해당 기업들의 브랜드 아이덴티티와 콘셉트, 지향점에 맞추어 e파란재단이 기획한 공

동 사회공헌 프로그램이다.

위와 같은 협력 회사들과의 공동 사회공헌 활동은 사회공헌 리서치에서 시작됐다. 연구소가 협력사들을 상대로 조사한 결과 많은 기업이 사회공헌 활동에 상당히 소극적이었다. 부족한 자금도 문제였지만 하고 싶어도 무엇을 어떻게 하면 효과적일지에 대한 노하우가 전혀 없다는 게 더 큰 문제라는 사실을 파악하게 됐다. 이를 감지한 e파란재단은 기업들에게 담당자와 프로그램을 제공한다면 참여할 의사가 있는지를 물었다. 기업들은 거의 80%가 긍정적인 답변을 내놓았다. 사회공헌에 왜 R&D가 필요한지, 사회공헌연구소가 어떤 역할을 위해 존재해야 하는지 그 가치를 확인하게 된 기회였다.

'작은 도움 클럽'이라 이름 붙여진 네트워크 사회공헌 연합의 출범은 업계의 큰 화제가 됐다. 무엇보다 사회적 공격을 많이 받을 수도 있는 유통 기업이 상품을 납품하는 제조사와 서로 윈윈하는 상생의 모델로 호평을 받은 것이다.

이것은 국내 경쟁사 사회공헌 담당자들마저 e파란재단을 찾게 되는 현상을 만들어냈다. 글로벌 기업들의 관심도 커졌다. 한 예로 '함께 만드는 내일' 캠페인을 진행한 글로벌 기업 P&G의 본사 이사진들이 한국을 직접 방문하여 홈플러스의 브리핑을 듣는 자리를 갖기도 했다.

누구나 영원한 승자가 될 수 없는 치열한 경쟁이 벌어지고 있는 유통업계에서 언제 발생할지 모르는 위기로부터 기업을 지키고 동시에 기업 이미지를 친근하게 심어줌으로써 미래 세상에서 다 함께 승자가 될 수 있도록 그 길을 이끄는 것이 사회공헌연구소의 역할이며 사명이다.

홈플러스 유스마케팅의
목표와 비전

기업의 지속 성장이 경제계의 화두가 된 이래 다양한 방식의 지속 성장 가능성이 모색되어 왔다. 홈플러스는 설립 당시부터 여기에 대한 철학이 있었다. 이승한 회장은 기업이란 결국 사회와 운명을 함께 해야 한다는 신념을 갖고 있었다. 기업이 어느 정도 성장하면서 일정 수준에 오르면 사회적인 압력을 받게 된다. 기업이 국가와 사회를 통해 벌어들이는 이익에 상응하는 사회적 책무가 부여되는 것이다.

그런데 사회적 책무 그 자체를 어쩔 수 없이 해야 하는 것으로 받아들이는 기업은 사회공헌 그 이상의 중요한 가치를 얻을 수 없다. 이는 사회적 책무를 단순한 공헌으로 그치게 할 뿐만 아니라 기업 미래를 지키는 큰 역할을 해낼 수 있는 중요한 가치를 고스란히 놓치는 일이기도 하다. 사회공헌을 함과 동시에 직간접적으로 기업에 도움이 되는 차원으로 개척하는 것은 기업들이 사회공헌에 진정성을 갖고 적극적인 투자를 할 수 있도록 이끄는 길이다. 이러한 취지에서 홈플러스는 그동안의 경험과 노하우를 가지고 다른 기업들과 함께 미래를 준비해나가는 방안을 마련하여 이를 실현하기 위한 각고의 노력을 쏟아왔다.

이승한 회장은 홈플러스가 이익을 많이 내는 기업이기보다는 존경받는 기업이 되기를 원했다. 홈플러스가 사회공헌 부문에 특별히 투자를 하고 또한 그런 행보를 적극 세상에 알리려 하는 이유도 바로 여기에 있다. 사회와 다른 기업들이 동반 성장해나갈 때 큰 의미가

▲ UNGC 유엔 글로벌콤팩트

있기 때문이다. 큰 기업이기보다는 존경받는 기업을 지향점으로 선택하여 이를 위한 길을 걸어온 것이 홈플러스를 진정 '큰' 기업으로 만들었다.

▲▲▲

어린이는 우리의 미래다

홈플러스의 사회공헌에 유스마케팅 개념을 적용하기 시작하면서부터 홈플러스 브랜드를 미래 성장 세대에게 친근하게 심어주고자 하는 노력은 어린이들을 위한 교육적 역할과 그들의 꿈에 동기부여를 해주는 방향으로 집중되고 있다.

대형 마트의 고객은 백화점 고객과는 다른 쇼핑 패턴을 보인다. 백화점 쇼핑은 기본적으로 자신을 위한 쇼핑이지만 대형 마트에서는 가족 중심의 쇼핑이 이뤄진다. 매장을 방문하는 고객 또한 가족 단위인 경우가 많다. 카트를 끌고 다니는 아빠, 물건을 고르는 엄마 곁에는 항상 아이들이 있다. 홈플러스의 유스마케팅이 어린이에게 초점을 맞추고 있는 이유가 바로 이것이다. 유아와 초등학생 자녀를 둔 고객들은 35~45세 사이의 연령대가 주를 이룬다. 부모 세대들에게는 자녀가 생활의 중심이므로 자녀를 위한 노력은 홈플러스 핵심 고객을 위한 노력과도 같다. 홈플러스에게 어린이는 기업의 미래이다.

고객들의 자녀를 위한 진정한 노력은 홈플러스 브랜드 가치가 높아지는 효과로 보답을 받게 되는 것이다.

이때 꼭 염두에 두어야 할 점이 있다. 순진함과 순수함은 반드시 구별되어야 한다는 사실이다. 사회공헌과 유스마케팅 활동 모두 반드시 순수해야 한다. 하지만 확실한 전략과 체계적인 기획 없이 이루어지는 순진한 활동은 오히려 기업과 고객 모두에게 불필요한 시도로 전락할 수 있다.

홈플러스의 모든 사회공헌과 유스마케팅 활동은 어린이가 홈플러스의 미래라는 콘셉트 아래에서 전략을 세운다. 이런 특별한 전략 아래 전개되는 다양한 활동을 체험한 어린이들은 홈플러스를 가까운 친구로 여기면서 미래 고객으로 성장한다. 그리고 이런 모습을 지켜보는 부모에게 홈플러스는 단순히 상품을 구매하는 마트의 차원을 넘어 가족과 같은 소중한 존재가 되는 것이다.

▲▲▲

유스마케팅은 CSV로 연결되는 통로이다

앞서 이야기한 것과 같이 e파란재단이 홈플러스의 사회공헌 활동을 맡으면서 유스마케팅 기능이 본격적으로 더해지기 시작했다. 사회공헌 활동과 유스마케팅 모두 장기적인 커뮤니케이션을 요구한다. 장기적인 목표 아래 지속적인 커뮤니케이션을 펼쳤을 때 성과를 거둘 수 있기 때문이다. 이런 점에서 사회공헌 활동 자체가 태생적으로 유스마케팅의 개념과 효과를 품고 있기도 하다. 홈플러스의 사회공헌 활동은 존경받는 기업으로서 지속 성장 가능한 모델을 구축하는 데 목표가 있으며 그 모델은 어린이들의 성장과 함께 발전되고 있다. 미래 고객으로 성장하고 있는 어린이가 바로 홈플러스의 미래이기 때문이다.

또한 이것이 유스마케팅이 사회공헌적 성격을 가져야 하는 이유이기도 하다. 유스마케팅에서 지켜져야 하는 가장 중요한 원칙 중 하나가 진정성인데 이는 곧 사회공헌과 직결된다. "우리 물건을 하나 더 사달라"라고 말하는 대신 가정의 미래, 사회의 미래에 도움을 주는 기업으로 다가감으로써 유스마케팅이 추구하는 바를 함께 실현하는 것이다. 그러므로 사회공헌 활동 속에 자연스럽게 유스마케팅 기능을 녹여내야 한다는 것이 홈플러스의 생각이다.

어린이를 대상으로 하되 특별히 교육적 성격을 중요시하는 것도 홈플러스 사회공헌 활동이 지닌 유스마케팅적 성격이다. 홈플러스가 수년간 가장 공을 들여왔고 큰 투자를 감행한 평생교육스쿨이 이 사실을 잘 드러내주고 있다. 유스마케팅과 사회공헌 활동이 '교육'을 통해 어린이와 관계를 맺으며 그들의 부모와 교감하는 데까지 이어지도록 하는 것, 이것이 바로 홈플러스가 준비하는 미래이며 진정한 CSV이다. 홈플러스에게 유스마케팅이란 수년간 노력해온 사회공헌 활동들이 미래 CSV로 이어질 수 있도록 연결해주는 통로인 것이다.

▲ ▲ ▲

큰 바위 얼굴의 꿈

기업은 성장과 기여라는 두 얼굴을 가지고 있다. 성장과 기여는 상호 보완 관계이다. 기업도 사람과 마찬가지로 살아 있는 유기체와 같다. '기업 시민'이라는 말도 있듯 기업 또한 사회의 한 구성원이다. 착한 사람이 존경받는 것처럼 착한 기업이 존경받는다. 기업이 큰 성장을 거두었음에도 이익만 추구한다면 언젠가는 사회적 지탄의 대상이 될 수 있다. 그리고 단순한 위기가 기업의 존폐로까지 이어질 가능성이 높다. 반대로 존경받는 기업은 훗날 그 기업이 혹시 실수를 저지르더라도 쉽게 용서받을 가능성이 높다. 그리고 위기를 극복하는 과정에서 고객들로부터 오히려 응원을 받을 수도 있다. 이것은 오랜 세월 쌓아온 그 기업에 대한 신뢰가 밑받침되었을 때 가능한 일이다.

성장과 기여의 두 얼굴이 동시에 빛나며 존경받는 큰 바위 얼굴이 되는 게 홈플러스의 꿈이다. 우리 어린이들이야말로 미래에 홈플러스의 꿈을 실현시켜줄 소중한 존재이다.

HOW

?

Part 3

어떻게
실행할 것인가?

▼

제대로 실행하라

모든 유스마케팅 활동은
유스세대의 미래 꿈을 이끌어주는 데
기업만의 특화된 체험의 기회를 제공하면서
사회에 기여한다.
가까운 미래에 기업의 소비자가 될 그들과
일찍부터 친근한 관계를 맺어
미래 고객을 선점함과 동시에
기업의 인재를 확보하게 되므로
기업 성장에 직접적인 영향을 미친다.
이것이 바로 진정한 CSV이다.

01

유스마케팅,
어떻게 시작할 것인가

유스마케팅은 분명 마케팅이다. 그러나 다른 마케팅과는 그 성격이 다르다. 성과가 나타나는 시점이 현재가 아니라 미래이기 때문이다. 그래서 유스마케팅을 고려할 때는 다른 마케팅과는 차별적인 관점을 가져야 한다. 우리는 현대자동차가 유스마케팅을 위해 별도의 전담팀을 조직하여 운영한 사례를 살펴보았다. 현대자동차는 왜 그런 선택을 했을까? 유스마케팅이 일반 마케팅과 그 역할과 기능이 다르기에 독립된 전담 부서를 통해 특별히 관리해야 할 필요가 있기 때문이었다. 또 현재 매출 성과에 대한 압박에 눌리지 않아야 장기적 관점에서 소신과 진정성을 살린 유스마케팅을 할 수 있다는 이유도 있다. 현대자동차는 유스마케팅이 지금 당장 가시적인 성과를 일으키지는 않지만 기업의 미래를 지키고 키우는 데 결정적인 역할을 할 것임을 확신했다. 그래서 과감하게 실행에 옮겼다.

그렇다면 당신은 다른 마케팅과 차별성 있게 추진해야 할 유스마케팅을 어떻게 실행으로 옮길 것인가? 3부에서는 이 내용을 중점적으로 다루고자 한다. 특히 유스마케팅을 실행하기에 앞서 꼭 점검해야 할 핵심 가치와 요소들에 대해 세세히 짚어볼 것이다.

앞서 2부에서는 유스마케팅을 효과적으로 전개하고 있는 대표적 기업들의 사례를 접해보았다. 그러면서 유스마케팅에 대한 감을 어느 정도 잡았으리라 생각한다. 이제 3부에서는 그 감을 살리면서 구체적인 내용을 온전히 내 것으로 만들어야 할 것이다. 앞에서 확인한 점들을 되짚어보면서 우리 회사에 적합한 요소가 무엇인지 빠짐없이 챙기는 게 좋다. 먼저 2부에 소개된 기업들을 벤치마킹하는 시간을 가져보자.

▲▲▲

벤치마킹으로 핵심 역량 다지기

현대자동차 유스마케팅을 벤치마킹하자

어린 시절, 나만의 멋진 자동차를 소유하고 그 차를 직접 운전하면서 자유롭게 달리는 상상에 가슴 설렌 경험이 있을 것이다. 핸들의 촉감을 느끼며 차창 밖에서 들어오는 바람과 함께 속도를 만끽하는 즐거움을 연상하며 어서 어른이 되기를 기다렸을 것이다. 이처럼 자동차는 성장기에 누구나 한 번쯤 가슴에 품어보는 꿈과 동경의 대상이다. 하루빨리 어른이 되어 어른처럼 행동하고 싶어 하는 유스세대는 자동차에 대한 욕구가 더욱 강하다.

현대자동차의 유스마케팅은 자동차 문화를 활성화시키고 유스세대의 꿈과 동경에 날개를 달아주기 위한 것이다. 그리고 그들이 현대자동차의 미래 고객으로 성장하도록 이끄는 것이다. 현대자동차가 당장 구매력이 없는 유스세대에게 큰 관심을 보이게 된 계기는 자동차 시장의 변화에서 찾을 수 있다. 독보적인 국내 시장 1위라는 지위를 차지하고 있지만, 수입 자동차와의 경쟁에서 언제나 승리할 수 없다는 위기의식이 현대자동차를 자극했다. 그리고 유스세대가 자동차에 대해 품어온 동경이 마음속의 회오리로만 그치게 내버려둘 수 없다는 의지가 확고해졌다. 현대자동차는 이렇게 미래의 고객으로 성장하고 있는 그들을 주목하게 되었다.

사람들이 자동차를 살 때는 신중하다. 값이 비싸서이기도 하지만 그 의미가 각별하기 때문이다. 자동차는 단순한 이동 수단이 아니다. 일상을 함께하는 가족과 같은 소중한 존재이다. 그리고 오순도순 이야기꽃을 피우며 함께하는 기쁨을 나누는 사랑과 소통의 작은 공간이다. 그래서 더위를 식히고 추위를 막을 뿐 아니라 나와 가족의 안전을 책임져주는 든든함이 있어야 한다. 이런 의미를 담고 있는 자동차를 살 때 고민을 거듭하는 것은 당연한 일이다. 그런데 자동차를 사기 직전에만 이런 고민을 하는 것은 아니다. 나만의 자동차를 갈망하며 관심을 갖기 시작하는 어린 시절부터 어렴풋이나마 자동차 선택에 대한 고민을 시작한다.

현대자동차는 그런 미래 고객이 어려서부터 품어온 고민을 해결해주고 확신 속에서 선택하는 자동차 브랜드로 자리 잡겠다는 목표를 갖고 있다. 하지만 이것은 하루아침에 이룰 수 있는 단순한 목표가 아니다. 오랫동안 그들과 지속적인 소통을 거쳐야만 실현시킬 수 있다. 지금부터 유스세대의 마음속에 현대자동차라는 브랜드를 특별한 의미로 새겨주지 않으면 다가올 미래에 그들이 고민 끝에 현대자동차를 선택하리라 장담할 수 없다. 그래서 현대자동차는 미래 고객의 어린 시절부터 함께 호흡하면서 그들의 마음속에 깊이 자리 잡는 브랜드가 되고자 유스마케팅을 펼치고 있다.

현대자동차의 유스마케팅에서 특별히 주목할 점은 전담 부서를 조직했다는 사실이다. 현대자동차는 기존 마케팅 조직과는 차별적인 목표와 기능을 갖춘 '유스마케팅팀'을 출범시켰다. 국내 기업 중 최초이다. 현대자동차의 이런 움직임은 유스마케팅이라는 새로운 개념이 비즈니스 세계에서 스포트라이트를 받는 계기가 되었다. 그리고 유스마케팅의 중요성에 대한 화두를 던졌다. 여러 기업에게 유스마케팅을 도입하고 무엇인가 해야 할 것 같은 분위기를 조성함과 동시에 새로운 흐름으로의 참여를 이끄는 긍정적인 영향력을 미치고 있다.

현대자동차가 유스마케팅 전담 부서를 만든 이유는 앞에서 말한 것처럼 기존 마케팅 부서와 그 기능을 확실히 분리시키려는 강한 의지가 있었기 때문이다. 유스마케팅은 단기적인 성과를 좇지 않고 장기적으로 지속성을 가지고 전개해야 하는 특성이 있다. 그래서 기존 마케팅 업무와 섞이면 목표가 흐려지고 전문성과 집중력이 떨어질 위험이 존재한다.

현대자동차는 유스마케팅팀을 통해 기존의 여러 다양한 활동에 새로운 의미를 부여할 수 있었다. 정기적으로나 부정기적으로 열던 단순한 이벤트성 행사에도 색다른 가치를 입혀 유스세대와 관계를 맺고 소통하는 역할을 할 수 있게 했다. 또한 유스세대를 대상으로 하는 모든 행사와 프로그램에 통일성과 일관성을 부여했다. 이렇듯 유스마케팅팀은 현대자동차 브랜드를 강화하는 데 있어 그 중추가 되고 있다.

기업들이 현대자동차처럼 꼭 전담팀까지는 아니더라도 유스마케팅만을 책임지고 수행할 수 있도록 부서 내 전담 조직을 만들거나 담당자를 지정하는 것은 검토해볼 만한 일이다. 유스마케팅에 집중할 수 있는 환경이 조성되어야 업무 효율성이 높아지고 목표에 집중하여 매진할 수 있기 때문이다.

전담팀을 조직하고 체계적으로 기업의 미래를 준비하는 현대자동차 유스마케팅은 '진정성', '재미', '책임 의식'이라는 세 가지 원칙을 고수하고 있다. 모든 활동과 프로그램은 이 세 가지 원칙을 전제로 기획되고 진행된다. 세대별 프로그램 아이디어를 짜내고 콘텐츠를 만들어내는 데에도 이 원칙들이 그 중심에서 방향을 이끌어준다. 그리고 미래 목표 지점을 향해 흔들림 없이 나아갈 수 있도록 도와준다. 이런 대원칙을 세워두면 유스마케팅을 전개하는 과정에서 콘셉트와 목표가 훼손되지 않는다는 점을 반드시 기억하자.

▶ **현대자동차 유스마케팅 요약**

현대자동차 유스마케팅	
특징	• 유스마케팅의 선도 기업 • 국내 최초로 전담팀을 설립하여 유스마케팅의 전문성 강화 • 세분화된 세대별 프로그램을 진행하고 전담자를 배치하여 체계적으로 전개
목표	• 자동차를 팔기보다 자동차 문화를 심어줌 • 미래 고객에게 수입 자동차와 어깨를 나란히 하는 브랜드로 인식시킴 • '전 세계에서 가장 사랑받는 자동차'라는 브랜드로 거듭나기 위한 핵심 경영전략 차원의 유스마케팅 전개
대상	유아·초등학생, 중·고등학생, 대학생
원칙	진정성, 재미, 책임 의식

▶ 세대별 프로그램 및 내용

유아 · 초등학생

프로그램	웹사이트, 블루윌 캐릭터, 애니메이션 개발
내용	• 어린이 전용 웹사이트와 고유 캐릭터 개발 • 환경, 에너지, 자동차 관련 교육 콘텐츠 개발 및 서비스 • 자체적인 애니메이션 개발 착수
시사점	유아·초등학생이 대상이지만 자연스럽게 현재 고객인 부모에게도 직접적인 영향력을 미침
유의점	투자 예산 규모

중 · 고등학생

프로그램	현대자동차 모형자동차 챔피언십	한국잡월드 자동차관
내용	• 모형자동차 제작 경진 대회 • 각 지방 예선을 거쳐 본선을 실시	청소년 대상 자동차 관련 직업 체험 교육
시사점	현실적으로 운전을 할 수 없는 청소년들이 모형자동차를 직접 만들어봄으로써 자동차 관련 여러 분야를 간접 경험하고 자신의 재능을 발견하는 기회를 갖게 됨	청소년들에게 자동차 산업과 관련된 진로와 비전을 제시하고 미래에 대해 동기부여를 해줌으로써 우호적인 기업 브랜드 형성
유의점	입시에 얽매여 있는 시기적, 상황적인 한계	일방적 지식 전달 교육이 아니라 직접적인 직업 체험이 이루어질 수 있도록 기획해야 함

대학생

프로그램	글로벌 마케팅 캠프, 영화제
내용	대학생 마케팅 특강, 국내 및 글로벌 마케팅 캠프, 영화제
시사점	확장성이 크고 미래 직업에 관한 프로그램의 경우 자발적 참여도가 높음
유의점	• 프로그램에 참여하는 남녀 구성비 • 가까운 진로 문제와 관련하여 실질적인 도움을 줄 수 있어야 함

▲▲▲

대한항공 유스마케팅을 벤치마킹하자

라이트 형제의 하늘을 날겠다는 꿈이 결국 비행기를 만들어냈다. 비행기는 세계를 하나로 연결하며 인류의 역사를 바꿔놓았다. 어쩌면 비행기는 사람이나 화물이 아니라 꿈을 실어 나르는 운송 수단일지도 모른다. 높은 하늘을 날아 구름 속을 헤치며 지금 이곳을 떠나 미지의 장소로 향하는 것은 가슴 벅찬 도전이다.

어른들에게도 하늘은 동경의 대상인데 부푼 꿈을 안고 사는 유스세대의 마음은 어떻겠는가? 그들의 가슴속에는 어떤 하늘이 그려지고 있을까?

대한항공 유스마케팅은 이런 그들의 꿈을 향한 그림을 함께 그려나가고자 하는 소망을 품고 있다. 그들이 더 멀리 상상의 나래를 펼칠 수 있도록 이끌어주는 사명을 수행하고자 한다. 라이트 형제의 상상이 불가능을 현실로 바꿔놓은 것처럼 그들이 자신이 상상하는 미래에 도착할 수 있도록 날개가 되어 주고 싶은 마음으로 유스마케팅을 펼치고 있다.

지금 젊은 감각으로 유스세대와 함께 어울리는 모습은 기존의 대한항공 이미지와는 다소 어울리지 않는다고 느껴질 수 있다. 대한항공은 국적 항공사이자 세계적으로 인정받는 1등 항공사라는 자부심이 강했으며 성공한 비즈니스맨의 이동 수단이라는 이미지를 형성해 왔다. 과거에는 대한항공에서 '전통'과 '권위'를 연상하는 사람들도 많았다.

하지만 항공 업계에도 변화의 바람이 거세게 불었다. 이제 비행기는 더 이상 성공한 비즈니스맨만을 위한 이동 수단이 아니다. 가족 단위의 해외 여행객이 증가하고 유학과 배낭여행이 급증했다. 비행기를 타는 연령층은 점점 유스세대로 낮아지고 있다. 대한항공은 이런 현실을 제대로 알아차렸다. 유스세대와 함께하려는 노력이 없다면 미래에는 1등 항공사라는 지위를 지키기 어렵다고 판단했다. 대한항공의 미래를 유스세대에 걸어야 한다고 생각한 것이다. 대한항공은 유스마케팅이라는 비행기에 회사가 꿈꾸는 미래를 유스세대와 함께 실어 이륙시키는 전략을 마련했다.

대한항공 유스마케팅에는 항공사다운 면모가 잘 나타난다. 비행기와 하늘의 상징적 의미가 그들의 꿈과 이어지도록 연결함으로써 새로운 가치를 부여했다. 비행기가 표현하는 이미지와 스케일에 어울리는 프로그램을 만들어 유스세대에게 꿈과 희망을 주고 그들의 도전과 열정을 지원하는 데 힘을 싣고 있다. 이렇게 그들의 꿈을 응원함으로써 유스세대에게 대한항공을 단순한 항공사가 아니라 꿈과 도전에 함께해준 진정한 모티베이터로 그들 마음속에 새겨지는 것을 목표로 하고 있다.

대한항공은 별도의 전담 부서를 두고 유스마케팅을 진행하지는 않는다. 여러 부서를 통해 전사적으로 유스마케팅을 펼친다. 이 과정에서 통합커뮤니케이션팀이 컨트롤 타워 역할을 맡는다. 그래서 같은 목표와 일관성 아래에서 부서 간 협력과 시너지 효과가 일어날 수 있도록 이끈다. 일반 마케팅과 브랜딩, 홍보 등 다양한 활동 영역에서 유스마케팅과의 연관성을 고려한다. 그리고 각 프로그램과 행사에 전담자를 배치하여 전문성이 풍부한 유스마케팅이 진행될 수 있도록 했다.

앞에서 보았던 프로그램 사례 하나를 다시 떠올려보자. 2013년 내가 그린 예쁜 비행기 행사는 한글의 우수성과 비행기라는 주제로 열렸다. 한글의 우수성을 비행기에 실어 세계에 알리려는 대한항공의 의지를 담은 행사였다. 개최 시기를 한글날에 맞춤으로써 홍보와 연계성을 고려한 유스마케팅 전략을 수립한 것이다.

대한항공은 명품 항공사라는 기존 이미지 위에 젊고 활기찬 항공사의 이미지를 더해 나가고 있다. 그런 점에서 대한항공 유스마케팅은 '고급스러우면서도 친구 같은 항공사'라는 새로운 브랜드 이미지를 형성하였고 이를 긴요한 커뮤니케이션 전략으로 활용하고 있다. 이렇게 대한항공이 유스세대에게 가까이 다가가는 모습은 유스세대가 일상으로 즐기는 SNS를 제대로 그리고 매우 효과적으로 활용하고 있는 데서도 발견할 수 있다.

▶ 대한항공 유스마케팅 요약

대한항공 유스마케팅	
특징	• 통합커뮤니케이션팀의 컨트롤 아래 유관 부서들과 유기적으로 협력하며 유스마케팅 프로그램을 진행 • SNS를 특별히 세세하게 관리·운영하는 등 SNS의 효과적 활용으로 유스세대와 친근한 소통을 이룸
목표	• 유스세대의 꿈과 도전, 열정을 응원 • 명품 항공사의 바탕 위에 젊고 역동적인 이미지의 브랜드 구축 • 여행 이전에 일상 속에서 함께하는 친근한 항공사 이미지 확산
대상	유아·초등학생, 중·고등학생, 대학생
원칙	꿈과 도전, 열정을 이끄는 역할

▶ 세대별 프로그램 및 내용

유아·어린이

프로그램	내용	시사점·유의점
내가 그린 예쁜 비행기	• 매년 개최되는 정기 대회로 공정성과 참신성에서 높은 평가를 받고 있음 • 행사 장소로 비행기 격납고를 이용하는 독창성 : 단순한 그림 대회가 아닌 대한항공 브랜드를 체험하는 기회 제공 • 대상 작품은 실제 운행되는 비행기에 래핑을 하여 참여하는 어린이에게 강한 감동과 동기부여를 함	• 시사점 어린이들의 꿈을 응원한다는 일관된 콘셉트에 따른 프로그램 시행
주니어 공학기술교실	• 부산 지역 초등학생들을 대상으로 정기적으로 진행되고 있는 직원들의 재능 기부를 통한 교육 프로그램 • 학교 교육이 실현하기 어려운 부분에 대한 지원 • 항공사만이 제공할 수 있는 교육 프로그램으로 참신성을 가짐	• 유의점 항공사만이 할 수 있는 업종 특수성에 적합한 직업 체험 프로그램을 운영한 것이 큰 호응을 이끌어냄. 이를 참고하여 벤치마킹할 때는 자사만의 특징을 잘 살릴 수 있는 프로그램을 기획
키자니아	• 어린이 직업 체험 테마파크 내에 항공 관련 진로 체험 시설 입점 • 대한항공 유스마케팅의 초점인 진로 탐색 활동을 지원 • 고정된 체험 시설로 지속적인 브랜드 인지 가능	

중·고등학생

프로그램	Reach for the World
내용	여행 문화에서 소외되기 쉬운 도서 지역 청소년들에게 공항 체험과 영어 실습 기회 제공
시사점	청소년들의 꿈을 응원한다는 대한항공 유스마케팅 콘셉트에 잘 맞음
유의점	각 기업의 비즈니스에 맞으면서도 소외된 청소년들에게 실질적으로 필요한 일에 대한 고민이 요구됨

대학생

프로그램	Korean Air and Young Artist Collaboration	코리안 온에어
내용	비행기 외부 디자인을 공모하는 대회로 국내 예술 발전을 지원하고 예술 지망생들의 재능을 발휘하는 기회 제공	대학생들이 한국 문화를 세계에 알리기 위한 아이디어를 기획안을 통해 제출하면 심사를 거쳐 선정한 후 활동을 지원함
시사점	젊은 아티스트들과 교류하고 협력하는 유스마케팅	• 대학생들의 도전 정신을 자극하고 지원하며 글로벌 마인드를 키워줌 • 프로젝트를 스스로 기획하는 과정 자체가 교육적 기능을 함 • 대학생들의 가치관과 행동 양식을 이해하는 기회가 됨
유의점	다른 기업들의 공모전과 어떻게 차별성을 가져갈 것인지에 대한 고민이 필요함	완성도가 떨어지는 기획안은 지원 대상에서 제외하는 등 체계적인 관리·운영이 필요함

▲▲▲

홈플러스 유스마케팅을 벤치마킹하자

홈플러스 유스마케팅의 뚜렷한 특징은 기업의 공유 가치 창출

(CSV: Creating Shared Value) 경영 속에 유스마케팅이 자리 잡고 있다는 점이다. 홈플러스에서 사회공헌은 회사의 절대적 가치이며 DNA이다. 회사 설립과 함께 사회공헌을 경영의 목적으로 내걸었으며 업계 최초로 사회공헌 전담 조직을 별도로 설립하여 활발한 활동을 펼쳐왔다. 홈플러스는 사회공헌을 비용이 아니라 기업 미래를 위한 투자로 받아들이고 이를 적극 실행에 옮겼다. 이러한 홈플러스의 사회공헌 활동은 실제 매출 향상에도 긍정적인 역할을 했고 이는 2005년 e파란재단 설립으로 이어졌다. 이런 점에서 홈플러스가 추구하는 사회공헌 활동은 과거 CSR보다는 CSV 개념에 더 가깝다.

홈플러스는 CSR에서 CSV로 이어지는 연결 통로에 유스마케팅을 둠으로써 진정한 CSV를 실현해나가고 있다. 이것은 사회공헌을 펼치고 있는 다른 기업들에게 바람직한 선례가 되고 있다. 홈플러스의 유스마케팅은 진정성이 높고 열정적이며 규모 또한 크다. 예를 들어 환경의 날에 맞추어 열리는 e파란 어린이 환경그림 공모전에 환경부의 참여를 이끌어내 국가 차원의 대표적 환경 행사로 발전시켰다. 이런 프로그램을 통해 지구 환경을 지키는 데 앞장서는 기업의 브랜드 이미지를 어린이와 그 부모에게 친근하게 심어주고 있다.

이 공모전이 그 진가를 발휘하려면 대회와 시상으로 그치지 않고 그 속에서 실질적인 환경 교육이 이루어져야 한다. 대회를 주관하는 e파란재단은 앞으로 4랑운동의 e파란 캐릭터를 적절히 활용하여 효과적인 교육 콘텐츠를 개발할 계획을 세워두고 있다. 어린이 환경 교육 사이트를 개발하여 수년간의 어린이 환경그림 공모전을 통해 탄생한 상상력이 넘쳐흐르는 그림을 미처 참여하지 못한 어린이들과도 공유하는 등 기존 프로그램을 통해 쌓아온 콘텐츠에 생명력을 더할 것이다. e파란 캐릭터의 주도 하에 재미있고 흥미로운 콘텐츠를 다양하게 개발함으로써 어린이들의 적극적인 관심과 참여를 이끌어내고 생활 속에서 지구 환경을 지킬 수 있도록 북돋운다는 게 목표이다. 이는 우리 어린이들이 환경을 지키는 데 중요한 역할을 해내는 미래 재원으로 성장할 수 있도록 이끌고, 미래 소비자가 될 그들에게 홈플러스의 이미지를 특별하게 심어줄 것이다.

이처럼 홈플러스의 유스마케팅은 기업 경영의 중심을 이루는 사회 공헌 활동의 일환으로 시작됐다. 그리고 어린이를 대상으로 하는 교육 프로그램이 대부분이라는 것이 중요한 특징이다. 이는 가족을 주요 고객으로 삼고 있는 대형 마트의 특성에서 비롯된 것이다. 가족의 중심에는 자녀가 있고 자녀를 만족시키는 교육 프로그램은 결국 홈플러스의 핵심 고객인 부모의 감동을 이끌어낸다. 홈플러스는 이런 점을 소홀히 하지 않았다. 전국 매장마다 일정 공간을 따로 확보하여 평생교육스쿨을 운영하면서 전체 프로그램의 70% 이상을 유아와 초등학생 교육으로 채우고 있다.

홈플러스의 교육은 공익을 지향하는 경영관과 잘 맞아떨어진다.

우리 사회의 교육열은 뜨겁지만 정작 중요한 가치를 놓치고 있다는 아쉬움도 크다. 홈플러스는 공교육과 사교육 모두의 손길이 미치지 않는 이런 틈새 영역을 세심하게 챙기면서 활발한 교육을 전개하고 있다. 특히 우리 사회가 결코 가볍게 여길 수 없는 환경사랑, 나눔사랑, 이웃사랑, 가족사랑의 4가지 공익 가치를 가르치는 데에 열정을 쏟고 있다. 이 가치들은 홈플러스 사회공헌의 슬로건인 4랑운동에서 파생된 것이다.

이런 여러 가지 점들을 놓고 볼 때 홈플러스의 유스마케팅은 확고한 경영 비전의 기반 위에서 진행되는 체계적인 마케팅이라고 평가할 만하다.

특히 '사회공헌연구소'라는 매우 독특하고 선진적인 조직을 통해 유스마케팅의 전문성을 발휘하는 점은 눈여겨볼 만하다. 사회공헌연구소는 홈플러스 사회공헌과 유스마케팅의 브레인이다. 그뿐만 아니라 여러 기업의 사회공헌 활동을 지원하면서 동참을 이끌어내고 네트워크 형식으로 확장시키는 역할을 하고 있다. 이런 공익 활동의 '확장성'은 홈플러스 유스마케팅의 독특한 원칙이다. 홈플러스는 '진정성', '지속성'과 함께 최대한 자사의 프로그램을 폭넓게 공유하고 확대한다는 원칙을 실천하기 위해 노력하고 있다. 아직은 기업들의 호응이 더 필요하기에 다양한 기업들의 참여를 광범위하게 이끌어내는 것이 홈플러스의 미래 과제이다.

사회공헌에 관심을 두고 있거나 관련 팀을 독립적으로 운영하는 기업들은 사회공헌과 유스마케팅을 유기적으로 연계하여 시너지를 창출해내고 있는 홈플러스의 사례에서 깊은 영감을 얻을 수 있을 것이다.

▶ 홈플러스 유스마케팅 요약

홈플러스 유스마케팅	
특징	• CSV 차원에서 수행되는 공익 활동이 업종 특수성과 주요 고객층에 적합하게 맞물려 유아·초등학생에 초점을 맞춘 유스마케팅으로 이어짐 • 4랑운동이라는 체계적인 브랜딩 전략 내에서 프로그램이 기획·운영됨
목표	• 유스세대의 성장과 함께하며 큰 기업을 넘어 존경받는 기업으로 도약하는 것 • 더 많은 기업과 네트워크를 구축하여 모든 기업에 있어 유스세대를 위한 투자가 경영의 일부가 되는 업계 분위기를 조성
대상	유아·초등학생에 집중
원칙	진정성, 지속성, 확장성

▶ 4랑운동

4랑운동 공익 교육 프로그램	
〈환경사랑〉 e파란 어린이 그린리더 양성 프로그램	• 환경 관련 지식과 일상에서의 실천 방안을 다양한 방식으로 익히는 과정
〈나눔사랑〉 e파란 어린이 나눔 가치 교실	• 나눔의 소중함을 일깨우고 나눔을 실천하는 습관을 배양하는 교육
〈이웃사랑〉 e파란 어린이 문화 예술 교실	• 지역 소외 계층 어린이들에게 음악과 미술을 접목한 통합 예술 체험 기회 제공
〈가족사랑〉 e파란 어린이 바른 먹거리 교실	• 가족생활에서 가장 중요한 건강을 위한 먹거리 교육

▶ **대표 프로그램**

프로그램	e파란 어린이 환경그림 공모전	평생교육스쿨	e파란 어린이 축구클럽
내용	• 환경을 주제로 한 전국 최대 규모의 어린이 환경 그림 대회 • 홈플러스 전국 매장을 통해 작품을 접수한 후 전문가의 심사를 통해 시상	홈플러스 매장을 중심으로 전국 530곳에서 운영되는 교육 시설로 홈플러스 유스마케팅의 특징을 잘 나타내는 대표 프로그램	축구 교육을 통해 어린이의 건강을 증진하고 인성을 함양하며 가족사랑을 실천
시사점	환경이라는 국가와 인류의 이슈를 담아냄으로써 정부와 관련 기관의 관심과 지원을 이끌어냄. 본선 시상식을 세계 환경의 날 청와대 사랑채에서 개최함	교육부 인가를 받은 평생교육 시설, 교육부의 '평생교육대상' 수상	축구 기술의 향상보다는 축구를 통한 전인적인 성장을 강조
유의점	참여 작품들에 대한 엄정한 심사로 대회의 권위와 신뢰성을 높여야 함	• 대규모 조직 운영을 위한 전문성이 요구됨 • 실제 운영을 위해서는 상당한 수준의 노하우가 필요함	제대로 된 축구 교육 프로그램을 위해 축구 선진국의 노하우 도입 필요

▲▲▲

대표적 사례의 창조적 활용

이 책에서 다룬 세 기업의 사례는 모두 다음과 같은 구성으로 제시되었다. 서두에서는 유스마케팅을 처음 시작하게 된 계기와 배경을 설명했다. 본문에서는 프로그램과 콘텐츠를 중심으로 체험 위주의 유스마케팅을 어떤 내용으로 어떻게 전개해나가고 있는지에 대해 이야기했다. 마지막 부분에서는 각 기업의 유스마케팅이 지향하는 미래 가치와 비전, 그리고 이를 위한 앞으로의 노력과 목표를 제시했다.

책이나 자료 등을 통해 새롭고 긴요한 정보나 사례를 접하게 되었을 때 '이거다' 싶은 순간이다. 그러나 눈으로 읽어 보고 만다면 절대 내 것이 되지 않는다. 다시 한 번 요약한 내용을 세세하게 짚어보는 동안 마음에 와 닿은 내용에 밑줄을 긋고, 나에게 필요한 것들을 노트에 직접 기록하여 내 손안에 넣어야 한다. 우리 기업에 적합한 방식을 발견하여 여기에 창의적 아이디어를 보탠다면 온전하게 나만의 것으로 만들어진다. 국내에서 유스마케팅을 앞서서 이끌어가고 있는 세 기업의 주옥같은 사례가 정보를 전달하는 단순한 기능에 그치지 않길 바란다.

이 세 기업 모두 앞으로 좋은 프로그램을 추가로 만드는 것보다 이미 시작해서 운영하고 있는 프로그램의 진정성을 유지하면서 더 알차게 확장해나가는 것이 과제로 떠오르고 있다. 프로그램 이후의 사후 관리에도 만전을 가해야 할 것이다. 프로그램에 참여했던 유스세대와의 관계를 어떻게 하면 끈끈하게 유지하고 발전시킬 수 있는지에 대해서 깊은 고민이 필요하기도 하다.

유스마케팅 프로그램을 내실 있게 운영해서 뜨거운 반응을 얻는 것은 더할 나위 없이 흐뭇하고 좋은 일이다. 하지만 사후 관리도 그에 못지않게 중요하다. 만약 사후 관리에 소홀해서 행사를 통해 형성된 유스세대와의 관계가 끊긴다면 그간의 모든 노력이 한순간에 물 거품이 될 수도 있다. 그들에게 절대 상처를 주어서는 안 된다. 유스 마케팅에는 지속성과 책임 의식이 전제되어야 한다고 강조했다. 그러 므로 프로그램에 관심을 보였거나 참여한 유스세대를 모두 친구로 만 들고 그 관계를 유지하고 발전시키는 데 열과 성을 쏟아야 한다.

자주 만나는 친구끼리는 할 이야기도 많고 공감하는 부분도 크 다. 우리는 좋아하는 이에게는 거리낌 없이 마음을 주고 상대방도 나 와 같은 마음이기를 기대한다. 만약 한 기업의 유스마케팅 프로그램 에 참여한 그들이 그 회사를 자연스럽게 좋아하게 되고 그 기업과 친 구가 되었다고 하자. 그런데 프로그램이 끝난 이후에 그 기업이 연락 을 끊고 무관심으로 일관한다면 어떤 느낌을 갖게 될까? 혹은 프로 그램 때 보였던 진정성은 사라지고 오히려 실망스러운 행동을 보인 면 어떤 마음이 생길까? 그냥 아는 사이라면 무관심이나 실망스러 운 행동이 결코 상처가 되지 않는다. 그러나 친구 관계는 다르다. 상 대방이 나를 알아주고 아낄 것이라는 기대를 자연스럽게 갖게 된다. 그 기대감이 실망으로 돌아온다면 친구 관계에서는 깊은 상처를 입 게 된다. 한 번 친구 관계를 맺었다고 그것으로 영원히 친구가 될 수 는 없다. 그러므로 공을 들여 맺어진 그들과의 만남을 정성스럽게 챙 기며 친구 관계를 유지하고 관리해야 한다.

유스마케팅 프로그램마다 모든 열정과 노력을 쏟아 그들과 친구 관계를 맺었다 하더라도 그 관계를 제대로 관리하지 않는다면 오히려 상처 입은 적대자만 양산해낼 것이다. 따라서 프로그램 이후의 피드백과 사후 관리를 위한 담당자를 별도로 정해서 체계적으로 관리해야 한다. 이를 위해서는 반드시 내부적인 관리 시스템도 구축해야 한다. 그래야 시간과 비용, 노력을 기울여서 이루어낸 것을 지키고 키울 수 있다. 이런 과정을 거치며 유스마케팅이 궁극적으로 지향하는 미래 목표에 다다를 수 있게끔 그 관계를 지속적으로 이끌어야 한다.

연령에 따라 세대별로 유스마케팅을 세분화해서 진행할 여력이 있는 기업이라면 유아와 초등학생을 구분하는 것이 좋다. 초등학교 저학년과 고학년 사이에도 상당한 간극이 있음을 주의할 필요가 있다. 중학생과 고등학생도 마찬가지이다. 유스마케팅은 장기적인 목표를 향해서 인내심을 유지하며 질주해야 하는 마케팅이다. 따라서 유스세대의 각 성장 시기에 따른 특성과 차이를 염두에 두어야 한다.

유스마케팅은 아직 초창기이다. 그래서 바로 지금이 유스마케팅을 시작하기에 가장 적합한 시기라 할 수 있다. 혁신성이 있는 선두 주자가 많은 이점을 누린다는 게 경영의 기본 상식이다. 한발 빠른 투자가 10년 후 우리 기업이 안정적으로 성장해나가는 데 밑거름이 될 것이다.

우리 기업에 가장 적합하고 효과적인 방식으로 시작하라

앞서 설명한 세 기업의 유스마케팅 포인트를 확인해보자. 현대자동차는 유스마케팅이라는 개념을 가장 명확하게 인식하고 있는 기업이다. 전담팀을 구성하고 유스세대를 각 세대로 나누고 세대별 담당자를 두어 체계적인 마케팅을 하고 있다.

그런데 유스마케팅을 위한 전담팀을 두는 것이 현실적으로 쉽지 않거나 회사의 현재 실정에 맞지 않을 수도 있다. 그런 기업이라면 대한항공이 좋은 모델이 될 수 있다. 대한항공에서는 각 부서들이 독립적으로 유스마케팅 프로그램을 진행한다. 다만 프로그램이 목표나 일관성을 잃지 않도록 통합커뮤니케이션팀에서 컨트롤하고 있다. 대한항공의 유스마케팅 방식은 각 부서별 특징을 잘 살린 프로그램을 자유롭게 기획해볼 수 있어 다양하고 창의적인 프로그램이 개발될 수 있다는 장점이 있다.

홈플러스는 견고한 경영 철학의 토대 위에서 유스마케팅을 진행하고 있다. 유스마케팅을 해도 그만 안 해도 그만인 선택적 사안이 아니라 기업 미래를 위해 중점적으로 다루어야 하는 필수적인 사안으로 삼았다. 그래서 기업 비전과 경영전략 속에 유스마케팅이 녹아 있다.

유스마케팅의 본격적인 시작을 고민하는 기업이 무엇보다 먼저 해야 할 일은 우리 회사의 현재와 미래를 들여다보는 것이다. 아무리 좋은 아이디어라 할지라도 우리 회사에 맞지 않는다면 아무런 소용이 없다. 이런 점을 인식하고 본격적인 실행을 위한 준비 단계로 들어가보자.

유스마케팅을 효과적으로 도입하려면 회사를 소개하는 방식부터 바꿔야 한다. 기업이 지금까지 이루어낸 일, 현재 하는 일, 앞으로 하고자 하는 일 등을 어떻게 표현하고 있는가? 여기에 우리 기업의 아이덴티티가 분명하게 드러나 있는가? 유스마케팅을 전개함에 있어 기업 아이덴티티 없이 순수하게 프로그램만 잘 진행하는 것은 무의미하다. 결코 브랜드를 심어주지 못하는 유스마케팅이 되어서는 안 된다는 뜻이다.

유아든 초등학생이든 중·고등학생이든 혹은 그들의 부모든, 어떤 세대를 대상으로 하든지 유스마케팅 활동을 펼칠 때에는 기업에 대한 친근한 인식을 바탕으로 기업 가치와 비전을 강렬하게 전해줘야 한다. 그렇지 않으면 활동의 의미는 퇴색하고 만다. 브로슈어나 카탈로그 같은 자료를 나누어주며 설명부터 하려고 들면 강한 반감만 사게 된다. 우리는 텍스트와 사진이 빽빽하게 들어차 있는 지루한 문서는 곧장 휴지통으로 들어갈 신세라는 것을 잘 알고 있다. 그런데도 변화하기를 두려워한다면 무책임하기 그지없다.

유스마케팅을 도입하겠다는 필요성을 느낀 기업이라면 어떻게 하면 회사 소개를 재미있게 할 수 있을지 그 방법부터 고민해야 한다. 어른이든 아이든 할 것 없이 그냥 지나칠 수 없을 만큼 흥미롭고 개성이 넘치는 소개를 하는 게 목표이다. '이것 참 새롭네', '재미있네', '괜찮네' 하는 반응을 불러일으켜야만 한다.

이 세상에서 가장 어려운 일 중 하나가 어린아이들을 재미있게 만드는 것이라고 한다. 어린아이들은 항상 재미있는 것을 가장 중요하게 생각하기 때문에 그만큼 '재미'를 평가하는 수준과 안목이 높다. 어린이가 재미있게 느끼는 콘텐츠는 어른들도 분명히 재미있어 한다. 특히 부모는 자녀가 재미를 느끼는 모습을 보는 것만으로도 마음이 동화된다. 그러므로 그들을 재미있게 만들 묘수를 찾아야 한다. 회사 소개가 첫 번째 과제다.

벤치마킹 사례로 살펴본 세 기업에서 유스마케팅의 목적과 의미, 프로젝트 추진 과정과 운영 방식 등을 되새기면서 우리 회사가 무엇부터 챙겨야 할지 촉각을 곤두세워보자. 그리고 추진을 위한 감을 잡아 보자. 벤치마킹을 할 때는 우리 기업의 특수성을 가장 먼저 고려해야 한다. 기업마다 처한 상황이 다르므로 우리 회사에 가장 적합한 방식을 찾는 깊은 성찰이 필요하다.

자동차처럼 한번 사면 수년 이상 쓰거나 간직하는 상품으로는 어떤 것들이 있을지 생각해보자. 그리고 항공사나 은행, 보험회사 등과 같이 한번 선택한 브랜드를 좀처럼 바꾸지 않는 것들로는 무엇이 있는지도 떠올려보자. 아파트 브랜드나 백화점, 전자 제품이나 디지털 기기, 가구 등이 이런 종류일 것이다. 엄청난 산업 규모의 교육 분야는 어떠한가. 학원, 인터넷 강의, 교재 등도 저마다 선호하고 신뢰하는 브랜드가 있다. 포털 사이트나 홈쇼핑, 온라인 쇼핑 사이트도 마찬가지다. 어릴 때 부모를 보고 따라 했든 스스로 선택했든 관계없이 자주 접했던 것이 친숙하므로 한번 결정해서 이용하던 서비스는 쉽게 바꾸지 않는다. 소셜 채널도 자신이 즐겨 쓰는 게 따로 정해져 있다. 카카오톡을 사용하는 사람은 대개 라인을 잘 쓰지 않는다. 자신의 스마트폰에 저장된 사람들 대부분이 카카오톡을 쓰기 때문이다. 반대로 라인을 사용하는 사람들은 카카오톡을 잘 쓰지 않는다. 그들은 주변 사람과의 소통도 중요하지만 이보다는 자신의 필요나 개인적 취향을 더 중요시하여 카카오톡에 붙어 있는 많은 기능을 귀찮다고 느낀다.

소비자는 초기에 사용해서 만족스럽고 익숙해지면 좀처럼 브랜드를 바꾸지 않는 경향이 있다. 그러므로 그 종류의 제품과 서비스를 아직 쓰지 않는 소비자나 막 사용하기 시작한 소비자에게 좋은 이미지를 심어두면 매우 유리하다. 미래 고객에게 브랜드를 심어주는 유스마케팅이 중요한 이유가 여기에 있다.

특히 유스세대가 주도해나가는 스마트폰 세상에서는 포털과 모바일에 기반을 둔 회사를 비롯한 거의 모든 기업이 유스마케팅을 중요하게 다루어야 한다. 현재에도 상당한 매출이 유스세대에 의해 발생되고 있다. 이런 중요한 역할을 하고 있는 그들을 단순한 소비자로만 바라본다면 이는 곧 기업의 위기로 이어질 것이다. 모바일 세상의 중심에 있는 유스세대의 호응과 신뢰를 얻지 못한다면 기업의 미래는 불확실할 수밖에 없기 때문이다.

지금 가장 사랑받는 브랜드라고 해서 미래에도 그러리라는 보장은 없다. 지금 2위나 3위 브랜드가 미래에 1위가 되지 말라는 법도 역시 없다. 시장이 변하고 고객이 변한다. 기존의 고객이 사라지는 대신 새로운 고객이 나타난다. 유스세대가 새로운 고객이 될 미래 세상을 대비할 때 유스마케팅은 그야말로 기업의 핵심 경영전략인 것이다.

앞서 유스마케팅에 대해 절실한 필요성을 느끼고 이를 과감하게 실행에 옮긴 세 기업의 이야기를 들었다. 그 기업들은 여러 해 동안 시행착오를 거치며 열정과 노력을 쏟아 마침내 체계적으로 유스마케팅을 전개하게 되었다. 이 기업들의 사례에서 배우고 기업의 미래를 지키기 위한 준비를 지금이라도 시작하자.

제대로 된 유스마케팅을 통해 미래 세대의 마음속에 우리 브랜드를 특별하게 심어준다면 10년 후나 20년 후 우호적인 고객을 수없이 거느린 기업으로 거듭날 것이다. 유스마케팅의 보상은 이렇게 특별하다.

본격적인 가동을 위한 사전 스텝

지금까지 유스마케팅에 선도적인 기업들을 벤치마킹함으로써 우리 회사에 적용하는 방안에 대해 살펴보았다. 이제부터는 본격적으로 유스마케팅을 실행하기 위한 사전 단계를 밟아보자. 첫 번째로 할 일은 회사 내부의 자료 수집이다. 최근 3~5년 사이에 진행했던 유아·어린이·청소년 대상의 이벤트, 행사, 캠페인, 프로그램 등에 관한 자료를 폭넓게 모으는 것부터 시작하자. 마케팅팀에서 다루어온 일은 물론이고 브랜드전략팀, 커뮤니케이션팀, 사회공헌팀 등 여러 부서에서 진행했던 일에 관한 모든 내용을 빠짐없이 조사해야 한다. 이런 자료 수집과 조사를 통해 우리 회사가 그동안 기업 이미지와 브랜드를 어떻게 관리해왔는지, 니즈와 이슈는 무엇이었는지를 확인한다. 그리고 그 활동 과정에서 부서들 간의 관계는 어떻게 이루어졌는지도 확인한다. 더 나아가 앞으로 유스마케팅을 진행하면서 부서 간 형성해야 할 협력 관계의 청사진을 그려보는 것도 잊지 말아야 한다. 전사적인 협력 분위기를 만들어 유스마케팅 진행에 대해 커뮤니케이션을 한다면 매우 효과적일 것이다.

기존 마케팅 활동의 콘셉트와 진행 내용, 결과를 분석하는 과정에서 비교적 지속성을 유지하며 운영되었던 프로그램을 유의해서 들여다볼 필요가 있다. 어떤 프로그램이 지속적으로 진행되었다면 우리 회사의 비전이나 가치관, 추구하는 브랜드 이미지와 연결되는 지점이 존재할 가능성이 크다. 비록 지금까지 명확하게 파악하지 못했더라도 이런 프로그램은 우리 회사가 무의식적으로 추구해왔던 것을 밝혀줄 수 있다. 이렇게 지속적으로 시도된 프로그램에서 힌트를 얻어 우리 회사의 브랜드 아이덴티티와 연계될 수 있는 교육적 콘셉트를 찾아 융합시킨다면 유스마케팅 실행을 위한 워밍업이 끝난 셈이다.

이때 유의할 점이 한 가지 있다. 지속성을 갖지 못한 일회성 프로그램이라 할지라도 소홀하게 다루어서는 안 된다. 이 프로그램들도 때로는 번뜩이는 영감을 제공해줄 수 있기 때문이다. 특히 교육적 콘셉트를 갖고 있거나 체험이 중심이 된 프로그램 사례가 있다면 진행 과정과 결과를 자세히 조사하고 분석해두는 것이 좋다. 어떤 결과가 나왔는지, 그 이유가 무엇이었는지를 파악한다면 우리 회사에 적합한 유스마케팅 콘셉트와 역할을 발견하는 데 큰 영감을 얻을 수 있다.

이렇게 사전 준비 단계에서는 지속성이나 특수한 콘셉트를 갖춘 기존의 활동을 분석한 후에 앞으로 추진할 프로그램을 대략적으로 기획해본다. 그리고 기업 홍보 차원에서의 시너지 효과를 고려해 교육적 콘셉트를 발굴해낸다. 그러면 유스마케팅의 본격적인 가동을 위한 사전 준비가 마무리된 셈이다.

유스마케팅 실행을 위한 사전 준비 과정을 단계별로 정리하면 다음과 같다.

① 세 기업의 벤치마킹을 통해 유스마케팅에 대해 전반적으로 이해하고 개념을 정립한다. 아울러 활용할 만한 주요 요소들을 정리한다.

최근 3~5년간 유아, 어린이, 청소년, 대학생 등 유스세대를 대상으로 진행했던 이벤트, 행사, 캠페인, 프로그램 등의 자료를 수집한다. 마케팅팀, 사회공헌팀, 브랜드전략팀 등 부서 전체를 통틀어 유스세대를 대상으로 전개한 프로그램은 모두 조사한다.

② 기존에 진행했던 각 프로그램의 콘셉트와 진행 결과를 분석한다.

1회 이상의 지속성을 가졌던 프로그램을 찾아 그 진행 과정과 결과 전체를 점검하고 지속성을 지닐 수 있었던 배경과 이유를 분석한다(이때 일회성으로 진행되었던 프로그램일지라도 교육이나 체험 위주의 성격을 지녔던 프로그램들을 눈여겨본다).

③ 프로그램을 담당했던 부서와 진행 목적, 행사 내용, 예산 등의 전반적인 프로그램 진행 과정을 조사한다.

④ 세대별 전개 방안을 설계한다.

홍보, 마케팅, 사회공헌팀, 브랜드전략팀 등 연관성을 가진 부서와 협력 분위기를 조성한다.

⑤ 대외적으로 알리고자 하는 기업의 브랜드 가치를 핵심 키워드로 정의한다.

- 홍보팀의 이슈, 보도 자료의 타이틀, 키워드 등을 조사한다.
- 자료가 없다면 유스마케팅 실행을 계기로 브랜드 가치를 정의한다(가령 이미 사회공헌팀에서 진행한 유스마케팅 성격을 띤 프로그램이 있었으나 독창적 프로그램이 아니었다면 브랜드 아이덴티티를 먼저 규정하는 것이 우선이다).

▲▲▲

어떤 프로그램을 만들 것인가, 기업 안과 밖에 답이 있다

프로그램을 기획하는 단계에 들어가면 먼저 우리 회사가 기존에 해오던 프로그램을 꼼꼼하게 검토해야 한다. 우리 회사가 과거에 왜 이런 프로그램을 진행했는지를 검토해보면 기업 아이덴티티를 담은 콘셉트에 대한 감을 얻을 수 있기 때문이다. 이때 참신성보다는 기업 아이덴티티를 먼저 고려해야 한다. 아무리 참신한 프로그램이라도 회사의 정체성과 동떨어져 있다면 유스마케팅의 실효성이 떨어진다는 사실을 염두에 둔다.

회사 밖에서도 답을 찾을 수 있다. 이때는 발상의 전환이 필요하다. 어떤 프로그램이나 콘텐츠를 기획할 때는 대개 같은 업계의 다른 회사가 수행한 사례를 찾아 보는 경향이 있다. 하지만 때로는 업종의 울타리를 뛰어넘는 변화가 필요하다. 업종뿐만 아니라 대상과 활동 영역도 제한을 두지 말아야 한다. 유스세대 중 우리가 목표로 하지 않은 다른 연령층을 대상으로 진행되었던 프로그램부터 사회공헌 활동에 이르기까지 폭넓게 검토하는 게 좋다. 우리 회사가 응용할 수 있는 것이라면 굳이 제한할 필요가 없다. 기획 초기는 브레인스토밍 단계다. 전혀 예상하지 않은 사례에서 훌륭한 아이디어를 발견해낼 수도 있다.

굳이 분야를 한정해서 사례를 조사한다면 유스세대를 대상으로 교육적 기능에 충실했던 프로그램에 집중하여 살펴보는 것이 바람직하다. 교육적 콘셉트가 담겨 있지 않은 프로그램은 일회성이라는 한계를 벗어나기 어렵기 때문이다.

교육적인 역할에 충실하면서 유스세대에게 실질적인 도움을 줄 수 있는 훌륭한 프로그램을 기획하기 위해서는 다양한 선례를 찾아보는 것이 바람직하다. 참신한 아이디어를 얻으려면 멀리 울타리 바깥을 바라보고 사고의 외연을 넓혀야 한다. 우리 회사, 우리 업종, 우리 고객만 고집하면 생각의 폭이 좁아진다. 오히려 우리와 다른 비즈니스를 하는 기업으로부터 신선한 발상을 얻을 수 있다. 우리 영역 바깥에서 색다른 아이디어를 구하고 이것을 재해석하여 적용하는 창의적 발상의 전환에 도전해보자.

▲▲▲

부서 간 연계성을 사전 분석하여 협력 관계를 구축하라

유스마케팅을 본격적으로 실행하기에 앞서 부서 간 협력 관계를 단단하게 다져놓아야 한다. 유스마케팅은 기존의 마케팅, 영업, 홍보, CSR 등과 깊은 상관관계에 놓여 있다. 이런 점을 충분히 고려해야 한다. 우리 회사의 브랜드 아이덴티티를 중심에 놓고 사내 관련 부서들과 구체적인 업무 협조를 통해 유스마케팅이 시너지 효과를 창출할 수 있도록 준비하자. 이런 구상과 협력 시스템이 없다면 유스마케팅을 진행할 때 부서 간 협력으로 발생시킬 수 있는 시너지 효과를 고스란히 놓칠 수밖에 없다.

현대자동차는 이런 점에서 모범적인 사례를 보여준다. 유스마케팅팀과 관련 부서가 서로 협력하며 자원과 활동을 공유함으로써 높은 시너지 효과를 거두고 있다.

현대자동차 유스마케팅팀은 웹사이트 개발을 위해 블루윌 캐릭터를 만들었지만 자동차 전시 매장과 마케팅, 홍보 영역에서 이 캐릭터를 효과적으로 활용하고 있다. 캐릭터가 근사하게 들어간 스케치북 등 블루윌을 다양하게 적용한 어린이 증정품을 제작해서 고객의 자녀에게 선물하는 용도로 사용한 것이다. 이럴 때 고객인 부모들이 자녀를 위한 선물을 받으면 보통의 판촉 상품보다 훨씬 더 큰 만족감을 갖게 된다는 점을 놓치지 말자.

이처럼 마케팅, 영업, 홍보, CSR 등의 업무를 수행하는 부서와 협조 가능성을 염두에 둘 때 유스마케팅의 효과가 폭발력을 갖게 된다. 유스마케팅을 구심점으로 다양한 부서들이 윈윈하는 방법을 찾을 수도 있다. 유스마케팅 실행 전에 부서 간 연계성을 고려한 협력 관계를 견고하게 구축해놓는 것은 매우 필수적이고 유용한 사전 작업이다.

▲▲▲

유스마케팅에 있어 절대 해서는 안 될 세 가지 금칙

유스마케팅을 실행하는 과정에서 절대로 해서는 안 되는 세 가지 금칙을 기억하자.

첫째, 프로그램을 통해 상품을 홍보하거나 판매해서는 안 된다. 이것은 최고의 금기 사항이다. 유스마케팅의 목적은 유스세대의 성장기에 그들의 친구가 되는 것이다. 친구는 서로 아끼는 사이이지 직접적인 이익을 기대하는 관계가 아니다. 그러므로 상품에 대해 홍보하거나 판매하는 바로 그 순간 그들의 마음이 떠날 것이다. 진정성 없이 장삿속만 느껴지는 프로그램을 진행하면서 그들의 호감을 얻기를 바라는 것은 유스마케팅이 아니다. 상품 홍보나 판매는 관련 부서에 맡겨 두자. 상품을 파는 마케팅을 하는 순간 유스마케팅의 진정성이 사라진다. 진정성이 강한 유스마케팅일수록 그들이 기업과 브랜드를 친구로 받아들이는 효과가 높아진다는 사실을 한순간도 잊지 말아야 한다.

둘째, 가르치지 말아야 한다. 그 대신 그들이 직접 체험하게 해야 한다. 장황하게 설명하는 일방적인 주입식 프로그램은 역효과만 불러온다. 지금의 유스세대는 과거 세대와는 다르다. 다른 세상에 살며 다른 방식으로 생각하는 새로운 세대다. 아무리 좋은 내용이라 하더라도 일방적으로 가르치려 들면 흥미와 자발성이 사라진다. 결국 그들의 마음이 떠난다. 그야말로 동참과 열정은 기대조차 할 수 없는 프로그램이 되는 것이다. 유스마케팅 프로그램은 반드시 체험형 프로그램이어야 한다. 그들이 직접 참여해서 몸으로 느끼는 체험만이 우리 기업의 이미지를 그들 마음속에 심어줄 수 있다.

셋째, 외주를 통해 유스마케팅을 운영하거나 관리해서는 안 된다. 거듭 강조하지만 유스마케팅에서는 유스세대와의 관계를 유지하고 지속시키는 일이 매우 중요하다. 미래의 우리 고객이라는 애정이 없다면 그들과 지속적인 관계를 맺으며 소통하기 어렵다. 외주 업체가 이런 깊은 애정을 품고 고객을 관리하는 것은 불가능하다. 기업 내부에서 직접 책임지고 챙겨야 한다. 유스마케팅 프로그램 기획과 운영, 사후 관리, 커뮤니티 운영, 소셜 커뮤니케이션 등의 영역에 담당자를 별도로 배치하여 직접 관리해야 한다. 외주에만 의지하는 유스마케팅 운영은 그들과 맺은 소중한 관계를 송두리째 잃게 만들 수 있는 위험천만한 일임을 명심해야 한다.

이것만은 반드시 기억하고 지키자. 만약 금기를 깬다면 정성껏 쌓아 올린 유스마케팅 성과가 모래성처럼 무너지고 말 것이다.

02

성공적인 유스마케팅을 위한 12가지 핵심 전략

미래 목표와 가치를 명확히 확립하라

"당신의 회사가 10년 후 혹은 20년 후 어떤 모습이 되어 있기를 바라는가?"

모든 기업 활동에 앞서서 반드시 던져야 할 질문이다. 미래를 향한 비전과 목표가 없는 활동은 아무런 의미가 없기 때문이다. 유스마케팅을 실행할 때도 마찬가지다. 유스마케팅을 통해 도달해야 할 미래상(未來像)을 분명하게 그려야 한다. 그렇지 않으면 야심 차게 추진한 유스마케팅이 목표와 방향을 잃어버릴 위험이 있다.

마케팅에서 미래 비전은 '브랜드 슬로건'에 농축된다. 그런 점에서 유스마케팅을 시작하면서 기업 비전과 목표를 담은 브랜드 슬로건을 새롭게 만들어볼 필요가 있다. 브랜드 슬로건은 기업이 추구하는 미래를 한마디로 압축해서 표현한 것이다. 그래서 기업 구성원에게 분명한 목표를 제시하고 고객들에게 명확하고 일관된 메시지를 전달해주는 효과가 있다. 그러므로 유스마케팅 관점의 브랜드 슬로건이 존재하지 않는다면 무엇보다 먼저 브랜드 슬로건을 수립해야 한다.

이미 브랜드 슬로건을 수립해두었다면 이것을 유스마케팅 차원에서 점검하는 과정을 거쳐야 한다. 유스세대가 보기에 이 슬로건이 구세대의 낡은 느낌을 주지는 않는지 점검해야 한다.

브랜드 슬로건이 젊은 느낌을 주느냐 그렇지 않느냐는 매우 중요하다. 유스세대가 우리 회사와 접촉하는 첫인상이기 때문이다. 활력이 넘치는 젊은 기업이라는 느낌을 표현할 수 있도록 브랜드 슬로건을 새롭게 단장하도록 하자. 이것이야말로 유스세대와 소통하기 위한 기본적인 첫 자세이다.

브랜드 슬로건을 겉치레를 위한 형식적 구호로 치부하고 소홀히 여기는 사람들도 있다. 하지만 이런 태도는 바람직하지 않다. 짧은 한 문장 안에 기업의 미래, 목표와 비전을 고스란히 담는 중요하고 실질적인 자산이 되어야 한다. 브랜드 슬로건은 구성원의 열정을 불러일으키고 고객의 호감을 창출하는 데도 큰 역할을 한다. 그러므로 브랜드 슬로건을 소중하게 받아들이는 자세가 필요하다. 미래의 거목을 상상하며 묘목을 심는 열정과 자신감을 담아내는 브랜드 슬로건이 되도록 새롭게 만들거나 수정해보자.

▲▲▲

브랜드를 체험할 수 있도록 하라

앞에서 여러 기업의 유스마케팅 사례를 살펴보면서 공통점을 발견할 수 있었을 것이다. 바로 모든 유스마케팅 활동과 프로그램이 기업 브랜드를 체험하는 장이 되어야 한다는 사실이다. 이를 위해서는 기획 단계부터 빈틈없이 접근해야 한다. 먼저 우리 회사의 사회적 위치와 창출하는 가치를 확인하고 여기에 적합한 콘텐츠를 구상하는 과정이 필요하다. 즉 우리 회사가 자리를 잡고 있는 곳에서 무엇을 할 수 있는지부터 생각해야 한다. 유스세대에게 무엇을 해줄 수 있는지, 그들의 밝은 미래를 위해 어떤 도움을 줄 수 있는지 세심하게 따져볼 필요가 있다.

이를 위해서 구체적으로는 기업 브랜드 체험이 가능한 프로그램 콘셉트를 세워야 한다. 이것은 기업이 추구하는 본질에 맞아야 하고 속해 있는 산업 분야와 연관성이 있어야 한다. 그러므로 유스마케팅 프로그램을 기획할 때에는 우리 기업이 창출해내는 기업의 사회적 위치와 가치를 파악하는 과정이 필수적으로 앞서야 한다.

프로그램 기획 단계에서는 기업의 브랜드 정체성이 콘텐츠에 잘 녹아들도록 자연스럽게 표현하는 것이 가장 중요하다. 물론 프로그램은 충분히 교육적이어야 한다. 하지만 그것이 교육이라는 것을 알아차리기 전에 즐겁고 재미있는 체험으로 느껴지도록 설계하는 것이 좋다. 몇 가지 사례를 통해 구체적인 실행 과정을 구상해보자.

건설 회사라면 그간 건설 산업이 이루어온 것과 앞으로 이루어낼 일을 바탕으로 유스세대가 건설 산업에서 꿈꿀 수 있는 미래를 제시할 수 있다. 업계의 전문 분야나 미래 유망 직업을 체험해보는 프로그램을 만드는 방식도 효과적이다.

대우건설은 '정대우'라는 흥미로운 브랜드 캐릭터를 만들어서 고객에게 친근하게 접근했다. '정대우'는 건설 회사가 무슨 일을 하며 그동안 무엇을 이루었는지를 쉽고 재미있는 방법으로 이야기한다. 딱딱한 텍스트를 통한 일방적인 전달 방식이 아니라 친밀감이 느껴지는 존재와의 대화를 통해 감성적 소통을 추구한 것이다. 앞으로 '정대우'는 건설 회사가 미래에 가꾸어갈 산업의 모습을 보여주고 새롭게 창출해낼 직업에 대해 들려주는 것이 좋다. 요컨대 미래 건설 산업과 직업의 비전을 바탕으로 유스세대가 기업의 사회적 가치와 기여를 생생하게 체험하며 느낄 수 있게 하는 것이다.

에너지 회사라면 지금까지 에너지 산업이 발전해온 과정과 앞으로 펼쳐질 친환경 에너지의 세계를 경험해 볼 수 있도록 체험 교육의 장을 펼칠 수 있을 것이다.

에쓰오일은 '구도일'이라는 친근한 브랜드 캐릭터를 만들었다. 이 캐릭터는 에쓰오일이 좋은 기름을 공급하는 좋은 회사라는 메시지를 친근한 방식으로 알리는 역할을 하고 있다. 그리고 앞으로도 '구도일'의 역할이 더욱 의미 있게 발전되어야 할 것이다. 에너지 회사들이 만들어온 산업 세계와 미래에 창조해야 할 가치를 유스세대에게 잘 전달해야 할 사명을 맡아야 하기 때문이다. 또한 에너지 산업 분야가 어떤 미래 인재를 필요로 하는지를 밝히고 그 분야에서 일하려면 무엇을 준비해야 하는지도 이야기해주어야 할 것이다. 에너지 회사야말로 그 길을 잘 안내할 수 있는 적임자다.

금융 회사 역시 그들이 발을 딛고 있는 세계를 중심으로 유스세대에게 체험적 가치를 전해줄 수 있다. 현실적으로 유스세대가 금융 현장을 직접 체험할 수 있는 기회는 그리 많지 않다. 어떤 전문가들이 어떤 일을 하는지 책이나 정보를 찾아 배우고 상상해보는 것이 전부다. 그러므로 금융 회사는 금융의 흐름과 금융 전문 직종을 직접 체험하는 프로그램을 만들면 유스세대에게 금융 회사의 아이덴티티를 심어주며 친근하게 다가갈 수 있다. 푸른 새싹들이 미래를 꿈꾸며 그 꿈을 키워갈 수 있도록 실질적인 도움을 주는 것이다. 유스세대에게 현대 사회에서 금융의 중요성을 일깨워주고 미래의 금융 인재로 성장할 수 있는 발판을 마련해주는 역할은 금융 회사가 가장 잘할 수 있는 일이다.

한때 TV 광고 시리즈로 시선을 끌었던 우리투자증권의 '옥토'는 금융 산업의 대표적인 브랜드 캐릭터이다.

만약 이 '옥토'가 유스세대에게 금융과 경제 관련 교육을 흥미로운 방식으로 제공하고 미래 금융 인재를 양성하는 데 기여하는 역할을 맡는다면 매우 효과적일 것이다. 이 '옥토'와 친해진 유스세대들이 자연스럽게 우리투자증권의 미래 고객으로 성장할 것이기 때문이다.

여러 업종의 경우를 통해 알아본 내용처럼 브랜드 캐릭터는 유스마케팅에서 매우 효과적인 역할과 기능을 한다. 유스마케팅 프로그램을 전개할 때 친근하고 자연스러운 브랜드 체험을 이끌어내는 것을 쉽게 해준다. 그러나 흥미나 친밀감 등의 요소를 바탕으로 캐릭터 그 자체만 내세운다면 일반 마케팅이나 홍보의 기능에 그치고 만다. 따라서 유스마케팅 기능을 제대로 수행할 수 있도록 확장시켜야 한다. 유스세대가 좋아할 만한 캐릭터를 만드는 동시에 질 높은 프로그램을 개발하여 교육에 실질적으로 도움을 줄 수 있도록 만드는 것이 중요하다.

브랜드 캐릭터를 보유하고 있는 기업은 유스마케팅을 위한 강력한 아이템을 지니고 있는 셈이다. 이를 잘 활용하여 기업의 브랜드 아이덴티티에 적합한 교육적 프로그램을 제공한다면 경쟁력을 갖춘 유스마케팅을 선보이게 될 것이다.

잘 알려진 브랜드 캐릭터가 있다면 유스마케팅 시작 단계부터 든 든한 버팀목으로 삼을 수 있음은 분명한 사실이다. 하지만 브랜드 캐 릭터가 없거나 약하다고 해서 실망할 필요는 없다. 지금부터 한 가지 씩 실행에 옮기면 얼마든지 좋은 기회를 만들 수 있기 때문이다.

기업이 속한 산업이나 수행하는 사업 영역과 관련이 있는 친근한 체험 프로그램을 구상하여 만들어내자. 이를 통해 기업의 브랜드를 자연스럽게 노출하고 유스세대의 마음속에 해당 산업에서 가장 인상 적인 기업으로 각인될 수 있을 것이다.

거듭 강조하건대 관건은 기업 브랜드 아이덴티티의 형상화이다. 그 래야만 기업이 추구하는 정체성과 표현하고 싶은 이미지가 충분히 녹아 있는 유스마케팅 프로그램을 기획할 수 있다. 또한 프로그램 콘텐츠는 기업 브랜드를 체험할 수 있어야 함과 동시에 교육적이어야 한다. 그리고 그 콘셉트는 브랜드 아이덴티티와 일관성을 유지해야 한다. 즉 콘텐츠 콘셉트와 브랜드 아이덴티티가 일치해야 한다. 그 기 업다움, 그 브랜드다움이 드러나는 프로그램의 창출은 그만큼 중요 하다.

이런 점을 고려하여 유스마케팅의 본질을 꿰뚫는 프로그램을 만 들어 시행한다면 같은 예산과 노력을 투입하고도 훨씬 더 효과적으 로 브랜드를 심어주는 시너지를 맛보게 될 것이다. 이런 과정 중에 그들 마음속에 자연스럽게 심어지는 기업의 이미지가 바로 진정한 브랜드 체험이다. 이러한 체험을 통해 유스세대에게 해당 기업의 이미지가 특별하게 자리 잡게 된다.

기업 브랜드의 지속적 생명력은 유스마케팅에 달려 있다고 해도 과언이 아니다. 그러므로 각자 위치를 둔 산업 분야에서 우리 기업만이 할 수 있는 독보적인 교육적 역할을 찾아 프로그램을 기획해야 한다. 그리고 이 기획에 따라 유스세대가 우리 기업의 브랜드를 체험하며 직접 느낄 수 있는 공간을 제공해야 한다. 이것이 기업의 브랜드 아이덴티티를 유지하면서 브랜드 가치를 높일 수 있는 가장 효과적인 방법이다. 고객이 거리감을 느끼거나 커뮤니케이션이 어려운 산업 분야일수록 유스마케팅의 효과는 더욱 크다.

▲▲▲

진정성을 갖추어라

여러 차례 강조했듯이 유스마케팅은 명백히 마케팅이다. 그런데 유스마케팅은 일반 마케팅과는 다르다. 그중에서 가장 다른 점 하나를 꼽으라면 단연코 '진정성'일 것이다. '진정성'은 사전에 나와 있는 단어는 아니지만 최근에 더욱 폭넓게 쓰이고 있다. 전문가들은 "참되고 애틋한 마음이나 정"을 뜻하는 '진정(眞情)'이라는 명사에 '성질'의 뜻을 더하는 접미사 '-성(性)'이 붙어 만들어진 말이라고 해석한다. 그리고 상황에 따라 진정성을 다양하게 풀이해볼 수도 있다.

마케팅 영역에서 진정성을 정의하자면 '대가를 바라지 않는', '사업적 의도를 배제한', '고객을 참으로 위하는', '장삿속을 뺀' 등으로 풀이할 수 있다. 그런데 이윤을 목표로 한 기업 활동에서 그것도 상품을 판매하는 마케팅에서 '진정성'이란 단어는 역설적으로 느껴지기까지 한다. 그래서 진정성이야말로 유스마케팅이 일반 마케팅과 차별성을 갖게 하는 가장 큰 요소가 된다. 일반 마케팅의 목표는 판매 활성화이다. 하지만 유스마케팅의 목표는 유스세대에게 기업이나 브랜드 이미지를 마음속에 친근하게 심어주는 데 있기 때문에 진정성이 강조될 수밖에 없다.

진정성의 의미를 더 명확하게 이해하기 위해 반대 경우를 생각해보자. 진정성이 없다는 것은 어떤 뜻일까? 오로지 이익 추구가 목표이면서 그게 아닌 척 포장한 채 다가선다면 진정성이 결여되어 있는 상황이다. 단어로 생각해보자면 단발성, 일회성, 형식적, 일방적 등을 들 수 있다.

요즘 유스세대는 예전과 비교할 때 훨씬 더 성숙해 보인다. 하지만 그들은 여전히 순수한 감수성을 지니고 있다. 정보가 넘쳐나고 경쟁이 치열하며 소비문화가 발달한 상황이라는 렌즈 때문에 굴절되어 보일 뿐이다. 이렇게 순수한 그들의 마음을 얻고자 하면서도 상업적인 의도를 버리지 못한다면 이는 유스마케팅의 본질에서 벗어난 행동이다. 대가를 바리지 않고 유스세대의 고민을 함께하려는 마인드로 그들 곁에 다가설 때만 그들도 마음의 문을 연다. 상품 하나로 그들을 친구로 만드는 일은 불가능하다.

나는 기업 유스마케팅을 위한 컨설팅을 하고 관련된 콘텐츠를 개발하면서 '진정성'이란 단어를 즐겨 쓰고 중요하게 다룬다. 컨설팅을 하고 프로그램을 기획하는 단계부터 콘텐츠를 개발하는 단계까지 어떻게 해야 유스세대에게 진정성을 전달할 수 있을까를 핵심적인 과제로 삼기 때문이다.

하지만 진정성은 전문적이거나 기술적인 영역에 속하지는 않는다. 사람이 자연스럽게 느끼는 감성적 측면에서 비롯된다. 유스세대는 즉각적으로 반응을 나타내는 성향을 갖고 있다. 그래서 감성적인 접촉이 이루어지는 순간 스스로에 의한 자발적인 확산으로 진정성에 대한 피드백을 한다. 쉽게 말하면 참되게 만들어서 진심을 담아 알리면 그들이 그 기업의 참된 사정을 알게 되고 마음이 동화되어 저절로 충성 고객으로 변신한다. 이것이 진정성의 효과이다.

유스세대는 작은 것 하나에 감동하고 열광한다. 작은 것에 감동하면 그들은 스스로 알아서 퍼트린다. 이렇듯 진정성은 무한대의 확산력이라는 씨앗을 안고 있다. 대가를 바라지 않고 순수하게 진행하는 유스마케팅은 유스세대의 마음을 움직인다. 이때 그들은 우리 기업이 전하고자 하는 메시지에 진심으로 귀를 기울인다. 그리고 자발적으로 나서서 우리 기업과 브랜드를 세상에 퍼트린다. 따라서 '진정성'

은 유스마케팅의 첫 착상 단계부터 사후 관리에 이르기까지 모든 단계에서 흔들림 없이 지켜져야 할 최고의 가치이다.

어느 특정 단계에 진정성을 표현해야 하는 것이 아니다. 유스마케팅에 임하는 마음과 자세에 진정성이 담겨야만 한다. 그러므로 유스마케팅의 각 단계에서 기업이 전하고자 하는 메시지가 진정으로 그들 마음에 들어가기에 적합한 형태로 담겨 있다면 이것을 받아들이는 유스세대는 엄청난 감동을 받게 될 것이다. 우리는 유스마케팅을 할 때 진정성을 발휘함에 있어 아래와 같은 지침을 고수해야 한다.

- **진정성 발휘를 위한 7가지 지침**

① 유스마케팅을 하는 이유와 목적에 대해 진정성을 가져야 한다.

② 프로그램 콘셉트를 세우기 위해 사전 조사와 파악을 하는 과정에 진정성을 담아야 한다.

③ 어떤 프로그램을 만들지에 대한 진정한 고민을 해야 한다.

④ 그 프로그램을 어떤 콘텐츠로 채울지에 대한 진정성 있는 기획을 해야 한다.

⑤ 어떤 방식으로 프로그램을 운영하고 전개해나갈지에 대한 진정성 있는 접근을 해야 한다.

⑥ 유스세대에게 어떻게 알리고 참여시킬지에 대한 진정성 있는 방안을 수립해야 한다.

⑦ 그들과 한 번 맺어진 관계를 어떻게 하면 지속적으로 유지시켜 나갈지에 대한 진정성 있는 사후 관리 시스템을 구축해야 한다.

▲▲▲

책임 의식에 대한 진지함을 유지하라

진정성이 상업적 의도를 기준으로 삼은 유스마케팅의 원칙이었다면 책임 의식은 이와는 약간 다르다. 책임 의식은 '도덕적 의미'를 포함하는 유스마케팅의 덕목이다. 그러므로 도덕적 의미를 포함하느냐 여부가 그 기준이 된다. 유스세대는 막 땅을 뚫고 나온 새싹이며 아직 피지 않은 꽃봉오리 같은 존재이다. 그런 그들에게 비즈니스 목적을 뒤에 감추고 접근하는 것은 영혼 없는 관계를 맺는 것과 마찬가지다. 그들 미래에 실질적인 도움을 주는 역할을 함에 있어 긍정적 영향을 도덕적으로 발휘하고자 하는 신중한 태도와 자세가 바로 책임 의식이다.

유스마케팅 프로그램 하나가 그들의 인생에 큰 영향을 미칠 수 있다. 희망적인 미래를 열어가는 데 결정적인 도움을 줄 가능성도 크다. 그러나 자칫 잘못하면 그들이 미래에 대해 절망하고 허망하게 꿈을 접는 안타까운 일을 불러올 수도 있다. 단순히 프로그램을 열심히 만들었고 반응도 좋으니 우리가 할 일은 다했다는 안일한 생각으

328

로 유스마케팅에 접근하면 안 된다. 미래 꿈나무인 내 자녀가 참여하는 프로그램이라는 마음으로 그들의 미래에 도움이 되도록 세심한 애정을 쏟아야 한다.

현대자동차 유스마케팅 팀원들은 밤잠을 아껴가며 열성적으로 프로그램에 참여하는 유스세대의 열정을 접하면서 오히려 그들로부터 감동을 받아 더욱 분발해야겠다는 의지를 다졌다고 한다. 또한 자신이 맡고 있는 일이 그들의 미래에 영향을 미친다고 생각하니 프로그램을 만들고 진행하는 모든 과정에서 더욱 세심하게 마음을 쓰게 되었다고 한다. 이런 태도와 자세가 책임 의식을 동반한 유스마케팅이다.

유스세대의 열정은 기성세대의 생각을 훨씬 뛰어넘는다. 그들이 유스마케팅 프로그램을 찾아내고 참여하는 데 왜 시간과 노력을 투자하는지 생각해보자. 그 기회를 통해 미래에 자신의 인생을 바치게 될 운명적인 직업을 찾고 싶은 간절한 마음이 있기 때문이다. 그 열정과 참여에 부끄럽지 않게 보답하는 유스마케팅이 되어야 한다. 담당자와 관계자 모두 높은 책임 의식과 성실한 업무 태도로 무장하는 것이 절대적으로 필요하다. 책임 의식을 갖게 되면 하나의 프로그램을 끝낸 후 안도의 한숨을 쉬며 긴장의 끈을 놓기보다는 더 분주해진다. 우리 프로그램이 그들에게 어떤 의미를 주었는지, 제대로 체험할 수 있었는지, 그들 미래를 위해 실질적인 도움이 되었는지를 철저히 파악하고 더 발전된 프로그램을 만드는 양분으로 삼게 된다.

책임 의식은 유스마케팅의 알파며 오메가다. 책임 의식으로 시작해서 책임 의식으로 마무리해야 한다. 유스마케팅을 전개함에 있어 참여하는 그들의 미래에 대한 책임 의식을 가졌을 때에 진정성 또한 자연스럽게 묻어 나오게 될 것이다.

▲▲▲

무조건 재미있어야 하되 반드시 교육적 가치를 지녀야 한다

유스마케팅 프로그램과 콘텐츠의 제1 요건은 '재미'이다. 유스마케팅은 무조건 재미있어야 한다. 아무리 유익한 내용이라도 일방적인 전달 방식의 콘텐츠는 유스세대에게 바로 외면당하고 만다. 재미와는 상관없이 무언가를 배우기만 하는 것이라면 학교 수업과 다를 바 없다. 어느 한 가지 덜 중요한 것이 없으나 이 점은 유스마케팅 프로그램이 경쟁력을 갖추기 위해 반드시 염두에 두어야 한다.

유스마케팅은 단순히 '배우는' 프로그램이 아니라 '즐기러 갔다가 배우게 되는' 프로그램을 제공해야 한다. 프로그램에 재미있는 요소를 갖추는 것은 콘텐츠의 구성과 전개에서 빼놓을 수 없는 원칙이며 기술이다.

그렇지만 재미에 함몰되면 곤란하다. 재미 그 자체가 목적이 되어서도 안 된다. 재미는 유익한 콘텐츠를 담는 그릇의 역할을 해야 한다. 유스마케팅은 교육적 가치를 추구하고 그것을 목적으로 삼아야 한다. 교육적 요소를 빠트리고 재미만 추구한 프로그램은 단발성 이벤트로 그치게 된다. '교육' 콘셉트는 유스마케팅의 기본 주제이며 핵심 요소라 할 수 있다.

유스마케팅이 교육적 가치를 제공해야 한다는 점은 아무리 강조해도 지나치지 않다. 그렇다면 왜 그토록 교육적 가치가 중요할까? 유스마케팅의 특성에서 그 해답을 찾을 수 있다. 유스마케팅은 현재를 위한 마케팅이 아니라 미래를 위한 마케팅이다. 유스세대의 성장 과정과 함께하는 장기적 투자와 노력이 들어가야 하며 지속적으로 진행해야 효과를 낼 수 있다. 그런데 성장기에 있는 유스세대에게 가장 필요한 것은 두말할 나위도 없이 교육이다. 유스마케팅 프로그램이 미래 목표를 향한 가치를 지니려면 유스세대가 자기 미래를 그려보는 계기를 제공할 수 있어야 한다. 그리고 그런 프로그램일 때에야 그들의 성장을 곁에서 지원하는 부모의 마음도 사로잡을 수 있다.

부모가 자녀를 양육하는 마음으로 아직 가능성에 머물러 있는 유스세대의 잠재력을 일깨우고 꿈을 심어주는 것이야말로 유스마케팅의 본질이라 할 수 있다. 이것이 바로 유스마케팅 프로그램이 반드시 교육적 가치를 지녀야 하는 이유다. 뒤에서 유스마케팅이 교육적 가치를 창출하는 방법에 대해서는 좀 더 자세히 다룰 것이다. 지금 그 핵심만 이야기하자면 교육적 콘셉트를 유스마케팅 프로그램의 중심에 놓는 것을 원칙으로 가져가야 한다. 예를 들어 유스마케팅이라는 건물을 짓는다고 하면 교육적 콘셉트는 그 들보와 기둥의 역할을 맡게 된다.

유스마케팅을 위한 캠페인, 이벤트, 프로그램은 모두 교육적 콘셉트를 담고 있어야 한다. 어떤 방식으로든 그들에게 교육적인 도움을 제공해야 한다는 뜻이다. 그렇지 못하면 유스마케팅 자체가 무의미해진다. 교육적 가치가 높은 유스마케팅은 그들 부모의 고개를 끄덕이게 만들 것이며 그들의 마음속에 우리 기업의 이미지를 인상적으로 심어주는 데 큰 역할을 하게 될 것이다.

교육과 재미라는 두 요소가 동시에 잘 구현된 프로그램을 만드는 일은 결코 쉽지 않다. 그러나 둘 중 어느 하나라도 놓치면 실패한 유스마케팅이 되기 십상이다. 우리 회사가 만든 유스마케팅 프로그램이 교육과 재미를 갖춘 제대로 된 프로그램인지 검증해보고 싶은가? '즐기면서 배우는'이라는 짧은 수식어를 붙일 수 있는 프로그램인지만 확인해보자. 그러면 명백하게 그 해답을 얻을 수 있을 것이다.

유스세대가 지금까지는 미처 알아내지 못한 자신의 잠재력을 발견할 수 있게끔 도와주고 창의적이고 도전적인 글로벌 인재로 자라날 수 있도록 정성을 쏟는 일은 미래 사회를 준비하는 우리 어른들의 책임이자 기업들의 소명임을 명심하자.

세대별로 접근하고 집중할 타깃을 정하라

'유스세대'라는 하나의 이름을 쓴다고 해서 그들이 모두 같은 성향을 가진 것은 아니다. 유스세대 안에서도 연령별로 큰 차이가 난다. 따라서 유스마케팅을 할 때는 세대별로 나누어 접근하는 것이 효과적이다. 우리는 2부에서 현대자동차와 대한항공이 유스세대 전 연령대를 포괄하는 세대별 마케팅을 펼치고 있는 것을 보았다. 그런데 처음부터 유스세대 전 연령층을 대상으로 유스마케팅을 전개하기 힘든 경우도 많다. 그럴 때에는 회사의 상황과 특성을 고려하거나 주 고객층을 분석한 후에 특정 세대를 타깃으로 삼아 집중하는 것이 바람직하다.

홈플러스가 바로 이런 전략을 쓰고 있다. 가족 중심의 쇼핑이 이루어지는 대형 마트라는 특성에 따라 주 고객의 자녀인 유아·초등학생, 즉 '어린이'를 대상으로 하는 유스마케팅을 진행하고 있다. 어떤 세대를 대상으로 삼을지를 결정하면 자연스럽게 그들에게 어떻게 우리 기업의 브랜드를 심어주고 소통할지에 대해 보다 구체적인 목표와 방안을 세울 수 있다.

유스마케팅을 처음 시작할 때부터 모든 유스세대 연령층을 대상으로 세대별로 세분화된 마케팅을 진행하기는 어렵다. 따라서 이 시기에는 집중할 세대를 명확하게 규정하는 편이 더 효율적이다. 마케팅 효과가 비교적 빠르게 나타나는 쪽을 원한다면 피드백이 가장 빠르면서도 가까운 시일 내에 직접적인 소비자가 될 대학생 연령층을 타깃으로 삼는 방안을 검토해보는 것이 좋다. 대학생들은 시기적 특성상 취업에 높은 관심을 보인다. 따라서 취업과 관련된 직업 체험 등 가까운 미래의 비전을 보여주는 알찬 프로그램을 만들어 참여시킨다면 상대적으로 적은 예산으로도 큰 효과를 누릴 수 있다. 하지만 이런 프로그램은 한 번에 많은 인원을 참가시켜 대규모로 진행할 수 없다는 단점이 있다. 이런 점들을 사전에 고려하여 시작하되 한 번 시작한 프로그램은 지속적으로 운영해야 효과가 일어난다는 점을 잊어서는 안 된다.

어린 자녀를 둔 신세대 부모가 주 고객층인 기업이라면 유아와 초등학생을 위한 교육적 콘텐츠와 프로그램을 기획하면 높은 효과를 거둘 수 있을 것이다. 하지만 이 경우에는 비교적 많은 예산과 장기적인 준비가 필요하다. 타깃 연령대가 어릴수록 프로그램이 더 섬세하고 다양해야 하기 때문이다. 특히 캐릭터와 스토리 등 이들 세대에게 시각적 매력과 흥미, 친근함을 불러일으키는 콘텐츠가 필요하다. 그리고 이를 위해서는 개발 비용과 제작 기간에 많은 투자를 해야 한다.

원대한 목표를 갖고 유스마케팅을 진행해야 하지만 처음부터 모든 것을 이루려 해서는 안 된다. 예산도 마찬가지다. 처음에는 작은 예산을 책정해서 효율적으로 집행하는 것이 바람직하다. 작은 프로그램에서 기대 이상의 성과를 낸다면 다음 단계에서는 자연스럽게 예산을 더 크게 확장시킬 수 있다. 그러므로 처음부터 어려운 길을 택해 무리하지 않는 게 좋다.

중장기 플랜 속에서 세부적인 단기 플랜을 세우고 실현 가능한 것부터 차근차근 시도하다 보면 계획하는 목표에 어렵지 않게 다다를 수 있다. 여기서 절대적으로 중요한 지침은 타깃 세대에 대한 집중력을 잃지 않아야 한다는 것이다. 현재 상황에서 실현 가능한 것부터 전개해나가되 반드시 목표하는 세대를 향해 집중해야 한다. 그리고 그 목표에 도달한 결과에 따라 다른 세대나 유스세대 전체를 타깃으로 삼을 수 있도록 단계별 확장을 이루어내면 좋다.

▲▲▲

직접 만나 소수의 그들을 친구로 만들어라

유스세대를 가장 잘 이해하는 사람은 다름 아닌 유스세대 자신들이다. 그들은 자신의 관심과 취향, 생활 방식을 속속들이 알고 있다. 바로 자신의 세계이기 때문이다. 성공적인 유스마케팅을 진행하기 위해서는 유스세대에 대한 폭넓은 이해를 바탕으로 그들과 직접 만나 정보를 공유하고 아이디어를 함께 고민하는 과정이 필요하다. 프로그램을 기획하는 단계부터 유스세대를 직접 참여시켜 그들과 교감할 수 있는 프로그램을 개발해야 한다는 뜻이다. 유스세대를 기획에 직접 참여시킴으로써 그들의 니즈를 정확하게 파악한 후 프로그램을 만든다면 실행 단계에서 예상하지 못했던 변수로 인한 실책 가능성을 크게 줄일 수 있다.

유스세대에 대한 이해 없이 기업의 독단적인 판단으로만 추진한다면 애써 만든 프로그램이 그들의 외면을 받는 일이 생길 수 있다. 그러나 유스세대가 기획에 동참한 프로그램에서는 그런 안타까운 일은 절대 발생하지 않는다.

그들을 위한 프로그램이니 그들의 뜻을 담아주자. 어렵게 접근할 필요가 전혀 없다. 직원의 자녀나 가족 구성원 중에서 기획에 참여할 인원을 선발하는 등 쉬운 방법으로 시작하면 된다. 그들이 한두 사람의 친구만 데려와도 충분하다. 그들이 참여하면 스스로 다른 친구들의 동참을 이끌어낼 것이며 그들의 예리한 눈은 담당자도 미처 눈치채지 못한 새로운 사실을 짚어낼 것이다.

그들의 참여는 기획 단계에만 그쳐서는 안 된다. 프로그램을 진행할 때도 그들에게 역할을 부여하는 방식이 효과적이다. 어른들이 일방적으로 주도하는 형식이 아니라 그들 스스로가 이끌어갈 수 있을 때 프로그램 참여도와 열기가 뜨거워진다. 적극적 역할 없이 그냥 앉아 있기만 하는 프로그램으로는 그들의 흥미와 열정을 이끌어낼 수 없다. 수줍은 듯 보이는 그들이 사실은 매우 적극적이며 또한 주도적이라는 점을 명심하자.

프로그램을 마친 후에도 그들의 의견을 경청하는 일을 잊어서는 안 된다. 자체 평가단을 구성해서 담당자와 참여자가 서로 의견을 나누고 잘된 점과 부족한 점을 돌이켜본 후 분석해둔다면 그다음 프로그램은 자연스럽게 질적으로 발전된 모습을 갖추게 될 것이다. 프로그램을 마친 후 그들의 의견을 수렴하지 않는 것은 애써 맺은 소중한 관계와 소통의 통로를 스스로 끊어버리는 어리석은 태도이다.

또한 그들과 대화를 나누다 보면 남학생과 여학생의 구성비를 조화시키는 것이 얼마나 중요한지에 대해서도 알게 된다. 이것을 대수롭지 않게 여겼다가는 예상치 못한 일을 겪게 될 수도 있다. 프로그램 참가자를 넘치게 모았어도 참여 학생의 성비가 한쪽으로 치우치게 되면 프로그램 참여도가 점점 낮아지면서 전체적으로 분위기가 가라앉는 등 당황스러운 상황이 발생하기도 한다. 유스세대는 이성에 대한 관심을 꽃피우는 시기를 지나고 있다는 점을 기억하고 이를 프로그램 활성화를 위한 중요한 포인트로 삼아야 한다.

현대자동차 유스마케팅팀은 대학생 마케팅 캠프를 열면서 남학생을 많이 모집하지 못해 여학생 위주로 프로그램을 진행한 적이 있었는데 미묘하게 분위기가 가라앉았다. 이후 그 이유를 분석해보니 여학생에 치우친 인원 구성이 원인이었다는 것을 알게 되었다. 이 일을 거울삼아 이후부터는 남학생과 여학생의 구성비를 꼭 점검하게 되었다는 일화가 있다.

요즘 중·고등학교에 다니는 여학생들에게 여학교와 남녀공학 중 어느 쪽을 더 선호하는지 질문해보면 대부분이 남녀공학이라고 대답한다. 남학생들이 거칠고 짓궂어 성가신 면이 있긴 하지만 남학생이 없는 학창 시절은 무미건조하기 때문이다.

직장에서도 남녀 직원이 함께 조화를 이루며 조직 생활을 해야 하기에 신입사원을 선발할 때 남녀공학 출신을 선호하는 기업들이 많다. 이렇듯 남녀 학생이 함께 어울리는 즐거움과 긴장감이 빠진 프로그램은 그들에게 매력적이지 않다는 점을 기억하자. 그들과 직접 만나 프로그램 아이디어를 짜는 과정을 거친다면 이런 생생한 이야기를 쉽게 전해 들을 수 있다.

그다음은 그들이 주도적으로 프로그램을 이끌어나갈 수 있도록 참여 열기를 북돋우는 단계로 나아간다. 프로그램이 끝나고 평가하는 과정은 물론 그들과 친구 관계를 맺으며 자발적인 참여로 그다음 행사를 이끌고가도록 유도하는 것도 유념해야 할 부분이다. 사후 관리에서도 그들의 솔직한 평가에 귀를 기울여야 한다. 친구 관계는 한 순간에 쉽게 맺어지지 않지만 한 번 맺어진 이후에는 공고해진다. 굳이 빈번한 만남을 갖지 않더라도 작은 관심을 표현하고 배려함으로써 친구 관계를 유지할 수 있다.

유스세대를 만나 그들의 이야기를 듣고 그들을 동참시키라는 조언은 결코 그들에게 끌려다니라는 의미가 아니다. 그들의 꿈과 열정에 직접 동참하라는 뜻이다. 전반적인 운영은 당연히 담당팀과 담당자가 체계적으로 주도해나가야 한다. 이렇듯 그들과 진정한 친구가 되려는 노력이야말로 성공적인 유스마케팅을 이끌어낼 수 있는 원동력이 될 것이다.

▲▲▲

텍스트는 NO! 동영상 & 이미지로 즐거운 소통을 하라

유스세대는 특히 '시각'이 발달했다. 인터넷과 스마트폰을 끼고 살다시피 하는 그들에게는 흥미로운 볼거리가 넘쳐난다. 이런 세상을 사는 그들은 동영상과 이미지에 익숙하며 새롭고 재미있는 뭔가를 발견하는 즉시 주위에 퍼트리는 것을 즐긴다. 반면에 텍스트는 지루하다고 느낀다. 목적이 있어 일부러 찾아봐야 하는 것이 아닌 이상 텍스트로 채워진 화면은 거들떠보지도 않는다. 따라서 그들과 즐겁게 소통하려면 프로그램을 소개하고 콘텐츠를 전달하는 방식에서 비주얼 경쟁력을 필수적으로 갖춰야 한다.

유스세대는 이미지 세대인 동시에 영상 세대이다. 그들은 긴 문장 대신 단 하나의 이모티콘으로 감정을 전달하는 것을 즐긴다. 장황한 설명은 그들에게는 참기 힘든 지루함이다. 그들의 시선을 붙잡고 그들의 입가에 미소를 떠오르게 하고 그들의 손가락을 움직이게 하기 위해서는 경쟁력 있는 동영상과 이미지를 갖추는 것이 반드시 필요하다.

그들에게 스마트폰은 절대적인 소통 도구이다. 이것으로 사람들과 관계를 맺고 유지한다. 그들은 손바닥만 한 화면에서 전 세계와 커뮤니케이션을 하며 스마트폰을 통해 브랜드를 접하고 그 브랜드와 관계를 맺는다. 손안의 스마트폰 속 세상에서 그들의 흥미를 끌고 설득력을 발휘하는 콘텐츠는 단연코 동영상과 이미지라는 것은 누구나 다 아는 사실이다. 매력적인 동영상과 이미지로 가득 찬 콘텐츠 세상에 익숙한 그들에게 텍스트로 이루어진 빽빽한 정보와 소개는 바로 외면당한다. 이것을 잘 알면서도 아직 과거 방식에서 헤매고 있다면 이제는 과감하게 변해야 한다. 유스마케팅을 위한 콘텐츠는 시각적으로 강력한 매력을 지녀야 한다는 원칙을 무시하고 그것을 그저 새로운 현상으로만 파악하고 내버려두는 것은 직무 유기다. 이미지와 디자인을 이용해 그들의 감성을 터치하고 마음을 움직일 수 있는 콘텐츠를 만드는 일은 이제 더 이상 선택 사항이 아닌 절대적이고 필수적인 사안인 것이다.

현재 40대 초·중반의 연령대만 하더라도 영상 세대라는 말을 들으며 성장했다. TV와 인터넷이 삶에 큰 영향을 미쳤다. 사실 영상이 쉽고 편리한 것은 나이를 따지지 않는다. 전 세대가 거부감 없이 영상을 받아들이기 때문이다. 하지만 기성세대와 유스세대 사이에는 분명한 차이가 있다. 기성세대는 중요한 의사소통을 할 때면 텍스트를 매개로 한다. 사고 구조가 텍스트를 기반으로 한 논리 시스템을 따르고 있기 때문에 이미지는 텍스트를 보충하는 요소 정도로 여긴다.

그러나 지금의 유스세대는 기성세대와 소통 방식이 다르다. 이미지와 동영상 그 자체로 소통이 이루어진다. 기성세대는 이런 현상을 이해하기 힘들 수도 있다. 하지만 새로운 세대가 만들어낸 보편적 현실을 인정하고 받아들여야 한다.

유스세대에게 우리 기업을 친근하게 알리고 그들과 소통하고 싶다면 설명하지 말고 보여줘라. 그들이 분신처럼 갖고 다니는 스마트폰의 스크린은 길고 긴 텍스트 문장이 머무르도록 허락하지 않는다. 작은 스마트폰 스크린에서 빼곡한 텍스트는 절대로 확산력을 갖지 못한다.

텍스트는 사람의 머리를 움직이지만 비주얼은 감성을 자극한다. 경쟁력 있는 유스마케팅 콘텐츠는 비주얼적 요소가 강력하다는 공통점을 갖고 있다. 텍스트는 가능한 한 줄이고 동영상과 이미지가 중심을 이루도록 콘텐츠를 만들어 감성적 소통을 이룰 수 있어야 한다.

한편 동영상과 이미지는 텍스트로 이루어진 스토리를 흥미진진하게 전달하는 역할을 한다. 유스세대와 커뮤니케이션할 때는 그들의 마음에 아름다운 추억이 될 수 있을 만큼 강렬한 물결을 일으킬 수 있는 스토리가 필요한데 이는 시선을 머물게 하는 참신한 이미지로 표현되었을 경우에 비로소 전달력을 가진다. 이렇듯 이미지가 매력적일 때 우리 브랜드가 그들에게 감성적으로 다가가 그들과 즐거운 소통이 가능해진다는 사실을 잊어서는 안 된다. 이번 기회에 알고 있는 것에만 그치지 말고 단 한 가지라도 실행에 옮기길 바란다.

▲▲▲

그들의 손안으로 들어가라

유스세대의 마음을 속속들이 읽어내고 싶지 않은가? 그들이 무엇을 원하는지, 우리 브랜드에 대해서 어떻게 생각하는지, 우리가 진행하는 유스마케팅을 어떻게 받아들이는지 궁금하지 않은가? 그렇다면 그들의 손안으로 들어가라. 그들이 늘 손에 쥐고 있는 스마트폰을 주목하라는 의미이다. 그들의 손안에 모든 답이 있기 때문이다.

아직 초기 단계인 국내 유스마케팅에서 가장 아쉬운 점을 들자면 스마트폰 안에서 효과적인 활동이 전개되지 못하고 있다는 사실이다. 이것은 하루빨리 보완해야 할 최우선 과제이다. 스마트폰은 이미 도구의 수준을 넘어섰다. 크기만 작을 뿐 컴퓨터에 뒤지지 않는다.

늘 휴대하는 데다 이동성이 강하다는 면에서는 오히려 컴퓨터를 능가한다. 그만큼 스마트폰은 우리 생활에 강력한 영향을 발휘하는 없어서는 안 될 존재가 되었다.

마케팅에서 스마트폰이 창조한 모바일 세계는 그 변화의 속도와 깊이를 가늠할 수 없을 정도로 큰 잠재력을 안고 있다. 그중에서도 콘텐츠의 능동적 소비와 즉각적인 확산이 이루어진다는 점은 특히 주목해야 할 부분이다.

단 하나의 유스마케팅 프로그램을 만들어 진행하더라도 반드시 스마트폰을 통해 그들과 소통하는 길을 터놓아야 한다. 소셜 채널 등을 매개로 그들과 진정한 소통의 장을 이루지 못한다면 편견에 사로잡혀 단편적인 사고를 하게 될 가능성이 크다.

누구나 한 번쯤은 TV를 통해 감동적인 기업 이미지 광고를 보고 가슴 뭉클했던 경험이 있을 것이다. 상품을 홍보하지 않고 탁월한 연출 감각을 발휘해 생생한 스토리를 아름다운 영상에 담은 광고는 보는 이의 감성에 잔잔한 물결을 일으킨다. 그런데 이런 훌륭한 TV 광고에도 분명한 한계가 있었다. TV라는 매체의 성격이 일방적이기 때문에 시청하는 그 순간에만 감동을 일으킬 뿐 광범위하게 확산되어 또 다른 감동으로 이어지는 생명력을 갖지는 못했다. 그래서 이내 사람들의 뇌리에서 사라져버리곤 했다.

그러나 모바일에는 이런 한계가 없다. 이용자의 능동적 검색을 거처 발견된 콘텐츠는 일방적으로 보게 된 콘텐츠와는 성격이 다르다. 능동적인 의사소통 과정의 결과물이기 때문이다. 그래서 자신이 검색한 콘텐츠에 감동을 받으면 이것을 적극 퍼트려 확산시킨다. 마케팅에서 이런 콘텐츠를 잘 만드는 것에 집중한다면 수억 원이 드는 광고보다도 훨씬 큰 효과를 불러올 수 있다. 유스마케팅은 스마트폰의 이런 위력에 주목해야 한다. 오프라인 콘텐츠를 만드는 차원에만 머물지 말고 강력한 확산력을 가진 모바일 콘텐츠를 개발하는 데 지혜와 역량을 모아야 한다.

유스마케팅이 그들의 손안에 들어가야 하는 또 다른 이유는 소통의 힘 때문이다. 유스세대와 친구가 되는 데 스마트폰만큼 효과적인 통로는 없다. 친구는 쉽게 만들어지지 않는다. 그래서 꾸준한 만남과 소통을 이어가야 하는데 프로그램 참여자 한 사람 한 사람을 일일이 만나는 것은 불가능하다. 하지만 스마트폰은 이 한계를 극복하도록 도와준다. 스마트폰을 유스세대와의 진정한 소통을 이룰 채널로 삼고 그들의 생각과 느낌을 늘 모니터링함으로써 그들에 대한 감을 늘 유지한다면 유스마케팅을 한 단계 더 도약시킬 수 있다.

언제부터인가 "문자 해"라는 말 대신 "카톡 해"라는 말이 더 많이 쓰이게 되었다. 이는 소셜 채널과 늘 함께하는 그들이 만들어낸 새로운 트렌드이다. 그들 손안으로 들어가지 못한다면 유스마케팅은 기업의 미래를 지키는 사명을 감당할 수 없게 된다. 단지 유스마케팅 영역뿐만 아니라 모든 기업 활동이 이 부분을 최우선적으로 챙겨야 한다. 그러지 못하면 가까운 미래에 큰 위기를 만나게 될 것이다. 그들의 스마트폰을 놓치는 것은 그들과 가장 가까워지는 지름길을 포기하는 일이며 미래 가치를 스스로 고스란히 날려버리는 어리석은 행동임을 명심해야 한다.

그러므로 스마트폰을 유스마케팅의 중심에 놓아야 한다. 이를 통해 그들의 생각과 의견을 묻고 그들의 반응을 감지해야 한다. 또한 그들에게 참여할 역할을 주어야 한다. 그들이 기꺼이 역할을 해냈다면 고마움을 표현하고 각자 브랜드 경험의 좋고 나쁨, 바라는 점, 기대하는 바에 대해 솔직하게 대화해야 한다. 어린 시절의 브랜드 체험은 오래도록 가슴에 남는다. 지금 당장은 나에게 필요하지 않거나 사고 싶은 생각이 없는 상품에 대해서도 의견을 남긴다는 것 자체가 의미 있는 브랜드 체험이 될 수 있다. 마음에 그런 추억이 생긴다면 그 브랜드와 이미 친구 관계를 맺은 것이다.

개인의 다양한 의견을 자유롭게 표현하며 그것을 공유하고 전파하는 것을 즐기는 그들, 적극적인 참여를 통해 열정을 발휘하며 휴먼 네트워크를 구축해가는 그들과 친구가 되자. 그들이 손안에서 우리 회사와 브랜드를 만나고 소통할 수 있게 하자. 그러면 그들이 스스로 미래 고객이 되어 우리 앞에 찾아올 것이다.

▲▲▲

사후 관리에 진심을 다하라

대학생 수연이는 전화를 한 통 받았다. "프로그램에서 입상하지 못해 속상했지요?" 정감이 넘치는 목소리가 들려왔다. 낯선 번호로 걸려온 전화라 이상한 생각이 들긴 했지만 이내 마음이 풀렸다. 다이어트는 잘 하고 있는지, 계획한 공부는 잘 되고 있는지 등을 묻는 따뜻한 음성의 주인공은 지난 여름 수연이가 참여했던 H사의 유스마케팅 프로그램 담당자였다. 그는 수연이의 소소한 일까지 일일이 기억해가며 알뜰살뜰한 관심을 보였다. 그리고 내년 프로그램에 대한 정보를 자세히 알려주면서 팀 프로젝트가 있어서 친구와 함께 오면 더 재미있고 유익한 시간이 될 거라는 힌트도 주었다. 통화를 끝낸 수연이 입가에는 미소가 사라지지 않았다. 이미 수연이 마음속에서는 이런 회사가 만드는 제품이라면 뭐든 믿고 살 수 있겠다는 강한 신뢰마저 생겼다.

가상의 인물을 등장시킨 이야기지만 성공하는 유스마케팅 현장에서 흔히 볼 수 있는 장면이다. 이 이야기는 사후 관리가 얼마나 중요한지를 잘 보여준다. 앞서 유스마케팅에서 가장 중요한 것은 진정성이라고 말했다. 그런데 이런 진정성은 진심은 담은 사후 관리를 통해 완성된다. 진심을 담은 사후 관리가 뒤따르지 않는다면 그전에 일어

났던 소통의 가치가 희석되고 만다.

사후 관리가 없는 유스마케팅은 제대로 마무리되지 않은 미완성 상태에 머문다. 그래서 근본적 성과를 바라보기 어렵다. 사후 관리를 통해 기대하지 않았던 감동을 선사하자. 프로그램에 참여한 학생들을 대상으로 우리 기업의 유스마케팅 관련 소식과 공지 사항을 주기적으로 전해주는 것은 기본이다. 블로그나 카페, SNS 등 가동할 수 있는 다양한 소셜 커뮤니케이션 채널을 통해 프로그램에 참여한 학생들과 친구 관계를 지속하라. 매번 새로운 참가자들을 모집하는 데 드는 노력과 비용을 훨씬 절감시킬 수 있을 것이다. 그들은 좋은 정보를 절대 혼자 간직하지 않는다. 공유와 참여의 장만 활성화되어 있다면 그들이 알아서 퍼트리고 확산해줄 것이다.

사후 관리를 체계적으로 하려면 그들이 스스로 소식을 찾아보고 자주 놀러 오게 해야 한다. 일대일 관리를 할 수 있다면 더할 나위 없이 좋겠지만 프로그램 참가자 수가 많을 때에는 한 사람 한 사람을 성의 있게 보살피는 데 한계가 있다. 이런 점을 보완하기 위해 블로그나 소셜 채널 등을 효과적으로 활용해야 한다. 소통 공간을 이용해 프로그램에 참여한 이들과 친구 관계를 맺고 그들이 자발적으로 참여하여 그다음 단계로 이끌어갈 수 있도록 '공유'와 '참여'의 장을 펼쳐야 한다. 계속 새로운 프로그램을 만드는 데 힘을 소진하기보다는 사후 관리를 통해 단 하나의 프로그램이라도 제대로 마무리하는 편이 훨씬 효과적이다. 그들과는 관계를 맺는 것보다 지속하는 게 더 중요하다. 바로 이 점이 유스마케팅과 일반 마케팅을 가르는 중요한 차이이다.

유스마케팅의 목적은 프로그램에서 돋보였던 이를 칭찬하고 상을 주는 데 있지 않다. 프로그램에 참여한 모두의 마음속에 기업 브랜드를 친근하게 심어주는 게 진정한 목표다. 따라서 참여 신청을 했거나 참여한 모든 사람이 그 목적을 이루는 대상이 되어야 한다.

단 하나의 프로그램도 제대로 관리하지 못하면서 새로운 행사나 프로그램을 더 기획하여 진행하는 것은 아무런 의미가 없다. 그들과 한번 맺게 된 관계를 사후 관리를 통해 지속시키지 못한다면 유스마케팅 활동은 단발성 이벤트로 그치고 만다. 유스마케팅을 평가할 때에도 사후 관리와 관련된 부분을 세밀하게 점검하는 것을 잊어서는 안 된다.

▲ ▲ ▲

지속성을 지키지 못할 거라면 시작하지도 마라

앞에서 유스마케팅에는 긴 시간에 걸친 노력과 인내가 필요하다고 여러 차례 강조했다. 하루아침에 결과를 낳는 활동이 아니기 때문이다. 지속성은 유스마케팅의 생명이다. 일회성의 이벤트와 행사, 프로그램을 앞세워 유스마케팅에 접근하려는 것은 위험한 시도이다. 장기적으로 꾸준히 진행되는 유스마케팅만이 그 진가를 발휘할 수 있다. 작년에 진행되었던 프로그램이 올해는 열리지 않는다면 참가하기를 기다리고 있던 유스세대들이 이를 어떻게 받아들일지 생각해보자. 과연 그 기업의 진정성을 신뢰할 수 있을까?

홈플러스의 e파란 어린이 환경그림 공모전이나 대한항공의 내가 그린 예쁜 비행기 등과 같은 프로그램은 부모들 사이에서 인지도와 공신력이 높다. 부모들은 그 기업을 우호적으로 생각하고 자신의 자녀에게 도움을 주는 활동에 신뢰를 보낸다. 이것은 유스마케팅을 진행하는 데 있어 지속성을 지켰기 때문에 이룰 수 있는 성과이다.

지속성이 중요한 또 다른 이유는 그것이 유스세대에 대해 우리 기업이 품은 애정을 표현하는 방식이라는 점에 있다. 이는 인간관계로 비유해서 생각하면 이해하기 쉽다. 한 번 만남을 가진 후에 아무런 연락도 없는 사람과 꾸준히 연락하며 자주 만나는 사람 중 누가 더 친구 같은 느낌이 들까? 굳이 대답할 필요도 없다. 남녀 관계에서도 마찬가지다. 내가 평소에 관심의 눈길을 주지 않았던 사람이라도 그가 꾸준하게 진심 어린 구애를 해온다면 마음이 흔들린다. 결국은 마음의 문을 열고 그의 사랑을 받아들이게 될 가능성도 크다.

이처럼 지속성에는 진심이 담겨 있다. 그래서 지속성과 진정성은 떼려야 뗄 수 없는 관계이다. 이 둘은 항상 함께할 때 더 큰 가치를 발휘한다. 누군가의 관심을 얻기 위해서는 지속적인 관심을 보여야 한다. 한 번의 시도로 진정성을 전달하지 못했다면 두 번, 세 번 시도해야 한다. 이때는 상대방이 부담스럽게 느끼지 않을 정도의 범위 내에서 지속성을 보이는 것이 효과적이다. 너무 자주 쉽게 전달하는 방식의 지속성은 자칫하면 진정성을 해칠 수도 있기 때문이다.

기업이 유스마케팅을 할 때에는 우리 회사가 당신과 함께 성장하길 원한다는 메시지를 꾸준히 보내어 마음으로 느끼게 해주어야 한다. 그래야 유스세대 역시 우리 회사에 지속적인 관심을 보이게 될 것이다. 한 번 실행한 결과를 가지고 이후의 진행 여부를 결정하겠다는 마음가짐이라면 그런 유스마케팅 프로그램은 아예 시작하지 않는 게 더 낫다.

물론 지속성 하나만으로 유스세대가 우리 기업에 대한 애정을 갖게 만들 수는 없다. 관심을 애정으로 발전시키기 위해서는 또 하나의 조건이 더 필요한데 그것이 앞서 언급한 진정성이다. 만약 누군가가 나에게 지속적인 관심을 보이는데 대가를 바라는 마음이 엿보인다면 그에게 애정을 줄 마음은 결코 생기지 않을 것이다. 이처럼 진정성이 함께하는 지속성만이 결국 마음을 움직여 애정을 이끌어낼 수 있다.

유스마케팅도 마찬가지다. 지속성에 진정성을 더하고, 진정성에 지속성을 더할 때 유스세대의 관심과 애정을 얻을 수 있다. 이 애정이야말로 유스마케팅을 통해 우리가 얻고자 하는 궁극적 가치이다.

앞에서 유스마케팅에서는 비록 소수일지라도 그들을 우리 브랜드의 친구로 만들려는 접근이 필요하다고 말한 바 있다. 현대자동차 마케팅 캠프에 참여한 대학생들, 모형자동차 챔피언십에서 땀 흘렸던 고등학생들, 잡월드 직업 체험관에서 생생한 실습 경험을 해본 중학생들, 블루월 캐릭터가 나오는 애니메이션을 즐겁게 보며 자란 어린이들에게 현대자동차 로고는 단순한 상표일 수 없다. 수많은 자동차 브랜드 중 하나가 아니라 이미 특별한 의미를 지닌 존재가 된다. 숫자로는 매길 수 없는 그 이상의 가치를 갖게 되는 것이다. 이렇듯 성장하면서 현대자동차 브랜드를 체험한 유스세대들의 마음속 깊은 곳에서는 현대자동차가 다정한 친구이며 나에게 꿈을 심어준 멘토로 자리 잡고 있다. 여기에서 그치지 않는다. 그들 마음속에 자라난 현대자동차 브랜드에 대한 사랑은 그들의 가족과 친구와 지인들에게 그리고 멀리 떨어져 사는 휴먼 네트워크 구성원들에게까지 번져나간다. 그들이 스스로 현대자동차의 마케터 역할을 해내는 것이다. 기업이 바라 마지않는 이런 행복한 상황은 지속성이라는 원칙이 지켜졌을 때에만 가능하다.

그들이 만들어낸 콘텐츠에 가치를 불어넣어라

유스마케팅 프로그램이나 캠페인을 진행할 때에는 콘텐츠가 만들어지기 마련이다. 그런데 이 콘텐츠를 한 프로그램에만 제한해서 사용한다면 그 진가를 발휘하지도 못한 채 빛을 잃게 된다. 이런 콘텐츠는 이후에도 다양한 범위에서 영향력을 발휘할 수 있도록 효과적으로 활용해야 한다. 그런 점에서 프로그램 진행 이후의 콘텐츠 관리와 운영은 중요한 의미를 지닌다. 특별히 그들이 참여하여 만들어낸 콘텐츠가 생명력을 가질 수 있도록 세세한 관심을 가져야 한다. 참여한 유스세대가 체험을 통해 터득한 내용이 다른 이들에게 영감을 불어넣고 동기부여를 해준다면 그 프로그램은 앞으로도 거대한 영향력을 발휘하며 성장할 가능성이 높다.

프로그램 참여 인원이 제한되어 있을수록 콘텐츠 관리 운영이 매우 중요하다. 유스마케팅 프로그램의 콘텐츠는 제공되는 단계에서 완성되지 않는다. 사후 피드백과 소통 과정을 거쳐야 비로소 완성된 모습을 갖춘다. 그러므로 기업이 제공하는 콘텐츠를 기반으로 그들이 생성해낸 콘텐츠는 오리지널 콘텐츠를 더욱 풍성하게 만드는 속성이 있음을 간과하지 말아야 한다.

현대자동차의 브릴리언트 필름 페스티벌에 나온 영화 작품, 대한항공의 내가 그린 예쁜 비행기의 그림, 홈플러스의 e파란 어린이 환경 그림 공모전의 출품작 등 다양한 프로그램에서 산출된 결과물을 떠올려보자. 그들의 콘텐츠는 수상 여부와 관계없이 그 자체로 힘을 가지고 있다. 다른 친구들의 참여를 이끌 수 있으며 또 다른 친구들에게 동기부여를 하고 이를 확산시킬 수 있기 때문이다.

그들이 만들어낸 콘텐츠에 생명력을 불어넣으며 잘 관리한다면 유스마케팅을 전개해나가는 데 큰 탄력을 받을 수 있을 것이다. 그들이 만들어낸 콘텐츠는 또 다른 친구들의 열정을 불러일으키는 매개체다. 열정은 강한 전염력을 갖고 있어서 주위를 빠른 속도로 물들인다.

유스마케팅 프로그램을 기획하여 그들을 참여시키고 열정을 불어넣기까지 상당한 노력과 투자가 필요하다. 이때 프로그램을 만들고 운영하는 데에만 열정을 쏟아서는 안 된다. 우리 기업이 제공한 콘텐츠를 바탕으로 그들이 만들어낸 콘텐츠에 가치를 불어넣는 일에도 전력을 다해야 한다. 이런 노력이야말로 유스마케팅의 지속성을 잃지 않게 해주는 원동력으로 작용할 것이다.

03

콘텐츠의 경쟁력을 갖추어라
콘텐츠 경쟁력을 갖추는 데 필요한 7가지 노하우

소통과 확산력을 지닌 멀티 유즈 콘텐츠를 만들어라

기업은 매일 수많은 활동을 하며 방대한 콘텐츠를 만들고 다룬다. 그런데 이 모든 활동과 콘텐츠를 관통하는 하나의 규칙이 있다. 고객과 소통할 수 있어야 한다는 대원칙이다. 그것도 단순한 의사 전달 수준을 넘어서서 감성적 교감을 이루어내는 친근한 소통이라야 의미가 있다. 현대 사회에서 상품의 가치는 기능적 욕구만을 충족시키는 데 머물지 않는다. 고객의 개성과 취향을 표현하는 감성적 차원의 의미를 담고 있어야 비로소 훌륭한 상품이다. 마케팅에서 고객과의 감성적 소통이 중요하게 다루어지는 이유를 여기에서 찾을 수 있다.

유스마케팅 역시 마찬가지다. 기업이 내놓은 모든 상품과 브랜드의 이미지가 모여 하나의 기업 이미지를 형성하듯 유스마케팅의 모든 프로그램이 함께 모여 지속적으로 감성적 소통을 이루어나가야 한다. 그래야만 유스세대의 마음속에 우리 기업에 대한 친근한 이미지가 새겨져 그들이 미래의 충성 고객으로 성장하게 된다. 따라서 유스마케팅을 구성하는 모든 콘텐츠에는 기업의 주력 상품이 지닌 브랜드 콘셉트나 그것을 통해 기대하는 미래 기업 이미지가 녹아 있어야 한다. 그리고 시각적으로 강력한 경쟁력을 지닌 결과물로 나타나야 된다. 이것이 유스마케팅을 전개할 때 콘텐츠 기획 단계에서 가장 먼저 살펴보아야 할 요소이다.

그렇다면 어떻게 해야 친근한 소통이 가능한 콘텐츠를 만들어낼 수 있을까? 먼저 유스세대의 소통 방식을 들여다보자. 그들의 소통 방식은 '확산'이라는 강력한 특징을 갖고 있다. 먼저 콘텐츠를 접한 이가 여기에 마음이 이끌리면 스스로 주변 친구에게 알리고 공유하는 형태로 소통이 이루어진다. 그래서 누군가와 공유하고 싶은 마음이 들지 않는 콘텐츠로는 그들과 친근한 소통을 이룰 수 없다. 바꿔 말하면 자발적 확산을 불러일으키지 못하는 콘텐츠를 가지고는 유스세대와 진정한 소통에 도달하지 못한다.

이때 콘텐츠의 시각적인 경쟁력이 중요한 요소가 된다. 유스세대의 눈길을 이끄는 콘텐츠만이 그들의 마음과 손가락을 움직일 수 있다. 시각적 경쟁력을 갖춘 콘텐츠여야만 그들이 스스로 정보를 퍼트리고 링크를 따라 움직이게끔 이끈다. 콘텐츠의 경쟁력을 높이는 중요한 요소 중 하나가 바로 캐릭터이다. 브랜드 아이덴티티가 잘 녹아 있는 캐릭터는 기업 이미지를 뚜렷하게 표현하고 마음속에 강렬하게 심어주는 힘을 가지고 있다. 그리고 홍보, 마케팅, CSR 등 연계된 부서 활동과도 시너지 효과를 낼 수 있으며 온라인과 모바일, 오프라인 등 다양한 분야에서 효과적으로 활용할 수 있다. 이렇듯 캐릭터는 유스마케팅 콘텐츠가 친근한 매력을 발휘할 수 있도록 도와준다.

거듭 강조하지만 아무리 좋은 기획이라 하더라도 시각적 요소가 약한 콘텐츠로는 유스세대의 시선을 사로잡기 어렵다. 물론 시각적인 것만이 전부는 아니다. 기업 이미지와 일치된 콘셉트, 유관 부서와 협업할 때 구심점 역할을 할 수 있는 통일된 느낌을 지녀야 한다. 그래야 일관성 있는 커뮤니케이션을 통해 유스마케팅의 목표에 다가설 수 있다.

이런 과정과 요소를 반영함으로써 비로소 고객과 친근한 감성적 소통을 이룰 수 있게 하는 멀티플랫폼 콘텐츠를 만들 수 있다. 유스마케팅 전략을 수립하고 실행할 때는 이런 콘텐츠의 결정적 역할에 대해 한시라도 눈을 떼서는 안 된다. 특히 기획 단계에서 콘텐츠의 시각적 경쟁력을 점검하고 캐릭터를 도입하는 방안에 대해서도 깊이 고려해보아야 한다.

가까운 예를 한 가지 들어보자. 카카오톡이나 라인을 사용하는 사람이라면 이모티콘 서비스에 대해 잘 알고 있을 것이다. 이런 이미지 서비스는 스티커, 스티콘, 사운드콘, 애니콘 등의 명칭으로 다양한 디지털 캐릭터 콘텐츠를 제공한다. 이 중에는 무료로 쓸 수 있는 것도 있고 비용을 내야 쓸 수 있는 것도 있다. 우리는 유료 이모티콘을 사는 고객 대부분이 유스세대라는 사실을 눈여겨보아야 한다. 그들은 왜 무료 이모티콘이 있는데도 기꺼이 돈을 낼까? 다양한 이모티콘을 통해 그때그때 자신의 마음을 감성적으로 섬세하고 재미있게 표현하는 것을 좋아하기 때문이다.

유스세대는 긴 텍스트 문장을 선호하지 않는다. 그 대신 가장 좋아하고 자신에게 어울릴만한 캐릭터 이미지에 마음을 담아 상대방과 대화한다. 그들은 자신이 전하고 싶은 말과 감정을 이미지를 통해 주고받는 데 매우 익숙하다. 이런 과정은 일상의 한 부분으로 자리 잡았다. 이렇듯 간결하고 귀엽고 재치 있는 감성이 살아 숨 쉬는 유스세대 소통의 중심에는 늘 캐릭터가 있다. 이미지로 소통하는 그들에게 텍스트 위주의 정보나 지루한 콘텐츠로 채워진 마케팅 프로그램은 다가서기 어렵다. 이런 일방적 소통이 외면당하는 것은 어쩌면 당연한 일일지도 모른다.

유스마케팅에서 캐릭터가 빛을 발하는 또 다른 이유는 여러 방면에서 효과적으로 이용할 수 있다는 데 있다. 소위 멀티 유즈 콘텐츠를 만드는 데 큰 도움이 된다는 뜻이다. 마케팅 콘텐츠를 개발할 때는 기획 과정에서부터 멀티 유즈의 가능성을 염두에 두어야 한다. 그렇지 않다면 일회성 콘텐츠에 그칠 우려가 크다.

다양한 방면에서 마케팅을 전개하더라도 반드시 일관된 기업 아이덴티티를 표현하고 심어주어야 한다. 마케팅은 혼란을 주는 것이 아니라 표현하고 싶은 브랜드 이미지를 고객에게 분명히 전달하는 것이기 때문이다. 그러므로 하나의 이미지와 스토리에 뿌리를 내린 콘텐츠를 개발하는 것이 중요하다. 즉 OSMU(One Source Multi Use)가 가능한 디지털 콘텐츠를 개발해야 한다.

이를 위해서는 콘텐츠 개발 기획 단계에서부터 세심한 주의를 기울여야 한다. 프로그램 타깃과 성격에 적합한 전체 콘텐츠 콘셉트를 정하고 커뮤니케이션 콘셉트와 콘텐츠 표현 방식인 비주얼 콘셉트가 서로 일치하도록 설계해야 한다. 그래야만 일관성 있는 기업 브랜드 아이덴티티를 프로그램에 참여하는 그들에게 전달해줄 수 있다. 일관된 브랜드 이미지를 시각적으로 표현해 유스세대와 친근한 소통을 이루어내고 싶다면 캐릭터 도입에 대해 진지하고 적극적으로 생각해 볼 필요가 있다.

▲▲▲

캐릭터 도입, 쉽게 실현할 수 있다

앞에서 유스세대와 감성적 소통을 이어주는 콘텐츠와 캐릭터의 역할에 대해서 살펴보았다. 그렇다면 유스세대와 감성적 소통을 가능케 하는 캐릭터 도입을 어떻게 하면 현실적으로 실현시킬 수 있을지 그 구체적인 방안에 대해서 자세히 살펴보도록 하자. 이미 말한 것과 같이 캐릭터는 기업이나 브랜드의 이미지를 더 친숙하고 감성적으로 전달하기 위한 것이다. 이것이 캐릭터의 가장 큰 매력이기도 하다.

캐릭터는 특히 유스마케팅에서 그 진가가 발휘된다. 기업 고유의 아이덴티티를 쉽게 각인시켜주고 OSMU와 IMC(Integrated Marketing

Communication)를 실현시키는 데 있어서도 큰 효용이 있다. 쉽게 이해하기 위해 비즈니스 현장에서 기업들이 캐릭터를 도입해서 활용하는 방식을 살펴보자. 기업 이미지(CI: Corporate Identity), 브랜드 이미지(BI: Brand Identity), CSR의 세 차원으로 크게 나누어 생각해볼 수 있다. 먼저 대표적인 CI 캐릭터로는 S-oil의 '구도일', 금호타이어의 '또로와 로로', 대우건설의 '정대우' 등이 있다. BI 역할을 하는 캐릭터로는 우리투자증권의 '옥토', CJ 통합 멤버십 카드 CJ ONE의 '원스터(ONEster)', 옥시의 '물 먹는 하마', '냄새 먹는 하마' 등이 있다. CSR 캐릭터로는 홈플러스 e파란재단의 'e파란'과 CJ 도너스 캠프의 '나누' 등이 있다.

CI·BI·CSR 차원의 캐릭터 도입

회사 전체의 이미지를 통합하는 CI 차원의 캐릭터 도입은 예산과 개발 기간 측면에서 볼 때 예산과 개발 기간 검토 과정에서부터 결론에 도달하기까지 큰 진통을 겪을 수도 있다. 기업을 상징하는 '얼굴'을 만드는 중대한 사안이기 때문이다. CI 캐릭터를 도입하면 모든 커뮤니케이션 채널에서 콘텐츠의 전면적인 변화가 뒤따르게 된다. 그러므로 고객과의 소통에서 중책을 짊어져야 할 기업 대표 캐릭터의 도입과 개발에는 경영진의 의지가 무엇보다도 중요하다.

BI 차원의 캐릭터 도입은 특정 브랜드나 상품을 친근하게 알리기 위한 것이다. 이때 기업 이름을 내세우지 않는다. 그 대신 소비자가 캐릭터를 보면 자연스럽게 해당 브랜드나 상품을 떠올리도록 유도하는 것이 목적이다. 그래서 브랜드와 캐릭터의 느낌이 일치되는 것이 무엇보다도 중요하다.

CSR 차원의 캐릭터는 기업이 전개하는 CSR 활동을 정감 있게 알리는 역할을 한다. 그동안 CSR 전담 캐릭터를 생각해보지 못했거나 대수롭지 않게 여겨왔다면 이번 기회에 진지하게 검토해보자. CI나 BI 차원의 캐릭터 도입이 선택적 방안이라면 CSR 차원의 캐릭터 도입은 필수적이라 할 수 있다. 기업이 CSR 활동을 하면서 회사 이름을 전면에 내세우면 생색내기 식으로 비추어져 오히려 고객에게 외면받는 역효과를 낼 수 있다. 이런 역효과의 발생 가능성을 사전에 차단시키는 안전장치가 필요한데 캐릭터가 바로 그 역할을 맡는다. CSR 활동에 관해 부드럽게 알리고 이야기하는 '화자' 역할을 캐릭터에게 맡긴다면 CSR 활동의 진정성을 자연스럽고 친근하게 전달할 수 있다. 이처럼 CSR 전담 캐릭터는 거부 반응을 줄이면서 CSR 활동을 좋은 기업 이미지로 연결시키는 데 매우 효과적이다.

앞에서 만나본 홈플러스의 'e파란'이 대표적인 CSR 전담 캐릭터이다. 초기 환경 캐릭터로 개발된 e파란은 그 역할이 점점 커져서 홈플러스 CSR 활동을 상징하는 캐릭터로 역할이 확장되었다. 현재는 '4랑운동'이라는 큰 미래 비전 아래 CSR과 유스마케팅을 포함한 CSV를 상징하는 캐릭터로서 제 몫을 톡톡히 해내고 있다. 이런 구체적인 사례를 통해 캐릭터가 만들어내는 가치가 생각 이상으로 훨씬 크다는 사실을 짐작할 수 있을 것이다.

그러면 현장에서 캐릭터 도입과 활용의 현실성을 높이는 방안은 무엇일까? 생생한 이해를 위해 '환경'으로 범위를 좁혀 생각해보자. 대기업과 중소기업을 가리지 않고 많은 기업이 CSR에 적극 나서고 있다. 여기에는 '환경'에 대한 책임과 사회적 기여의 영역이 존재한다. 이때 우리 기업만이 할 수 있는 특화된 실질적인 환경 관련 활동에 대해 고민하게 될 것이다. 다들 하니까 우리도 한다는 식이 아니라면 이런 검토가 자연스럽게 뒤따르게 마련이다. 그리고 어떻게 하면 우리 기업이 전개하는 환경 활동을 사회에 잘 알리고 동참을 이끌어낼 수 있을지도 심사숙고하게 된다.

그런데 현실에서는 뜻밖의 일이 벌어지고 있다. 너도나도 '녹색경영', '그린경영'을 부르짖지만 정작 이를 위해 무슨 일을 하고 있는지를 도무지 알 수 없을 때가 많다. 홈페이지나 보도 자료를 통해 형식적으로 알리는 것이 전부인 경우도 비일비재하다. 이런 식이라면 굳이 마음먹고 찾아보기 전에는 그 기업이 어떤 활동을 하며 내가 동참할 몫이 있는지 알 수 있는 기회조차 없다.

이럴 때 캐릭터는 어떤 기업에서 하는 환경 활동인지, 그 내용은 무엇인지 등을 생생하게 알릴 수 있는 가장 쉬운 매개체가 된다. 홈플러스의 환경 활동에는 항상 e파란 캐릭터가 등장한다. e파란 캐릭터를 보는 사람들은 군이 텍스트 기사를 읽지 않아도 홈플러스의 환경 활동이라는 것을 자동적으로 떠올린다.

우리 기업의 CSR 활동은 봉사나 기부를 통해 기업의 책임을 다한다는 수단으로서의 의미만을 가지고 있는가? 아니면 사회와 함께하는 과정에서 기업 이미지를 친근하게 만들어 기업의 미래를 다진다는 적극성이 있는가? 이를 위한 진정성이 있는가? 만약 한 차원 높은 CSR을 염두에 두고 있다면 이러한 진정성을 전달해줄 수 있는 캐릭터 도입을 적극 고려해보길 바란다.

작게 시작해서 확장하라

앞서 언급했듯 처음부터 기업 CI 차원의 캐릭터 도입을 검토하는 일은 만만치 않다. 과거에 시행된 사례가 없던 새로운 예산과 시간을 투자해야 하므로 내부의 반대에 부딪히기 쉽다. 그러므로 시작할 때부터 너무 큰 차원에서 생각하기보다는 쉽게 시작할 수 있는 수준의 범위에서 캐릭터 도입을 시도하며 확장 가능성을 가늠해보는 게 바람직하다.

예를 들어 고객과 소통할 수 있는 광고 캠페인 정도의 차원에서 캐릭터 도입을 시도해보는 것이 좋다. TV 광고를 제작할 때 스타급 모델을 섭외하는 대신 준스타급을 섭외하여 모델 비용을 절약할 수 있다고 가정해보자. 여기서 여유가 생긴 예산으로 캐릭터를 제작해보는 것이다. 캐릭터가 귀엽거나 사랑스럽거나 웃음을 일으키는 재미있는 느낌 등을 전달할 수 있게 만들면 꽤 좋은 반응을 불러올 가능성이 크다. 캐릭터는 남녀노소 누구나 친근하게 받아들일 수 있는 화자인데다 한번 보면 그 느낌과 이미지가 오래 유지되기 때문이다.

더 나아가 캐릭터는 스타가 결코 갖출 수 없는 장점을 지니고 있다. 스타를 우리 기업 광고에만 독점으로 출연시킬 수는 없다. 인기 있는 스타일수록 여기저기 다른 업종의 기업이나 상품 모델로 겹치기 출연을 하는 경우가 많다. 스타의 이미지를 매개로 광고 효과를 노리기에 광고 모델의 이미지가 같은 분야의 상품 광고는 아닐지라도 다른 분야의 기업이나 상품과 동일한 시기에 겹치는 것은 분명 유리하지 않다. 더욱이 기업 광고의 목적은 스타를 띄우는 데 있지 않다. 그런데도 스타가 등장하는 광고를 본 소비자는 광고 내용보다는 출연한 스타에 더 주목하곤 한다.

광고비는 광고비대로 지출하고 그 효과는 오래 지속되지 못하는 것이다. 그래서 어떤 기업은 광고 예산을 줄이기 위해서라도 스타보다는 준스타급을 모델로 내세우기도 한다. 하지만 이 방식도 효과적인 대안이 되지 못한다. 광고 모델이 상대적으로 약하기 때문에 더 확실한 콘셉트와 메시지가 필요한데 스타나 상품, 어느 하나도 확실한 인상을 주지 못한 채 그냥 바로 잊히는 경우가 많다.

그러나 캐릭터는 다르다. 무엇보다 우리 기업만을 상징하는 고유성을 지니기 때문에 캐릭터 등장만으로도 자사 브랜드를 인식시켜주는 데 효과적이다. 그리고 캐릭터 특유의 친근한 이미지를 바탕으로 TV 광고의 가장 중요한 요소인 시각적 관심을 유도하는 데에도 강력한 힘을 발휘한다. 심지어 캐릭터가 인상적일 때에는 소비자가 깊은 관심을 품고 그것이 어느 기업의 캐릭터인지 알아보고 퍼트리는 현상까지 생긴다.

TV 광고가 어렵다면 웹사이트를 활용하는 방법도 고려해볼 수 있다. 개발 예산 범위 안에서 웹사이트에 활용할 용도로 캐릭터를 개발하는 것도 현실성이 높은 좋은 접근 방식이다. 여기서 캐릭터에 대한 반응이 좋다면 이후 범위와 규모를 더 키워 본격적인 캐릭터의 도입과 확장 개발을 얼마든지 시도해볼 수 있다.

더 작은 범위의 캐릭터 활용도 충분히 가능하다. 상품을 포장해서 배송하는 박스에 감사 인사를 전하는 배송 관련 서비스 전담 캐릭터를 만들어볼 수도 있다. 그리고 고객 불만을 경청하고 A/S를 도맡아 처리하는 문제 해결사 역할을 캐릭터에게 맡겨 활용한다면 직접 제품을 구입한 부모나 유스세대인 그들의 자녀에게까지 친근한 기업 이미지를 효과적으로 심어줄 수 있을 것이다.

캐릭터 도입을 너무 거창하게 생각할 필요는 없다. 작게 시작해도 된다. 한 가지 역할일지언정 캐릭터의 기능을 명확히 하여 론칭하는 것이 관건이다. 작은 시도를 시작 지점으로 삼아 이에 대한 고객 반응을 주의 깊게 살피고 피드백을 하면서 캐릭터를 발전시키고 확장해나가는 게 가장 바람직하다. 그러면 유스마케팅을 위한 캐릭터의 역할과 활동 영역은 자연스럽게 넓어질 것이다.

앞에 나왔던 현대자동차의 사례를 다시 떠올려보자. 현대자동차는 유스마케팅 용도의 웹사이트에 한정된 캐릭터를 도입했다가 그 역할을 점점 키워나갔는데 이것은 매우 성공적이었다. 현대자동차 유스마케팅팀은 처음에는 기업 차원의 캐릭터 개발을 시도했으나 반대에 부딪혔다. 특히 규모가 큰 기업에서 캐릭터 개발은 검토 단계에서부터 여러 어려움이 따를 수 있다. 하지만 유스마케팅팀은 포기하지 않았다. 그들은 방향을 바꿨다. 어린이 웹사이트를 재미있게 구성하기 위한 차원의 캐릭터 개발부터 시작했다. 그리고 결국 그 효과를 입증해냈고 이는 회사 차원의 큰 투자를 이끌어내는 데 중요한 역할을 했다. 현재 현대자동차 블루윌 캐릭터는 애니메이션 제작에 들어가 있다.

최근 기업들이 브랜드 이모티콘 서비스와 브랜드 스토리 개발에 전례 없이 큰 관심을 보이고 있다. 나의 회사에 관련 콘텐츠 개발 의뢰가 끊이지 않는 현상이 이를 증명해준다. 사실 예측했던 일이다. 캐릭터를 활용한 브랜드 이모티콘과 재미있는 웹툰은 특히 모바일 플랫폼에서 뛰어난 확산력을 지닌 콘텐츠이기 때문이다.

최근 내가 진행했던 사례 중 KCC의 인테리어 전문 브랜드인 '홈씨씨인테리어'가 있다. 홈씨씨인테리어는 부르는 게 값인 인테리어 비용의 문제점과 시공하고 난 후 AS가 보장되지 않는 등의 심각한 문제를 홈씨씨인테리어가 책임지는 서비스이다. 인테리어 견적은 전문가가 아니면 잘 알 수 없기 때문에 견적 자체에 대해 제대로 따져보기가 쉽지 않다. 인테리어를 하고 난후 AS 문제 역시 고객들에게는 불안한 요소다.

홈씨씨인테리어는 최신 트렌드를 반영한 스타일별·공간별 인테리어 자동견적서비스와 고객의 취향대로 선택할 수 있는 고객 맞춤형 서비스를 제공한다. 또한 주부가 인테리어를 하고 싶은 공간의 항목별 가격을 보면서 직접 견적을 조절할 수도 있다.

홈씨씨 파트너들은 KCC에서 보증하고 홈씨씨에서 제공하는 정품 자재를 사용하여 시공한다. 검증된 홈씨씨 파트너를 통해 설계부터 시공, AS까지 종합 인테리어 서비스를 제공하며 AS에 불만족할 경우 홈씨씨인테리어가 사후 관리를 보장해준다. 이런 좋은 정보를 자세하고도 재미있게 전달하는 데 TV 광고는 한계가 있다. 오프라인 행사를 열더라도 그 행사를 알리기 위한 광고비가 상당하다. 홈씨씨인테리어와 같이 경쟁력 있는 서비스를 보유하고 있지만 고객의 생활 속으로 가깝게 다가갈 수 있는 방법에서 한계를 느끼는 기업에게는 홈씨씨인테리어의 카카오톡 '플러스친구'와 '스토리플러스'를 활용한

마케팅 사례가 도움이 될 것이다.

우선적으로는 인테리어라는 영역 자체가 매일같이 접하는 서비스가 아니므로 고객과의 커뮤니케이션을 위한 접점이 필요하다. 그래서 브랜드 이미지를 빠르고 친근하게 알리기 위해 카카오톡 플러스친구와 스토리플러스를 선택했다. 그다음으로는 모바일 플랫폼 기능을 최대한 활용하기 위해 이용자에 의한 자발적인 홍보가 이루어지도록

▲ KCC 홈씨씨인테리어 카카오톡 브랜드 이모티콘(캐릭터 개발을 통한 모바일 마케팅 사례)

확산력을 지닌 콘텐츠를 갖추는 것이 가장 큰 과제였다. 그래서 가장 먼저 채택한 것이 브랜드 이모티콘과 소셜 기능의 브랜드 웹툰 제작이었다.

기업이 속해 있는 산업 분야가 일상 속에서 수시로 접할 수 없거나 거리감 등의 장벽이 있는 경우 캐릭터를 활용한 커뮤니케이션이 더 큰 효과를 발휘한다. KCC는 바로 이런 효과를 노렸다. 캐릭터 이모티콘은 유스세대에게는 필수 아이템이다. 자녀인 유스세대를 공략하면 홈씨씨인테리어 서비스의 주 타깃인 40~50대 부모, 특히 주부에게 전달되는 속도도 더 빠를 것이라고 판단한 것이다.

또한 론칭한 지 얼마 되지 않은 사업인 만큼 브랜드 인지도를 높여야 하는 과제를 안고 있었기에 무엇보다도 확산 기능이 강력한 콘텐츠가 시급하고 절실했다. 물론 홈씨씨인테리어만의 브랜드 캐릭터도 없는 상태였다. 그러나 나는 자사만의 브랜드 캐릭터가 없는 상황에서도 브랜딩이 가능한 브랜드 이모티콘 개발이 가능하다는 것을 입증하고 싶었다. 그래서 전문 기획력과 작가의 창작력을 원 시스템으로 가동시켜 카카오톡 브랜드 이모티콘과 스토리플러스에 적합한 기능의 브랜드 웹툰을 개발했다. 홈씨씨인테리어 브랜드 아이덴티티를 녹여낸 귀엽고 예쁜 주부를 상징하는 캐릭터를 만들어내고 홈씨씨의 발음에서 따온 '홍시씨'라는 재미있는 이름을 붙였다.

모바일 플랫폼에서 확산력이 강한 브랜드 이모티콘과 웹툰 용도로 한정된 기능의 캐릭터를 도입하는 전략은 그리 어렵지 않게 실현할 수 있다. 이는 SNS를 활용한 아주 효과적인 마케팅이 될 수 있다. 반응이 좋으면 이후 그 기능과 역할을 확대해나가면 된다.

홈씨씨인테리어의 플러스친구는 오픈한 지 일주일 만에 40만 명에 이르는 고객들과 친구를 맺었으며 브랜드 이모티콘 홍시씨는 60만 회 이상 다운로드되었다.

홍시씨 캐릭터의 브랜드 이모티콘과 웹툰 서비스는 회사 내에서도 직원들에게 뜨거운 반응을 얻었고 곧 직원들의 가족과 주변 사람들에게로 퍼져나갔다. 대외적으로는 딸이 엄마에게 보내고, 엄마는 자신의 친구에게 또 그 엄마는 딸에게 보내어 유스세대와 홈씨시인테리어 주 대상층인 주부 세대를 아우르는 효과적인 브랜딩을 할 수 있었다. 이는 홈씨씨인테리어 홈페이지 방문자 수와 실제 상담 횟수를 크게 증가시켰으며 홈씨씨인테리어를 보다 친근하게 만들었다. 홍시씨 캐릭터가 등장하는 브랜드 웹툰은 카탈로그에 채워진 텍스트와 사진 자료가 해낼 수 없는 친근한 커뮤니케이션 기능을 해냈다. 캐릭터와 스토리로 감성적으로 다가가 홈씨씨인테리어 브랜드와 서비스를 생활 속에 심어놓는 결과를 낳은 것이다.

캐릭터 도입의 효과와 필요성에 대해서는 이미 오래 전부터 이슈가 되어 왔다. 그런데 비교적 최근에 캐릭터가 다시금 재조명되는 분위기다. 이렇게 캐릭터 도입이 새롭게 떠오르며 이슈가 되는 이유는 무엇일까? 바로 유스세대의 급부상 때문이다. 아침에 일어나서 잠자리에 들기까지 자신의 분신인 스마트폰을 가지고 다니며 작은 디스플레이 화면을 통해 세상과 소통하는 그들에게 캐릭터는 강력한 접근 통로이다. 유스세대의 시선과 감성을 사로잡는 데 캐릭터만 한 효과적인 툴은 존재하지 않는다.

현실이 이러한데도 구체적인 실천을 망설이는 기업의 미래는 불안할 수밖에 없다. 이제 왜 캐릭터가 필요하며, 어떻게 캐릭터 도입을 실현시킬 수 있는지 통찰력을 갖게 되기를 바란다. 그리고 작더라도 의미 있는 출발에 나서기를 기대한다.

• 성공적인 유스마케팅을 위한 캐릭터 효과

① 캐릭터는 단순하다

 −이미지로 느낌을 전달하기 때문에 긴 설명이 필요 없다.

② 캐릭터는 전염성이 강하다.

③ 캐릭터는 기억에 쉽게 남는다.

④ 캐릭터는 대중에게 감성적으로 다가간다.

⑤ 캐릭터는 남녀노소 타깃 구분 없는 메시지 전달력을 가진다

 −전 국민을 팬으로 만들 수 있다.

⑥ 디지털 콘텐츠로 갖추어야 OSMU가 가능하다.

⑦ 회사 또는 브랜드가 이야기하는 대신 캐릭터를 앞세우면 거부감이

생기지 않는다.

⑧ 스마트폰, 태블릿PC 등 작은 모니터와 스크린에서 이미지만으로 시선을 집중시키는 매력을 지닌다.

⑨ 귀여운 것, 재미있는 것에 반응하는 대중 특히 유스세대를 사로잡는 힘을 지닌다.

⑩ 캐릭터는 대중들이 알아서 퍼트리는 확산력을 가진다.

⑪ 스타와 비교했을 때 리스크가 없다.

 -스타의 광고 겹치기 출연은 우리 기업만의 독특한 이미지 포지셔닝에 어려움을 준다.

 -스타의 개인 신상 문제 발생 리스크가 늘 존재한다.

 -스타를 다양한 채널에 광범위하게 활용하기 어렵다.

⑫ 캐릭터의 의상과 표정, 동작 등의 간단한 업데이트만으로도 기업의 이미지를 항상 새롭게 유지할 수 있다.

캐릭터 도입 더 이상 미루지 말자

유스마케팅에서 캐릭터를 통한 유아나 아동층 접근은 매우 강력한 힘을 발휘한다. 미래 고객인 그들뿐만 아니라 현재 고객인 신세대 부모의 마음까지 함께 감동시키기 때문이다. 미래 세대를 위한 유스마케팅이 현재의 매출 향상에도 직접적인 영향력을 발휘하는 것이다.

나는 그동안 기업의 다양한 유스마케팅 프로젝트를 수행해왔지만 캐릭터 도입 그 자체를 제안하는 일에는 시간을 낭비하지 않았다. 캐릭터의 중요성을 역설한 것에 비하면 뜻밖이라고 생각할지도 모르겠다. 하지만 캐릭터 도입은 외부의 제안으로 채택되거나 진행될 수 있는 성격의 일이 아니다. 기업 내부에서 이미 캐릭터 도입을 결정했거나 기존 캐릭터를 리뉴얼하기로 방침을 정한 상태라야 캐릭터에 생명을 불어넣을 방법과 친근한 소통을 이뤄낼 수 있는 실질적인 방안을 고민해 줄 수 있다.

특히 CI 차원의 캐릭터 도입은 최고경영자의 분명한 의지와 결단이 뒷받침되어야 한다. 기업이 수년간 전개해왔던 모든 커뮤니케이션 채널의 콘텐츠를 변화시켜야 하는 중대한 사안이기 때문이다. BI 차원의 캐릭터 도입은 좀 더 수월하게 추진할 수 있다. 하지만 이 또한 만만하게 보아서는 안 된다. 캐릭터가 성공적으로 개발되었더라도 이후 캐릭터를 활용한 채널별 커뮤니케이션 콘텐츠가 제대로 개발되지 않는다면 캐릭터가 단순한 이미지로 그치고 만다.

캐릭터를 도입하는 일은 하나의 이미지를 만드는 것과는 차원이 다르다. 광고를 시작으로 고객과 만나는 모든 채널에서 의사소통 방식을 전면적으로 변화시키는 과정이다. 따라서 총체적인 관점에서 접근해야 한다. 그래서 CI 차원이든 BI 차원이든 브랜드 캐릭터 도입에는 최고 결정권자의 마인드가 절대적으로 중요하다. 그렇다고 실무자로서 아무런 시도도 하지 않는다면 영원히 기회가 오지 않을 수도 있다. 빠르게 변하는 트렌드에 대한 감각은 젊은 실무자들이 더 좋을 수밖에 없다. 그러므로 소신껏 윗선을 설득하는 노력도 필요하다. 마케팅에 대한 기존의 관점을 버리는 과감함이 없다면 유스세대들이 이끌게 될 미래 사회에서 우리 기업이 설 자리가 사라질 것이다. 기업의 미래를 지키는 유스마케팅을 고민하고 있다면 새로운 시도를 두려워하지 말아야 한다.

유스마케팅과 캐릭터의 궁합은 어떤 점에서는 필연적이기까지 하다. 작은 것부터 시작해보자. 웹페이지 용도의 캐릭터, 고객 관리나 A/S 용도의 캐릭터, 광고의 한 요소로 등장해 고객에게 친근함을 주는 캐릭터, CSR 차원의 캐릭터, 콜라보레이션 용도의 캐릭터 등 다양한 분야와 차원을 검토해보자. 작게나마 성과를 만들어내는 게 우선이다. 캐릭터 효과를 실제로 체감할 수 있는 단 한 가지의 작은 결과를 만들어낸다면 최고 결정권자를 설득하는 일도 그리 어렵지 않게 된다.

유아·아동층 대상의 유스마케팅은 캐릭터 도입으로 시작된다고 해도 과언이 아니다. 캐릭터를 통해 그들의 마음을 얻자. 그러면 자연스럽게 그들 부모의 마음도 움직일 수 있다. 그들의 부모는 현재 주요 고객층이라는 중요한 사실도 간과해서는 안 될 것이다.

▲▲▲

캐릭터 + 스토리 = 감성적 소통의 실현

유스마케팅은 그들의 마음속에 우리 회사를 심는 과정이다. 유스마케팅 프로그램이 우리 기업이 무슨 일을 하는지, 어떤 비전과 목표, 가치를 가졌는지 제대로 알려주지 못한다면 아무런 의미가 없을 것이다. 기업에 대한 분명한 인식을 심어주지도 못한 채 그들과 만나는 것은 결코 유스마케팅이 지향하는 목표가 아니다. 그렇다고 해서 우리 기업의 가치를 자세히 설명한 책자나 카탈로그 등을 나누어준다면 거부감만 일으킬 뿐이다. 회사의 이모저모를 촬영하여 만든 긴 동영상을 틀어주는 것도 좋은 방법이 아니다. 그들이 즉시 눈살을 찌푸리며 외면할 것이기 때문이다.

그러면 어떻게 해야 할까? 정답은 스토리다. 장황한 느낌이 전혀 들지 않으며 그들의 시선과 마음을 감성적으로 움직일 수 있는 매력적인 스토리에 회사 소개를 녹여서 전달해야 한다. 그럴 때만 그들 마음에 우리 기업을 친근하게 심어주고 그들을 미래 고객으로 성장시킬 수 있다.

특별한 목적을 가지고 있지 않는 이상 기업이 하는 일을 카탈로그나 홈페이지의 딱딱한 텍스트 설명을 통해 일일이 읽어보는 사람은 거의 없다. 무엇보다 고객이 굳이 읽어봐야 알 수 있는 콘텐츠는 일방적이고 형식적인 정보에 불과하다. 기업 홈페이지나 브랜드 웹사이트 방문 유입을 목적으로 네이버, 다음 등의 포털에 올리는 배너 광고도 마찬가지다. 집중적으로 광고를 게재할 때만 일시적 반응이 일어날 뿐이다. 좀처럼 한곳에 머무르지 않는 유스세대의 마음을 배너 하나로 사로잡는 건 불가능하다.

이제 방향을 바꿔야 한다. 그들이 놀고 있는 곳, 그 길목을 찾아 우리 기업을 재미있는 방식으로 알려야 그들의 시선을 끌어와 머무르게 할 수 있다. 보지 않으려고 해도 보이고 읽지 않으려고 해도 읽히는 콘텐츠만이 유스마케팅으로서 가치 있는 콘텐츠다. 온갖 미사여구로 근사하게 꾸며놓았더라도 텍스트 위주의 지루한 설명은 별다른 기능을 하지 못한다. 유스세대는 결코 그것을 읽어주는 수고를 하지 않을 것이며 설령 읽기 시작했다 하더라도 끝까지 읽는 인내심을 보이지 않을 것이다.

그러므로 유스마케팅 프로그램을 진행하거나 콘텐츠를 만들 때는 기업 소개를 스토리에 담아야 한다. 그리고 그 스토리는 기업 홍보라는 느낌이 전혀 들지 않을 만큼 재미있어야 한다. 유스세대가 기업이 지니고 있는 무형적 가치를 스토리를 통해 재미있게 경험할 수 있게 해줘야 한다. 그러려면 기업에서 이루어온 일, 하고 있는 일, 목표하는 일과 미래 비전이 흥미진진한 스토리 속에 녹아들도록 개발해야 한다. 여기에 참신한 이미지를 입혀 유튜브에 올려도 손색없을 정도의 동영상 콘텐츠를 내놓아야 한다. 최소한 그 정도라야 그들의 눈에 띌 수 있다. 그렇게 그들이 놀고 즐기는 곳에 걸맞은 모습으로 찾아갈 때에야 비로소 그들이 우리 기업의 이야기와 마주하고 스스로 공유하고 퍼트리는 상황이 펼쳐진다.

스토리를 만든다고 해서 단순히 이야기 전개에만 함몰되면 곤란하다. 누가 이야기를 이끌어갈지 화자를 결정하는 일도 중요하다. 어떤 채널을 통해 커뮤니케이션할지에 대한 고려도 빼놓을 수 없다. 스토리만 있다고 모든 것이 해결되는 게 아니다. 누가 어떻게 스토리를 재미있게 전달할지 전략을 수립해야 한다. 스토리텔링의 중요성은 이미 수없이 강조되어 왔다. 하지만 텍스트로 이루어진 스토리 그 자체만으로는 아무런 역할을 하지 못한다. 스토리가 제아무리 좋아도 화자와 이미지 표현이 약하면 절대 생명력을 지닐 수 없다.

앞에서 캐릭터의 중요성을 여러 차례 강조했었다. 그렇지만 캐릭터만으로는 부족하다. 스토리가 빠져 있는 캐릭터는 단순한 이미지에 불과하다. 물론 캐릭터 그 자체만으로 친근한 느낌을 줄 수 있지만 그것이 전부이다. 더 이상의 효과를 기대하는 것은 어렵다. 자신만의 독특한 스토리를 머금고 있어야만 이미지를 넘어선 진정한 캐릭터의 가치를 지니게 된다. 멋진 캐릭터가 이끌어가고 시각적으로 매력적인 이미지로 표현된 스토리가 생명력을 갖게 된다.

캐릭터와 스토리는 동전의 양면과도 같은 관계다. 함께 했을 때 진정한 힘을 드러낼 수 있다. 캐릭터와 스토리가 만났을 때 비로소 감성적 힘이 완성된다. 무턱대고 캐릭터만 개발하자는 발상은 위험하다.

반대로 스토리가 중요하다고 해서 재미있는 이야기를 만드는 데만 집중하는 것도 의미가 없다. 캐릭터와 스토리는 하나여야 한다. 스토리 없는 캐릭터는 공허하고 캐릭터 없는 스토리는 생명력을 갖지 못한다는 사실을 기억하자. 캐릭터와 스토리를 융합시키고 그것을 시각적 경쟁력을 갖춘 이미지로 표현함으로써 생명력을 갖춘 결과물이 완성된다. 이런 콘텐츠야말로 기업 소개를 재미있고 친근하게 이끌어갈 수 있다. 그뿐만이 아니다. 이는 그들과의 감성적 소통을 실현시켜주는 강력한 구심점이 될 것이다.

▲▲▲

선택한 콘텐츠 제작사를 신뢰하라

유스마케팅 콘텐츠를 개발하는 작업에 들어가면 외주 업체 선정이 중요한 과제로 떠오른다. 여러 콘텐츠 제작사와 접촉하며 가장 적합한 곳을 선정하는 일이 실무적으로 매우 중요하다. 특히 브랜드 캐릭터와 스토리 개발 업체와의 관계를 설정할 때에는 세심한 주의가 필요하다. 캐릭터와 스토리는 창작 영역의 저작물이다. 그래서 납품 관계에 있는 기존 외주 업체와는 다른 접근 방식이 요구된다. 갑의 지위에 올라서서 통제하려 들면 부작용이 일어난다. 그럴 거라면 차라리 내부에 팀을 조직해서 직접 개발에 들어가는 편이 훨씬 낫다.

물론 캐릭터나 스토리를 개발하기 위해 별도의 팀을 구성하는 일에는 인력과 예산이 많이 투입된다. 지금까지 해오던 업무와는 다른 독특한 전문성도 필요하다. 그래서 기업들 대부분은 외주를 통해 이 과정을 진행하고 있다. 그런데 외주 업체 선정을 담당하는 직원들이 이 과정에서 실수를 저지르는 경우가 많다. 업체 몇 곳과 미팅을 거친 후에 마치 자신이 전문가가 된 듯한 착각에 빠지는 것이다. 이런 착각은 치명적인 결과를 낳을 수 있다. 직접적인 창작 경험 없이 단순한 조사를 통해 파악한 지식은 실제 제작 과정에서는 쓸모가 없다. 오히려 창작을 방해하는 악영향으로 작용한다. 직접 개발하거나 창작해본 경험이 없는 비전문가가 조사해서 얻은 지식은 단편적일 수밖에 없기 때문이다.

하나의 캐릭터와 스토리를 창조해내는 과정은 말로 표현하기 어려운 영역이다. 이 부분은 담당자가 간섭할 수 없는 전문성을 띠기 때문에 콘텐츠 제작사를 대할 때는 창작의 어려움을 이해하는 바탕에서 권력관계의 틀을 넘어서야 한다. 동등한 파트너십을 갖고 창작 영역에 있어서 만큼은 배우는 자세로 임해야 한다. 같은 목표를 향해 서로의 역할을 인정하고 협력할 때만 기대 이상의 결과물을 얻을 수 있다. 함께 일하는 관계에서 설렘을 유지시키고 결속을 다지려면 권력관계는 허물어야 한다. 강자와 약자의 구분 없이 서로 돕는 동료로서 배려할 때 탁월한 창작품을 만들어내려는 열정이 생긴다. 서로 존중하고 격려하는 가운데 콘텐츠 개발 과정이 진행되어야 좋은 결과를 낼 수 있음은 더 말할 필요도 없다.

브랜드 캐릭터는 기업의 얼굴과 같은 역할을 맡는다. 그래서 수많은 과정과 노력을 거쳐 브랜드 캐릭터가 탄생하면 자식이 태어난 것과 같은 느낌이 들 정도로 애착이 간다. 그러므로 신중한 검토에 의해 선택한 외주사에게 우리 기업의 캐릭터를 맡기는 일은 내 자식을 맡기는 것과 마찬가지다. 외주사에게 내 자식을 예쁘고 멋진 모습으로 성장시키고 사회에 좋은 역할을 할 수 있도록 길러내는 일을 맡기는 셈이다.

예를 들어 맞벌이 부부가 종일 자녀를 도우미에게 맡긴다고 생각해보자. 도우미에게 이에 대한 대가로 비용을 지불할 것이다. 그러나 비용을 지불하는 것으로 끝나지 않는다. 부모가 집을 비운 동안 부모를 대신하여 아이를 잘 돌봐주길 바라는 마음으로 도우미에게 잘 보이려는 노력을 하게 된다. 도우미에게 말 한마디 건넬 때나 무언가 요청할 때 지시하듯 대하거나 기분을 상하게 했다가는 그 감정이 곧바로 우리 아이를 대하는 데 작용할 수 있다는 것을 너무나도 잘 알기 때문이다. 외부 제작사에게 우리 기업의 브랜드 캐릭터, 그리고 캐릭터의 다양한 콘텐츠의 개발을 의뢰하는 일은 이와 같이 내 자식을 남에게 맡기고 부탁하는 일과 다를 바 없다.

그래서 나는 항상 기업의 브랜드 캐릭터 콘텐츠를 개발할 때 남의 자식을 맡은 느낌을 갖는다. 그 과정 중에 담당자들과 수차례 미팅을 진행하게 되는데 담당자에 따라 일이 생각보다 잘될 때가 있고 그렇지 않은 경우도 있다. 창작하는 일이 어려운 과정인 만큼 기업 담당자와 긴밀한 유대감과 좋은 감정이 지속되는 게 절실하다. 서로 좋은 관계에서는 계약한 콘텐츠 분량보다 더 알차고 풍부한 결과물이 나온다. 창작 일을 진행하는 데 있어 담당자의 지나친 간섭이나 아는 척 하는 행동 등으로 상처를 받게 되면 계약한 콘텐츠 딱 그만큼만 만들어내는 것에 그친다.

자식을 잘 키워낼 수 있게 신뢰하고 맡기는 마인드가 필요하다. 믿고 선택한 이상 자식과 같은 우리 캐릭터를 맡아줄 외주사가 같은 마음을 가질 수 있도록 인간적인 관계 형성이 우선시되어야 한다. 외주사 역시 좋은 결과물을 위해 최선을 다하는 것이 임무고 책임이다. 하지만 한 가지 계약을 해놓고도 10가지를 해낼 수 있도록 이끄는 것은 기업 담당자의 역량에 달려 있다.

특히 창작 저작물의 지적 재산권은 외주사에 속하므로 2차적 사용 문제가 민감하다. 이 때문에 콘텐츠 제작사와 계속 협력해야 하는 관계에 있다. 이렇듯 긴 안목에서 협력 관계를 유지해야 하는 만큼 두터운 신뢰를 쌓으려는 노력에 소홀해서는 안 된다.

전담 광고대행사를 두고 있는 기업이라도 별반 다르지 않다. 유스 마케팅을 위한 창작 콘텐츠의 기획과 개발 작업은 광고대행사가 봉

제할 수 있는 범위의 영역이 아니다. 제작사를 내부 조직과 다름없이 대하며 함께 호흡하고 긴밀하게 협력할 때 양질의 콘텐츠가 창조될 수 있음을 명심하자.

▲▲▲

콜라보레이션을 적극 활용하라

최근 들어 '콜라보레이션(Collaboration)'이라는 용어를 부쩍 자주 접한다. '공동 작업', '협력', '합작' 등의 뜻을 가진 이 단어는 서로 다른 분야의 개인이나 조직이 한 프로젝트를 수행하여 각자 자신의 전문성을 실현하는 것을 의미한다. 기업 마케팅의 한 기법으로도 적극 활용되는 추세이다.

콜라보레이션은 전혀 어울리지 않을 듯 보이는 기업 또는 브랜드가 함께 만남으로써 신선함을 창조한다. 발상의 전환을 이루고 새로운 콘셉트를 만들어내는 것이다. 이는 진부함을 거부하고 새로움과 흥미를 추구하는 유스세대에게 한층 더 매력적으로 비춰지면서 브랜드에 대한 강한 인상을 심어주는 효과를 내고 있다.

콜라보레이션 마케팅이 성과를 내려면 상상력의 울타리를 넘나들어야 한다. 기존 브랜드 이미지에 얽매이지 말고 과감한 시도를 해볼 필요가 있다. 새로운 세상을 사는 새로운 그들과 소통하려면 새로운 언어가 필요하다. 콜라보레이션은 유용한 소통 도구이다.

현대자동차는 〈로보카 폴리〉 애니메이션에 콜라보레이션으로 참여하면서 캐릭터와 스토리가 유아와 어린이들에게 얼마나 큰 영향력을 미치는지 실감하게 되었다. 이런 인식을 한층 발전시켜 현대자동차만의 독자적인 캐릭터 개발과 애니메이션을 제작하는 단계로 나아갈 수 있었다. 또한 유명 게임과의 콜라보레이션을 통해 현대자동차를 게임 속에 옮겨 놓고 그들이 놀고 즐기는 세상에서 그들과의 만남을 시도했다. 대학생 프로그램인 영화제 역시 29초 먼슬리영화제와의 콜라보레이션이 계기가 되었다. 자동차와 스토리가 만나 시너지 효과를 만들어낸 것을 체감함으로써 현대자동차만의 독자적인 영화

©Sticky Monster Lab

제를 기획할 수 있었던 것이다. 이와 같이 유스마케팅 차원에서 거둘 수 있는 콜라보레이션의 효과는 그야말로 무궁무진하다.

현대자동차의 여러 사례를 통해 콜라보레이션 활용의 시사점을 얻을 수 있다. 처음부터 여건이 허락된다면 독자적으로 유스마케팅 프로그램과 콘텐츠를 만들 수 있겠지만 콜라보레이션 단계를 통해 검증을 거치는 게 효과적인 때도 있다. 그러므로 경우에 따라서는 콜라보레이션으로 그 효과와 가능성을 확인한 후 점차 독자적인 마케팅 전략을 수립하는 방식이 더 바람직하다.

다음에 소개할 창작 집단 '스티키몬스터랩'과 여러 기업 간의 콜라보레이션 사례들은 더욱 선명하게 그 감(感)을 잡을 수 있게 해줄 것이다. 스티키몬스터랩은 내가 운영하는 회사와 같은 '캐릭터+스토리'를 개발하는 전문 창작 집단이다. 흥미로운 점은 자사의 브랜드 캐릭터 없이도 외부 캐릭터와 연계해서 새로운 브랜드 이미지를 창출할 수 있다는 것인데 이것은 콜라보레이션의 독특한 효과 때문이다. 이는 단순히 외부 캐릭터의 라이선스를 구입하여 사용하는 것과는 차원이 다른 개념임을 알게 될 것이다.

스티키몬스터랩 + 카프리

프리미엄 맥주 카프리는 국내 유명 아티스트 스티키몬스터랩과 협력해서 '카프리 아트 콜라보레이션' 한정판을 출시했다. 카프리는 대학생이 되어 처음 즐기는 젊고 감각적인 맥주의 이미지를 갖고 있다. 이 한정판은 '카프리와 함께하는 도시 생활의 즐거움'을 주제로 '음악(Music)', '공연(Live)', '연주(Play)', '파티(Party)', '시티 라이프(City Life)'를 병맥주 라벨에 표현해내어 트렌디한 카프리의 브랜드 이미지를 한층 더 돋보이게 했다.

카프리 아트 콜라보레이션 한정판은 맥주 맛을 강조한 디자인을 과감하게 탈피하여 눈으로 예술 작품을 감상하며 맥주를 입체적으로 즐기고 느낄 수 있도록 시도했다. 결과적으로 도시에 어울리는 맥주라는 브랜드 이미지를 강화시킬 수 있었다. 한정판으로 만든 만큼 마케팅적 차원의 매출 효과가 주된 목적은 아니었다. 오히려 스티키 몬스터랩의 팬들을 공략하여 디자인적 측면에서 소장 가치의 효과를

©Sticky Monster Lab

얻고자 했다.

유스세대를 팬으로 가지고 있는 스티키몬스터랩의 감각적 예술성과 젊은 대학생들이 좋아하는 도시적인 맥주 카프리의 만남은 강력한 시너지를 만들어냈다. 이 콜라보레이션은 아직 성인이 되지 않았지만 성장하고 있는 그들에게 흥미롭게 비춰졌다. 특히 스티키몬스터랩의 팬인 중·고등학생에게는 대학생이 되면 카프리를 마셔보고 싶은 마음을 강하게 심어주게 되었다. 카프리는 기존에 가지고 있던 도시에 어울리는 맥주라는 이미지를 견고하게 하며 더욱 역동적이고 매력적인 브랜드 이미지를 만들어냈다. 또한 그들의 문화를 이해하고 그들에게 더 큰 즐거움과 재미를 전해주는 존재로서 친근하게 다가설 수 있게 되었다. 브랜딩 차원에서 보았을 때 이런 효과는 엄청난 예산을 쓰고도 좀처럼 얻기 어려운 것이다.

이 사례를 참고로 다양한 생각을 발전시켜볼 수 있다. 유통 기업을 생각해보자. 이런 외부 캐릭터와의 콜라보레이션을 통해 오래되고 식상한 브랜드 이미지에 변화를 줄 수 있을 것이다. 트렌디한 디자인과 감성, 재미와 즐거움, 발랄하고 친근한 이미지를 가져다주는 브랜드로 재탄생시키고자 한다면 더욱더 캐릭터와 스토리의 필요성이 절실해질 것이다. 강렬한 열망이 있지만 자체 캐릭터 개발이 엄두가 나지 않는다면 스티키몬스터랩과 기업의 만남을 통한 콜라보레이션 사례에서 그 힌트를 얻을 수 있다.

이렇듯 콜라보레이션은 비슷한 제품들이 넘쳐나는 시장 상황에서 자사 브랜드에 특별한 감성적 코드를 입히고 이미지를 차별화시키기 위한 효율적인 방법이다. 콜라보레이션을 통해 캐릭터와 스토리가 만들어내는 감성적 효과를 직접 체험해본다면 이후 독자적인 브랜드 캐릭터 개발을 본격적으로 검토하는 데 있어 자신감과 확신을 갖게 될 것이다.

스티키몬스터랩 + 대우건설

대우건설의 '정대우'는 TV 광고 등을 통해 잘 알려진 브랜드 캐릭터이다. 건설 회사 하면 왠지 딱딱하고 거리감이 느껴지기 마련인데, 대우건설은 '정대우'라는 브랜드 캐릭터를 활용하여 상당 부분 그런 이미지를 해소할 수 있었다. 대우건설은 건설의 미래를 향해 품고 있는 열정과 업종에서의 기업의 역량, 이루고자 하는 꿈과 비전을 고객들에게 친근하기 알리기 위한 효과적인 아이디어를 얻고자 고민했다. 이런 노력은 정대우의 탄생으로 이어졌다. 정대우 캐릭터는 대우건설의 소식을 전하는 것을 비롯해 고객과의 모든 소통을 도맡고 있다.

스티키몬스터랩은 자신들만의 독특한 창의적 색깔과 감각을 녹여내어 대우건설이 하고 싶은 이야기를 구현해냈다. 정대우 캐릭터는 자칫 지루하게 느껴질 수 있는 기업의 이야기에 생기를 불어넣었다. 대우건설이 이룬 일과 하고 있는 일을 흥미롭게 보여주었다. 아무도

듣거나 보려고 하지 않았던 대우건설의 이야기가 눈에 들어오기 시작했다. 단순한 캐릭터와 스토리, 간결한 이미지와 움직임이 고객들의 시선과 마음을 사로잡은 것이다.

스티키몬스터랩이 제작을 맡았던 대우건설 광고는 이후 여러 편의 시리즈를 추가로 선보일 정도로 폭발적인 반응을 일으켰다. 정대우의 역할은 자연스럽게 점점 더 확대되었다. 마케팅과 홍보, 온라인과 오프라인의 이벤트와 행사 등 중요한 커뮤니케이션 채널의 화자로서 대중과 유스세대를 아우르는 친근한 소통을 이루어나가고 있다.

기업이 독자적인 브랜드 캐릭터를 만들려고 할 때는 완전하게 새롭고 독특한 무언가를 창조해야 한다는 생각을 갖기 쉽다. 우리 기업만

©Sticky Monster Lab

▲ 스티키몬스터랩 〈파더(Father)〉

©Sticky Monster Lab

▲ 대우건설 이야기 TV 광고

©Sticky Monster Lab

▲ 대우건설 이야기 TV 광고

©Sticky Monster Lab

의 아이덴티티를 담아내는 만큼 현존하는 캐릭터들과 차별화된 색다른 특별함을 추구하는 것이다. 그러나 대우건설의 생각은 달랐다. 단순함 속에서 의미를 찾았다. 대우건설은 스티키몬스터랩에 거창한 요구를 하지 않았다. 스티키몬스터랩이 자체 제작하여 발표했던 아버지와 아들의 이야기를 다룬 동영상 〈파더(Father)〉 같은 느낌의 대우건설 이야기를 만들어달라고 했을 뿐이다. 캐릭터 역시 스티키몬스터랩의 캐릭터처럼 심플하고 개성 있는 것을 원했다. 그런데 이런 단순한 요구가 오히려 더 좋은 결과물을 만들어낼 수 있게 이끌었다. 스티키몬스터랩만의 심플함과 유니크함이 돋보이면서도 건설 회사 직원다운 모습을 갖춘 캐릭터, 정대우를 탄생시킨 것이다.

390

앞에서 "선택한 콘텐츠 제작사를 신뢰하라"고 말했는데 대우건설은 이를 입증해주는 적절한 사례이다. 스티키몬스터랩의 기획력과 창조성을 믿고 맡김으로써 친근한 정대우 캐릭터가 세상에 나올 수 있었다. 기업이 창작 집단에게 캐릭터나 스토리 개발을 맡길 때 이들의 창작 역량을 전적으로 믿지 못한다면 절대 좋은 결과물이 나올 수 없다. 기업 담당자의 역할은 자신들이 바라는 브랜드 이미지에 대해 충실히 설명하고 기획 의도와 전개 방향 등을 선택한 콘텐츠 제작사의 담당자가 제대로 파악할 수 있도록 이끄는 데까지다. 창작에 대한 간섭은 오히려 좋은 작품이 나오는 것을 방해한다. 각자 맡은 바 역할에 책임을 다하면서 서로 존중하는 태도가 좋은 결과물을 만들어낸다. 이렇듯 좋은 작품이 탄생하는 과정 자체에도 콜라보레이션 개념이 중요한 요소로 작용한다는 사실에 유념하기 바란다.

스티키몬스터랩 + CJ ONE

CJ ONE은 CJ그룹의 통합 멤버십 서비스다. CJ ONE의 브랜드 캐릭터인 '원스터(ONESter)' 역시 CJ와 스티키몬스터랩의 콜라보레이션으로 탄생했다. CJ ONE과 스티키몬스터랩은 긴밀한 협력을 통해 이상적인 방법으로 캐릭터 개발을 이루어냈다. 원스터라는 캐릭터 이름에서부터 콜라보레이션의 가치가 잘 드러난다. 이것은 CJ ONE의 'One'과 스티키몬스터랩의 'Monster'를 합성하여 만든 것이다.

©Sticky Monster Lab

▲ CJ ONE의 원스터(ONESter)

원스터는 CJ ONE의 다양한 정보를 브랜드 아이덴티티 속에 녹여 쉽고 친근하게 전달하고 있다. CJ ONE의 특징을 둥근 머리와 다리를 통해 흥미로운 이미지로 표현했다. 다양한 색깔의 고리 모양이 끼워진 몸통은 CJ ONE의 다양한 브랜드 각각이 지닌 고유의 컬러 칩을 활용해 포인트를 쌓아간다는 의미를 디자인으로 형상화한 것이다.

CJ 브랜드를 즐겁게 경험할 수 있도록 해주기 위해 CJ ONE을 탄생시켰듯 원스터 캐릭터도 비주얼에 익숙한 영상 세대에게 효과적으로 다가가 소통하려는 사명을 안고 있다. CJ는 원스터의 귀엽고 생동감 넘치는 애니메이션 영상을 통해 외식과 문화, 그리고 쇼핑을 한 번에 즐길 수 있는 새로운 통합 멤버십 서비스를 생활 속으로 빠르게 스며들게 해주었다.

원스터의 사례는 짧은 시간 내에 독자적인 브랜드 캐릭터를 개발하기 어려운 상황에서는 적합한 창작 제작사를 찾아 콜라보레이션 개념으로 접근하는 것이 효과적일 수 있음을 보여준다.

CJ ONE은 완전히 새로운 브랜드라기보다는 기존 브랜드를 통합한 멤버십 서비스다. 그래서 독자적인 브랜드 캐릭터를 개발하는 데 많은 시간을 들이기보다는 새로운 서비스를 더 빨리 확산시키는 게 중요한 과제다. 이런 상황에서 콜라보레이션 개념을 채택하여 스티키몬스터랩과 만남으로써 시간 투자 대비 높은 효율성을 발휘할 수 있었다.

우리 기업의 브랜드 아이덴티티를 과연 외부 캐릭터를 통해 표현할 수 있을지 의문을 품는 사람도 있을 것이다. 그렇다면 스티키몬스터랩과 기업들의 콜라보레이션 과정을 눈여겨볼 것을 권한다. 단순히 캐릭터 라이선스를 구입하여 캐릭터 이미지를 그대로 활용하는 것과는 차원이 다름을 충분히 알게 될 것이다. 이는 기업이 캐릭터와 스토리를 도입하는 또 다른 방향에 대한 참신한 아이디어를 제시해주고 있다.

▲▲▲

영상 기반의 콘텐츠를 확보하라

마케터라면 누구든지 여유 있는 예산을 가지고 다양한 방법을 시도해서 멋진 프로그램을 만들어보고 싶어 한다. 하지만 이는 현실적으로 매우 어렵다. 마케터에게는 항상 주어진 예산과 시간의 범위 안에서 가장 효율적인 마케팅을 전개해야 하는 과제가 주어지기 때문이다. 그런데 유스마케팅에서는 이런 효율성을 실현하기가 비교적 쉽다. 적은 예산을 가지고도 대기업이 하는 것과 같은 매력적인 마케팅을 충분히 전개할 수 있다. 기업 광고 예산과 같은 막대한 비용은 필요하지 않다.

가장 효율적인 방법은 유스세대가 좋아할 만한 영상과 이미지를 매력적으로 잘 만들어 적극 활용하는 것이다. 그들은 웹툰 등 다양한 작가의 상상력에 빠지고 감성적 사진과 재미있는 영상에 열광한다. 진부한 텍스트나 설명 방식을 버리고 사용자들 간의 소통이 활발하게 이루어지는 유튜브를 활용해보자. 만약 유튜브 영상이 유스세대의 시선을 사로잡을 만큼 재미있다면 기업이 별다른 노력을 하지 않아도 콘텐츠는 그들에 의해 저절로 확산되는 힘을 발휘한다. 유스세대에게는 가장 인기 있는 웹툰과 유튜브 영상 등을 챙겨보는 것이 일상이다.

이런 영상 기반의 콘텐츠는 점점 더 일반적인 추세로 자리 잡고 있다. 심지어는 텍스트의 고유 영역이라고 할 만한 책 소개에까지 영상이 등장하고 있다. 인터넷 서점이 제공하는 책 정보는 간단한 미리보기 서비스와 함께 텍스트 위주의 소개가 대부분이었다. 그렇지만 이미 변화가 시작되었다. 동영상으로 제작된 북트레일러(Book Trailer) 방식으로 책이 소개되고 있다. 이제 과거 텍스트 나열 형태의 책 소개는 진부하게 느껴질 정도다. 텍스트로 이루어진 제품을 판매하는 데 영상이 등장할 정도이니 이제 영상으로 재미있게 소개되는 콘텐츠가 아니면 호응과 피드백을 얻기 어렵다는 현실이 쉽게 실감된다.

기업들도 세상의 이런 움직임에 민감하게 반응하며 자신의 모습을 바꾸고 있다. 특히 디자인에 민감한 기업들이 영상에 촉각을 곤두세운다. 디자이너를 채용할 때도 멀티플레이가 가능한 인재를 선호하는데 단순히 디자인 실력이 좋은 사람이 아니라 기획력이 뒷받침되는 사람을 찾으려 한다. 그래픽 실력은 기본이고 영상 작업까지 능숙하게 해내는 디자이너를 우선순위에 놓는 것이다. 이런 현상은 기업

이 VDAS 아카데미처럼 기획 역량을 갖춘 디자이너를 양성하는 교육
기관들에게 관심을 갖게 만들고 있다.

VDAS 아카데미는 단순한 기능의 북트레일러는 물론이고 TV 광고
제작까지 할 수 있는 영상 기반 콘텐츠 제작 전문가들을 키우는 곳
이다. 이곳은 기업 마케팅과 브랜딩 차원에서 기획력을 갖춘 멀티플
레이를 할 수 있는 특별한 디자이너를 배출하고 있다. VDAS 아카데
미의 커리큘럼은 '비주얼 모션 그래픽' 과정이 기본이다. 여기서 캐릭
터, 애니메이션, 2D, 3D, 사운드 작업에 이르기까지 비주얼 경쟁력을
갖추기 위한 모든 것을 다루는데 최종적으로는 이 모두를 영상 기반
의 콘텐츠로 만들어낸다.

그리고 새로운 작품을 시작하는 초기 기획 단계에서 기초 자료 조
사와 이것의 분석을 통해 자신만의 독창적인 콘셉트를 만들 수 있도
록 이끄는 데 상당한 교육 시간을 투자한다. 기업에서 원하는 마케팅
이나 브랜딩 관련 콘텐츠를 기획할 때 시장 현황과 경쟁사에 대한 분
석은 필수다. VDAS 아카데미는 기업의 이미지와 상품의 과거·현재·
미래를 먼저 파악해야만 기업 아이덴티티를 녹여낸 매력적인 콘텐츠
를 개발할 수 있다는 것을 잘 알고 있었다.

기획력을 갖춘 디자이너들이 해낼 수 있는 일은 그야말로 무궁무
진하다. 그래픽 실력만 있는 디자이너는 한정된 업무밖에는 감당하
지 못한다. 하지만 제대로 된 교육을 받고 기업이 요구하는 기획력을

갖춘 디자이너라면 마케팅과 브랜딩 차원에서 자신의 새로운 아이디어를 비주얼로 창작해내고 이를 다시 재미있는 영상 작업으로까지 구현하는 것이 가능하다. 이런 실력 있는 디자이너들이 배출되고 있는 상황에서 기업은 마케팅과 브랜딩에 대해 잘 이해하고 영상 기반 콘텐츠 제작 능력까지 갖춘 디자이너를 선호하는 것은 당연한 일이다. 외주 업체에 작업을 맡기더라도 이 과정을 잘 이끌어나갈 수 있는 내부 전담자가 꼭 필요하므로 기업은 이런 입체적인 교육을 통해 유스세대들이 좋아할 만한 콘텐츠를 제대로 생산해낼 수 있는 인재들을 놓치지 말고 잘 활용할 수 있어야 한다.

이미 디자인 분야를 선도하는 기업들은 VDAS 아카데미 같은 교육기관과 연계해서 실무 인턴사원 제도를 도입하고 있다. 전문 교육을 받은 독창적인 인재들로부터 새로운 창의력을 공급받을 좋은 기회를 살리기 위해서이다.

영상 기반 콘텐츠가 없는 유스마케팅은 상상조차 할 수 없다. 반드시 영상 기반 콘텐츠를 확보해야 한다. 자체적으로 전문가를 확보하기 어렵다면 전문 교육기관과 연계하는 시스템을 구축하여 유스세대가 공감할 수 있는 콘텐츠를 제작할 수 있어야 한다. 그리고 이런 전문 교육기관과의 협력 관계를 통해 기업의 브랜드가 만들어지는 과정, 기업이 하는 일과 미래에 이루고자 하는 가치와 비전 및 기업 인재 양성을 위한 교육 등의 유스마케팅 프로그램을 기획해볼 수도 있다.

분위기에 휩쓸려가는 것으로는 트렌드를 이끌 수 없다. 마케팅 콘텐츠도 마찬가지다. 모두가 만드니까 우리도 만든다는 발상으로는 그저 생산하는 단계에 그치게 될 가능성이 크다. 반드시 '확산'이 가능한 콘텐츠를 제작할 수 있어야 한다.

▲▲▲

지속적인 업데이트로 생명력을 유지하라

TV 방송에 출연하는 연예인이 매번 한결같은 머리 모양에 똑같은 옷을 입고 나타난다고 생각해보자. 유스마케팅에서 콘텐츠가 새로워지지 않는 것은 이 상황과 별로 다르지 않다. 캐릭터도 마찬가지다. 몇 년 전에 개발한 캐릭터는 그 당시의 트렌드를 반영하고 있다. 그래서 시간이 흐를수록 시대에 뒤처지는 느낌을 주게 된다. 지속적으로 관리하고 꾸준하게 업데이트하지 않으면 오히려 부정적인 이미지를 갖게 될 수도 있다.

비주얼 콘텐츠는 시각적으로나 감성적으로 다가서는 효과가 크기 때문에 즉각적인 반응을 불러일으킨다. 하지만 반대로 변화하지 않을 때는 그만큼 빠르게 그 역할과 기능을 잃게 된다. 그렇다고 콘텐츠를 전면적으로 변화시켜야 한다는 뜻은 아니다. 가령 캐릭터의 경우 기본 형태에서 동작과 표정에 변화를 주고 새로운 의상을 입혀 메

398

시지를 전달하는 등의 변화만으로도 충분하다. 콘텐츠의 원천 소스에 새로운 콘셉트를 적용해가며 참신한 이미지를 창조하는 것은 그리 어렵지 않은 일이다.

프로그램 콘텐츠 역시 체계적이고 지속적인 업그레이드를 해나가는 과정이 중요하다. 유스마케팅 프로그램은 체험 위주의 교육적 기능이 핵심이다. 그들의 성장 단계에 뒤처지는 느낌을 준다면 참여와 소통을 이끌어갈 수 없다. 유아나 초등학생 대상의 프로그램은 흥미와 관심을 계속 끌며 활동성을 높일 수 있도록 한 가지씩 콘텐츠를 업그레이드하는 게 바람직하다. 중·고등학생 대상의 콘텐츠에서는 이끌어진 흥미와 관심을 직접 실행에 옮겨보는 도전의 기회를 제공해주어야 한다. 이때 팀플레이를 통해 소통하고 협력을 이뤄내는 사회성을 길러주고 자신의 재능을 발견하는 기회로 삼도록 단계적인 업그레이드를 해야 한다. 대학생 대상의 콘텐츠는 전문가의 지원이나 멘토링을 통해 체계적이며 전문적인 실전 체험의 기회를 제공하는 방향에서 알차게 업그레이드를 해나가는 것이 좋다. 이렇듯 작은 부분일지라도 각 유스세대에게 적합하게끔 지속적인 업데이트를 이뤄나간다면 프로그램들이 더 강한 생명력을 갖추게 될 것이다.

스티키몬스터랩 + 기업 브랜드의 콜라보레이션
SML BRAND CHARACTER & COLLABORATION

NIKE SPORT WEAR

NISSAN CUBE

CJ ONE

DAEWOO E&C

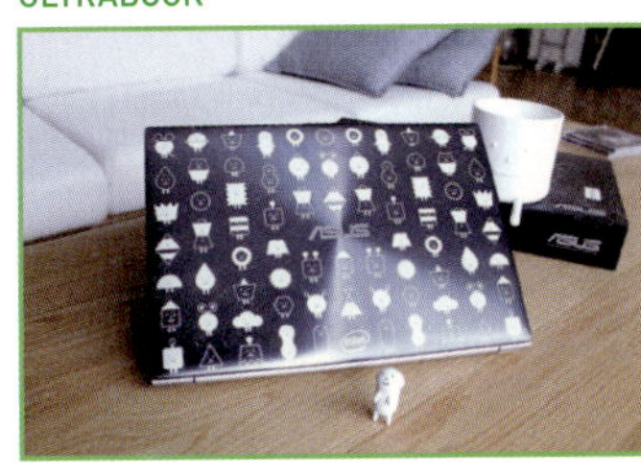

©Sticky Monster Lab

04

유스마케팅의 핵심적 역할은 '교육'이다
교육적 가치를 반드시 창출하라

유스마케팅을 잘하고 있는 기업들에서는 한 가지 공통점을 찾을 수 있다. 앞에서 살펴본 현대자동차, 대한항공, 홈플러스의 사례를 떠올려보자. 그 기업들은 '교육'이라는 가치를 중시한다는 눈에 띄는 특징이 있다. 유스마케팅은 본질적으로 교육을 핵심 사명으로 삼는다. 이는 유스세대의 미래에 실질적인 도움을 주는 교육적 역할을 해낼 수 있어야 함을 의미한다.

기업이 유스세대가 미래를 열어가는 데 있어 교육적 역할에 힘을 쏟는 모습은 그들의 부모에게 깊은 감동을 준다. 현재 고객과 미래 고객 모두에게 긍정적인 영향력을 발휘하는 시너지가 일어나는 것이다. 이는 '부모+자녀'를 타깃으로 하는 브랜딩 효과를 낳고 현재의 마케팅 성과에도 기여하는 기대 이상의 결과를 가져다준다.

▲▲▲

적합한 교육적 콘셉트로 실질적인 교육적 역할을 하라

유스세대의 진로 지도는 가정과 학교의 가장 큰 화두이다. 직업 선택에 대한 이해와 정보가 부족하던 예전과는 달리 요즘은 초등학교 시절부터 자신의 미래 직업에 대해 구체적으로 고민하기 시작한다. 입시 전쟁에 시달리는 중·고등학생들은 자신의 진로 문제 앞에서 더없이 진지하고 신중하다. 대학생에게 진로와 직업은 눈앞에 펼쳐진 현실 과제이다. 그들은 취업을 목표로 모든 에너지를 쏟아붓는다.

이런 유스세대의 현실 속에서 유스마케팅이 지향할 방향을 찾을 수 있다. 유스마케팅은 그들이 하고 싶은 일을 발견할 수 있도록 도와주어야 하며, 자신의 재능과 잠재력을 발견하고 꿈을 키워나가게끔 실질적인 체험의 기회를 제공해야 한다. 이럴 때 유스마케팅은 단순한 프로그램이 아닌 그들의 인생에 동기를 부여하고 열정을 이끌어내는 소중한 계기가 될 수 있다.

그들에게 필요한 것은 살아 있는 교육이다. 그들은 학교 공부의 스트레스에서 잠시나마 벗어나 자신의 미래를 그려보고 싶어 한다. 여기서 유스마케팅의 의미 있는 역할이 부여된다. 기업들은 학생들이 배운 지식이 현장에서 어떻게 활용되는지 직접 체험하는 기회를 제공할 수 있다. 이때 지식과 정보가 실제로 일하면서 어떻게 쓰이는지 느껴보면서 자신을 돌아보고 미래의 밑그림을 그릴 수 있는 현장감 있는 경험을 제공할 수 있어야 한다. 유스마케팅을 전개해나갈 때 기업들은 직업 체험 콘텐츠에 깊은 관심을 두고 개발하는 데 전력을 다해야 한다.

그렇지만 모든 직업 분야에 걸쳐 콘텐츠를 만들 수는 없다. 이것은 불가능한 데다 바람직하지도 않다. 기업은 자신이 속한 산업 분야에서 고유의 역사와 전문성을 갖추고 있다. 여기에 적합한 콘셉트를 지닌 프로그램을 우선 개발해야 한다.

유스마케팅에서 교육적 역할이 아무리 중요하다 하더라도 우리 기업과 전혀 연관성이 없는 콘셉트를 추구한다면 그 의미를 잃고 만다. 교육적 역할을 잘해내기도 어렵고 우리 기업만의 이미지와 메시지를 심어주지도 못한 채 그 기능을 상실하게 되는 것이다. 이런 점에 특별히 주의해야 한다. 교육적 가치를 실현하는 유스마케팅을 계획할 때 첫 단계는 우리 기업이 속한 산업 분야와 브랜드 아이덴티티에 적합한 콘셉트를 찾아내는 것이다.

그들은 어디서나 볼 수 있는 평범한 것을 거부한다. 싫증도 빨리 느낀다. 그래서 교육적 콘셉트에 독특한 아이디어가 담겨야 한다. 기존에 존재하는 것이라도 우리 회사만의 새로움이 더해져서 지금까지 그 어디에서도 존재하지 않던 참신한 것처럼 느껴져야 한다. 주변에 널려 있는 진부한 소재나 아이디어라 할지라도 그 기업만의 가치와 융합하면 새로운 존재로 재탄생될 수 있다. 어렵게 생각하거나 멀리 볼 필요도 없다. 우리 기업이 속한 산업 분야에서 할 수 있는 일들이 무엇인지 먼저 찾아내면 된다.

우리 기업이 유스세대에게 전해줄 수 있는 콘텐츠를 교육적 역할과 기능에 담아서 제공하자. 그들이 우리 기업이 속한 세계를 감성적으로 체험할 수 있게 도와주자. 그러면 그들의 마음속에 우리 기업의 이미지를 친근하게 심어줄 수 있음은 물론이고 우리 브랜드를 산업 분야의 선도자로 인식하고 기억하도록 만들 수 있다.

이처럼 브랜드 체험 교육, 직업 체험 교육 등은 기업과의 연계 속에서 고려되어야 한다. 기업이 속한 산업 분야의 인재들이 갖추어야 할 재능을 발굴하는 교육도 꼭 짚어보아야 할 유스마케팅의 기본 요소이다. 관심이 없던 이들은 미래 직업에 대해 새로운 흥미를 품게 되고 이미 관심을 두고 있던 이들은 더 구체적으로 자신의 꿈을 키워가도록 기회를 제공하는 게 바람직하다. 이것을 어떤 프로그램 속에 녹일지, 교육 콘텐츠는 어떻게 구성할지, 프로그램 운영을 어떻게 할지 등 실무적 문제는 그다음 단계에서 고민하면 된다.

하지만 중요한 점 한 가지는 절대 놓치지 말자. 어떤 콘텐츠가 되었든 유스마케팅 교육 프로그램은 일방적으로 가르치는 방식이 되어서는 안 된다. 그들 스스로 능동적으로 즐기면서 체험하는 실질적 교육이 되어야 한다. 그리고 이 모든 것을 그들 신체 일부나 다름없는 스마트폰 안에 쏙 들어갈 수 있는 콘텐츠로 갖추어야 함을 잊어서는 안 된다.

▲▲▲

직업 체험은 가장 교육적이고 효과적인 브랜드 경험이다

앞에서 대한항공의 사례를 다룰 때 잠깐 언급한 키자니아를 떠올려보자. 키자니아는 만 3세부터 14세의 유아·초등학생이 '직업'을 테마로 다양한 체험을 할 수 있도록 꾸며놓은 이색적인 콘셉트의 어린이 테마파크이다. 이와 동시에 기업 브랜드 경험을 할 수 있는 리얼 테마파크(Real Theme Park) 공간이기도 하다. 키자니아는 빨리 어른이 되고 싶어 하는 그들의 욕구를 충족시켜주며 자신의 미래를 상상해보는 기회를 제공하고 있다.

어린 시절부터 아이의 적성과 흥미를 파악해서 효과적으로 진로를 설계하는 진로 적성 교육에 대한 부모들의 관심이 날로 커지고 있다. 키자니아의 차별화된 직업 체험 활동은 이런 상황에서 특별한 가치가 드러난다. 놀이 형태의 즐거운 체험을 통해 아이들이 자기의 관심과 적성을 발견하고 아이 스스로 미래의 꿈을 찾아가는 데 도움을 주기 때문이다.

어린이들은 실제 도시의 모습을 축소해놓은 키자니아 안에서 역할 놀이를 통해 80여 가지의 전문 직업인이 되어볼 수 있다. 이런 역할 놀이 방식은 어린이들이 쉽게 몰입할 수 있는 환경을 만들어주며 흥미를 유지시켜 직업 체험을 끝까지 마칠 수 있도록 도와준다. 또 활동을 완수한 어린이에게는 본인이 직접 만든 결과물이나 자격증, 키자니아 내에서 유통되는 화폐인 '키조(Kidzo)' 등으로 보상함으로써 보람과 성취감을 심어준다. 키자니아는 이제 어린이들과 학부모 사이에서 꼭 놀러 가야 하는 필수 코스가 되었으며 직업 체험 활동을 위한 핵심적 장소로 자리 잡았다.

놀면서 배우는 즐거운 교육의 실현으로 키자니아에 대한 기업들의 관심과 참여가 점점 확대되고 있다. 키자니아의 입점비는 상당히 비싸다. 그런데도 각 산업의 선도 기업들은 이미 키자니아에 입점했거나 키자니아에 들어가기 위해 노력하고 있다. 그 이유는 무엇일까? 키자니아를 찾는 전국의 수많은 유아·초등학생에게 그리고 그들 부모의 마음속에 효과적으로 브랜드를 심어줄 수 있기 때문이다. 키자니아와 파트너십을 맺은 여러 기업들은 자사의 브랜드가 지닌 핵심 콘셉트를 직업 체험을 통해 경험할 수 있도록 하고 있다.

직업 체험은 자연스럽게 관련 기업과 브랜드에 대한 호감으로 이어진다. 입점 기업들은 미래 고객으로 성장할 어린이들의 마음속에 기업과 브랜드 이미지를 친근하고도 인상적으로 담기 위해 노력한다. 그리고 자녀의 진로 문제에 예민한 부모들의 관심과 욕구를 충족시켜줌으로써 감동과 만족을 일으킨다. 신세대 부모를 주 고객층으로 삼고 있는 기업에게 현실적인 브랜드 상승효과까지 가져다주는 것이다. 이렇듯 키자니아는 탄탄한 스토리텔링을 바탕으로 현실감을 극대화시키는 체험 환경을 갖추어 기업들의 니즈를 채워주고 있다.

대한항공이 키자니아를 활용한다면 현대자동차는 잡월드에 입점해서 직업 체험을 브랜드 경험으로 연결시키고 있다. 키자니아의 주 대상이 유아와 초등학생이라면 잡월드는 중·고등학생을 대상으로 삼는다. 유스마케팅에 적극적인 기업들은 왜 이렇게 직업 체험 공간을 중요하게 여기는 것일까? 이런 현상을 결코 가볍게 지나쳐서는 안 된다. 자신이 하고 싶은 일을 찾고자 하는 데 누구보다도 관심과 열망이 가득한 유스세대의 특성에 맞춘 활동이기 때문이다.

유스세대의 부모들도 자녀의 진로 교육을 매우 중요하게 여긴다. 그러나 다양한 경험과 전문성이 부족하다 보니 부모가 직접 교육하기에는 한계가 따른다. 학교나 학원 등의 교육기관은 직업 체험 활동 등의 진로 교육에는 특화되어 있지 않다. 또한 가정에서의 진로 체험 교육도 제대로 진행되기 어려운 실정이다. 그들과 그들 부모들이 이런 체험 프로그램에 호평을 보내고 있는 것은 무척 당연한 현상이다.

기업이 가정과 학교가 하지 못하는 직업 체험 교육을 제공하는 일은 유스마케팅의 일환으로 할 수 있는 가장 적절한 교육적 역할이다.

직업 체험을 제공하는 구체적인 프로그램을 기획해보자. 꼭 키자니아나 잡월드 같이 규모가 크지 않아도 좋다. 초기 단계에는 규모가 작더라도 회사 강당이나 대회의실 또는 놀고 있는 공간을 활용하여 직업 체험 프로그램을 열어보자. 직업 체험과 브랜드 경험을 함께 할 수 있는 흥미로운 콘셉트와 역할 놀이 콘텐츠를 구상해보자. 이런 행사를 기획하고 준비하면서 키자니아와 잡월드를 직접 방문해보면 콘텐츠나 운영 방식 등에서 우리 회사에 적합한 벤치마킹 요소들을 쉽게 찾아낼 수 있을 것이다. 아울러 여러 산업 분야의 다양한 회사들이 실행하고 있는 프로그램들도 눈여겨보고 참고로 삼자. 중요한 것은 하고자 하는 의지와 실행이다.

프로그램 실행을 결정했다면 그다음으로는 기업 소개를 어떻게 할지 계획해야 한다. 앞에서 말한 것처럼 건조하고 지루한 기업 소개는 유스세대의 감수성을 절대 충족시키지 못한다. 그들의 마음을 움직일 만한 스토리를 매개로 우리 기업을 소개할 수 있어야 한다. 우리 기업은 지금까지 무엇을 이루었는지, 지금 어떤 일을 하고 있는지, 앞으로 무엇을 목표로 삼고 있는지가 중심 내용이다. 이를 바탕으로 세상을 위해 공헌한 것은 무엇이며 앞으로는 어떤 공헌을 하기 위해 노력하고 있는가를 전달하면 된다. 모든 이야기는 감성적 가치를 지녀야 하며 그들의 상상을 자극해야 한다. 규모가 작은 기업은 같은 업계의 다른 회사들과 공동으로 프로그램을 주최하여 함께 협력한다면 부담은 줄이고 효과는 높일 수 있다.

직업 체험 콘셉트를 가진 유스마케팅의 핵심은 그들의 감성을 파고드는 것이다. 체험을 통해 그들이 미래에 대한 구체적인 상을 가슴에 품고 돌아가도록 해줘야 한다. 그렇게 함으로써 그들에게 우리 기업 브랜드에 대한 동경을 심어줄 수 있다면 성공적인 유스마케팅을 해낸 것이다. 과거에 해오던 회사 탐방이나 공장 견학과 같은 일회성 콘텐츠는 비용과 시간, 인력만 낭비하는 단순 이벤트로 그칠 가능성이 크다.

직업 체험은 유스마케팅 프로그램 중에서도 가장 교육적이고 효과적인 콘텐츠다. 하지만 기존의 보여주기나 설명 방식의 프로그램은 별다른 기능을 하지 못한다. 직업 체험 프로그램이 유스마케팅 기능을 제대로 발휘하려면 그들에게 실질적인 도움을 주면서 그들의 마음을 움직일 수 있어야 함을 다시 한 번 새기자. 단 한 가지라도 명확한 교육적 콘셉트를 세우고 진정성의 원칙을 지키며 진행해나간다면 직업 체험 프로그램은 기대 이상의 강력한 브랜딩 효과를 가져올 것이다.

▲▲▲

꿈을 이루기 위한 진정한 코칭과 멘토링을 해주어라

최근 몇 년 사이 대기업들이 앞다투어 직업 멘토링 프로그램을 시작했다. 2011년에 시작된 삼성멘토링 프로그램이 대표적이다. 삼성멘토링은 미래 진로와 직업을 정하는 데 동기부여를 해주는 프로그램으로 전국의 대학생들을 대상으로 운영되고 있다. 대학생이라면 누구나 안고 있는 진로와 취업에 대한 고민을 나누며 삼성 임직원들의 조언을 듣고 실질적이고 구체적인 정보를 얻을 수 있도록 해준다. 또 직접적인 체험 과정에서 열정을 발견하게 해주어 그들이 꿈에 한 발짝 더 다가갈 수 있도록 이끄는 것을 목표로 하고 있다.

삼성그룹은 대학생들이 가장 선호하는 직장이다. 그러나 그 이면에서는 냉철하고 딱딱한 느낌, 무게감과 거리감 등이 느껴지는 것도 사실이다. 한국인은 세계 최고 기업으로 우뚝 선 삼성을 자랑스럽게 여긴다. 그러나 한편으로는 다른 기업을 바라볼 때와는 달리 삼성의 행보에는 유난히 더 예민하게 반응하고 냉정하게 관찰한다.

삼성멘토링은 그런 삼성의 브랜드 이미지를 친근하게 바꾸는 계기가 되고 있다. 자녀의 취업 문제를 걱정하는 부모의 고민과 책임을 나누고 자녀의 인생이 달려 있는 직장과 직업을 잘 선택할 수 있도록 이끌어주는 역할을 나서서 해줌으로써 부모의 짐을 가볍게 해주고 있는 것이다.

삼성에게 멘토링 프로그램은 회사가 유스세대와 소통하는 영커뮤니케이션이다. 그들이 삼성의 마케터나 디자이너가 되지 않더라도 또한 어느 직종, 어떤 회사를 선택하든 도전과 열정으로 무장한 인재로 성장할 수 있게끔 동기부여를 해주는 것이 목표이다. 삼성멘토링에 참여한다고 해서 삼성그룹에 입사할 수 있는 것은 아니지만 꿈을 이루는 데 있어 구체적인 도움을 받을 수 있다.

이렇게 노력하는 모습을 통해 삼성의 브랜드 이미지가 긍정적으로 형성된다. 그들에게 삼성이라는 브랜드는 인생의 선배이자 멘토의 모습으로 친근하게 심어지고 있다. 삼성의 유스마케팅은 그 규모나 내용에 있어 삼성의 위상을 잘 나타내준다. 삼성그룹의 주요 유스마케팅 프로그램으로는 삼성멘토링 외에 삼성만의 독특한 감성과 가치를 지닌 대규모 강연 콘서트인 '열정樂서'와 '영삼성'이 있다. 이와 함께 삼성전자가 '삼성 아이크리에이터', '삼성전자 스토리텔러'를 진행하고 있다. 이런 프로그램들은 모두 유스마케팅의 핵심적 가치인 교육적 역할에 초점을 맞추었다.

삼성 같은 대기업만이 이런 멘토링 프로그램을 할 수 있다고 생각해서는 안 된다. 그들이 먼저 나서서 어렵게 깨달은 점을 이렇게 쉽게 배울 수 있다는 사실을 다행으로 여기고 적극 받아들이는 게 현명하다. 대기업들의 유스마케팅 프로그램은 하루아침에 만들어진 게 아니다. 다양한 사례를 분석하고 연구를 거친 후에 시행되었고 여러 시행착오를 거쳤다. 그리고 진정성을 밑바탕으로 그 위에 브랜드 아이덴티티를 입혀 지금과 같은 효과적인 프로그램이 나왔다. 대부분의 유스마케팅 프로그램들은 불과 최근 3~5년 사이에 시작되었다. 이렇게 짧은 시간 동안에 벤치마킹할 좋은 대상이 생긴 것은 무척 다행스럽다.

당장 매출에 신경 쓸 시간도 모자라는데 미래 성과를 위한 유스마케팅이 웬말이냐는 식으로 남의 일처럼 구경만 하고 있다가는 가까운 미래에 돌이킬 수 없는 후회를 하게 될 것이다. 그들은 곧 중심 소비자로 성장한다. 그들이 주도해나갈 새로운 세상에 대한 체계적인 준비를 하지 않으면서 미래 목표를 세우는 일은 불가능하다.

지금 이 순간부터 기업 미래를 세우기 위한 준비에 나서야 한다. 기업의 규모는 전혀 중요하지 않다. 회사의 실정에 맞게 얼마든지 프로그램과 콘텐츠 규모를 조절할 수 있다. 현재 업계 1위의 대기업들이 왜 유스세대를 대상으로 하는 직업 멘토링 프로그램을 통해 미래를 다지고 있는지, 왜 그들의 미래를 위한 교육에 열성을 다하고 있는지 그 이유와 가치를 찾아낼 수 있어야 한다. 그리고 이를 토대로 우리 기업에 적합한 전략을 수립하고 우리 기업만의 차별화된 프로그램을 기획해야 한다. 대기업은 규모가 크기에 아우르는 범위가 넓어야 한다. 소수에게 혜택이 가지 않도록 하는 데에도 신경을 써야 하기 때문에 집중도가 떨어질 가능성이 있다. 그러나 중소기업은 여러 면에서 집중력을 발휘하기에 적합하다. 자신이 속한 산업 분야에서 선별된 소수를 대상으로 하는 프로그램을 기획하여 참여자들이 더 밀도 있는 교육을 받을 수 있게끔 한다면 기대 이상의 큰 효과를 보게 될 것이다.

현재 멘토링 프로그램에서 가장 아쉬운 점을 들자면 그 대상이 대학생에 한정되었다는 사실이다. 현실적으로 취업의 문턱에 서 있는 대학생들을 위한 프로그램이 먼저 도입된 것은 자연스러운 면도 있다. 하지만 멘토링 프로그램은 반드시 그 대상 연령을 확장해나갈 필요가 있다.

대학생에게 '꿈'은 이미 현실적 한계 안에 놓여 있다. 자신이 다니는 대학이나 역량 범위 내에서 계획하는 차원이 되어버리기 때문이다. 그래서 대학생은 꿈꾸기보다는 현실적인 직업과 직무에 더 큰 관심을 둔다. 그러나 초등학생과 중·고등학생은 다르다. 아직 무한한 기회가 있다. 지금부터 노력하면 원하는 대학교에 진학할 수도 있고 꿈을 이루기 위해 적합한 학과에 도전할 수도 있다. 그야말로 가능성과 잠재력이 무궁무진한 것이다. 이런 연령층을 대상으로 하는 멘토링 프로그램은 그들에게 원대한 꿈과 목표를 심어줄 수 있다. 진정한 코칭과 멘토링은 대상자가 더 어릴수록 진가를 발휘한다. 그들의 어린 시절에 코칭과 멘토링을 경험하게 해준다면 꿈을 이루기 위한 실질적인 도움을 주게 되는 것이다.

지금 유스세대는 초등학교 고학년 정도만 돼도 자신의 미래와 꿈에 대해 진지한 고민을 시작한다. 따라서 현재 대학생에만 머물러 있는 멘토링은 앞으로는 중·고등학생, 초등학생까지로 그 대상 폭을 넓혀갈 수 있어야 한다. 아직 멘토링 프로그램을 시작하지 않은 기업들도 이 점을 고려해야 하며, 특히 중소기업들의 경우 대기업들이 시도하지 못하고 있는 부분에 집중한다면 기대 이상의 호응과 더욱 큰 유스마케팅 성과를 얻게 될 것이다. 멘토링의 대상이 대학생에서 점점 어린 연령대인 중·고등학생과 초등학생으로 확장되는 현상은 앞으로는 점점 더 활발하게 일어날 것으로 예상된다.

한편 멘토링 프로그램이 자사에 입사를 권하는 기능을 가져서는 안 된다. 그렇게 되는 순간 인사팀에서 추진하는 채용박람회와 다를 바가 없어진다. 유스마케팅에서의 멘토링 프로그램은 그들의 꿈을 응원해주는 진정성을 잃지 말아야 함을 기억하자.

멘토링 프로그램은 참여하는 학생들뿐만 아니라 내부 임직원의 호응도 상당히 높다. 사실 기업이 외부적으로 좋은 일을 하면서 내부의 만족을 이끌어내는 것은 여간해서는 쉽지 않다. 하지만 멘토링 프로그램은 다르다. 우선 임직원이 젊은 층과 만나서 이야기를 나누는 것 자체가 색다른 경험을 선사한다. 멘토링에 참여하는 임직원은 그들과의 만남을 위해 많은 준비를 해야 한다. 10년 이상 회사 생활을 하다 보면 반복되는 일상이 지루해지기 마련이다. 그런데 자신이 해온 일을 누군가에게 들려주려면 그동안 해온 일들을 되짚어 보며 그로부터 가치를 찾고 의미 부여를 해야 하는 상당한 노력이 필요하다. 이 과정 중에 자신의 업무에 대한 동기가 새롭게 샘솟고 비전도 새롭게 다지게 되는 것이다.

자신이 아무 재미도 느끼지 못한 채 머리를 싸매고 하는 일들이 학생들에게는 하고 싶어서 미치는 일이라는 것을 깨닫게 되면서 자기 일과 지위, 직장의 소중함을 느끼는 성찰도 이루어진다. 이렇듯 직업 멘토링은 유스세대를 위한 프로그램인 동시에 임직원에게 활기를 북돋아주는 일석이조의 효과를 창출해낸다. 멘토링을 진행하고 있는 기업들은 한결같이 멘티보다 멘토들의 반응이 더 좋다고 말한다. 그만큼 내부적 효과가 높다는 것을 의미한다. 그러므로 임직원의 열정을 재정비하고 비전을 새롭게 세울 기회를 가져다주는 멘토링 프로그램은 꼭 검토해볼 만한 가치가 있다. 기업은 멘토링 프로그램을 통해 그들과의 소통을 활발히 이뤄내는 것은 물론 그들 미래를 위한 실질적인 역할을 함으로써 기업 브랜드의 친근함을 특별하고도 지속적으로 심어줄 수 있다. 그들의 이런 진정성에 대한 경험은 자연스럽게 친구 관계로 발전될 뿐만 아니라 그들 스스로 주변에 그리고 세상에 우리 기업을 좋게 알리고 퍼트리는 특별한 미래 고객으로 연결시키는 토대가 될 것이다.

미래 경쟁력이 될 수 있는 가치 있는 교육에 투자하라

기업들은 너나 할 것 없이 "기업의 미래는 사람이다"라고 부르짖으며 인재의 중요성을 강조하고 있다. 인재는 교육을 통해서 길러진다. 그렇다면 교육이 곧 기업의 미래라고 해도 과언이 아니다. 그래서 유스마케팅은 미래 경쟁력이 될 그들을 위해 가치 있는 교육을 해줄 수 있어야 한다. 여러 나라의 문화를 경험하게 함으로써 글로벌 시대에 걸맞은 통찰력을 길러주거나 하루가 다르게 변모하는 지식 정보사회에서 창의적인 아이디어로 변화와 혁신을 주도하는 인재로 성장할 수 있게끔 앞장서야 한다.

공교육이 있음에도 기업들이 교육적 역할을 해주어야 할 분명하고도 확실한 이유가 있다. 『제3의 물결』의 저자 엘빈 토플러는 한국을 방문했을 때 우리 교육의 현실에 대해 일침을 놓은 바 있다. 그는 "한국 학생들이 미래에 반드시 필요하지도 않을 지식을 배우기 위해 학교와 학원에서 하루 평균 15시간이라는 아까운 시간을 낭비하고 있다"라고 지적했다. 양적인 교육에 매달리는 방식으로는 우리 아이들의 미래도 없으며 한국의 미래도 없다는 의미다. 그렇다고 공교육이 하루아침에 변할 수는 없다. 그래서 기업의 역할이 중요하다. 학교가 기초적이고 필수적인 교육을 맡는다면 기업은 현실에 적용하여 실행시킬 수 있는 실전 방식으로 스마트 시대에 맞는 미래 지향적인 교육을 맡아야 한다.

예를 들어 앞으로 중국 시장에서 사업을 성장시킬 목표를 세우고 있는 기업이라면 중국 문화를 체험하고 중국 현지 기업들을 경험하는 콘텐츠로 채워진 유스마케팅 프로그램을 기획해볼 수 있다. 게임 회사나 IT 회사와 같이 소프트웨어 기술을 기반으로 하는 기업에서는 체계적인 교육 프로그램을 통해 세계적으로 턱없이 부족한 소프트웨어 개발 인재를 양성하는 데 선도적으로 나설 수 있다. 이미 해외에서는 기업들의 이런 교육 프로그램이 활발하게 전개되고 있다. 영국 초등학교에서는 학교 방과 후 개발자 육성 프로그램인 코드클럽(Code Club)이 널리 퍼지고 있다. 국내에서는 이제 막 삼성전자의 주니어 SW 아카데미, 네이버와 NHN 넥스트의 '아이들을 위한 SW 교육' 등이 시작되었다. 이런 프로그램은 지식 전달보다는 경험을 목적으로 하는 교육에 중점을 두고 있다. 그린 경영을 추구하는 기업이나 CSV 경영을 실현하고자 하는 기업이라면 그 분야의 전문가를 양성하기 위해 개념부터 실행까지 체험해볼 수 있는 실전 프로그램을 운영해볼 수도 있을 것이다.

미래에는 스마트 기업만이 살아남을 것이라고 한다. 그 시기는 이제 피부로 느껴질 만큼 가깝게 와있다. 그간 무엇을 어떻게 해야 할지 몰라 손을 놓고 있었다면 이제는 작은 것이라도 실천해볼 때이다. 그들의 성장과 함께 스마트 세상은 더욱 스마트해지고 있다. 어떻게 하면 그들을 경쟁력 있는 미래 인재로 육성해나갈 것인지에 대해 기업들이 깊은 관심을 두고 적극적으로 교육적 역할에 나서는 것이 필요한 때이다. 여기에 동참하는 기업은 그들과 함께 스마트한 세상을 주도적으로 이끌어나갈 수 있을 것이다.

▲▲▲

글로벌 경쟁력의 핵심인 창의적 감성과 상상력을 이끌어라

미래 사회의 핵심 가치는 무엇일까? 여기에 대해 '창조경제', '크리에이티브', '융합', '연계' 등의 키워드가 단골로 등장한다. 스티브 잡스는 대학교를 자퇴하자마자 필수 과목이 아닌 오직 흥미로워 보이는 수업들만을 골라서 듣기 시작했다고 한다. 그중에서도 특히 그를 매료시켰던 수업은 캘리그래피였다. 이 캘리그래피 경험이 뒷받침되어 잡스는 자신이 만드는 모든 제품에 감성이 담긴 디자인을 결합하려 했고 친근하고 유니크한 그래픽 유저 인터페이스를 만들어냈다. 자유롭게 선택해 들었던 수업 하나가 기술과 예술을 융합하는 시도를 이끈 계기가 되었다. 만일 그가 캘리그래피를 접하지 못했다면 애플사의 맥(Mac), 아이팟(iPod), 아이폰(iPhone), 아이패드(iPad)와 같은 세련된 심플함이 돋보이는 디자인의 디지털 기기는 탄생하지 못했을지도 모른다. 스티브 잡스의 캘리그래피 경험이 기능과 디자인적인 면에서 혁명을 일으켰고 그의 창의적 감성과 상상력이 '하드웨어-소프트웨어-콘텐츠의 결합체'라는 창조적 비즈니스 모델을 탄생시켰다.

스티브 잡스의 이 일화는 오늘날 교육이 어떤 점을 지향해야 하는지 생각하게 해준다. 유스마케팅을 통해 미래 세대를 위한 교육적 역할을 하고자 하는 기업들은 이 점을 유심히 들여다볼 필요가 있다. 유스세대를 미래에 경쟁력 있는 인재로 성장시키는 데 힘을 더하고자 하는 기업이라면 그들이 평소에 접할 수 없는 영역, 창의적 사고를 이끌어내는 교육 분야에 대해 고민할 필요가 있다. 과거의 틀에 얽매인 콘텐츠로 채워진 교육 프로그램은 미래 세대를 이끌어갈 그들에게 도움이 되지 않는다. 그러므로 공교육이 제공하지 못하는 창의적 사고를 일깨워주는 교육 프로그램으로 현재가 아닌 미래에 경쟁력 있는 인재를 길러내고자 노력해야 한다.

숙명여자대학교에는 '앙트러프러너십 학과'가 있다. 이 독특한 이름은 'entrepreneurship' 프랑스어 발음에서 따왔는데 그 뜻은 '기업가정신'이다. 굳이 우리말로 풀어보자면 '기업가정신학과'가 된다. 도전정신을 갖고 새로운 사업을 시작하는 이들이 갖추어야 할 기업가의 자세나 정신, 창의성과 진취성을 바탕으로 경제적·사회적 문제에 도전하여 새로운 가치를 창조하는 능력과 의지를 길러주는 학과이다.

국내 최초로 숙명여자대학교에서 신설한 앙트러프러너십 학과는 고용 창출의 원동력이 되는 아이디어가 가득한 창업가를 비롯하여 사회적 문제 해결을 통해 사회적 혁신을 이루는 사회적 기업가, 창의적인 발상으로 여러 분야에서 가치를 증대시키며 경영에서 존재하는 위험을 감수하는 혁신형 인재 그리고 사고의 전환을 통해 혁신에 성공하는 사람인 앙트러프러너를 양성하겠다는 의지를 밝히고 있다. 창조경제 시대를 이끌어가는 여성 창업가 육성을 위해 전공학과를 신설한 것이다. 또한 독창적인 사업을 구상 중인 재학생은 누구나 대학 부설 기관인 창업보육센터를 통해 재정 지원 및 법률 자문 등을 받을 수 있도록 실질적인 노력을 쏟고 있다.

숙명 앙트러프러너십센터(Sookmyung Entrepreneurship Center)는 국내 최초의 학부 과정인 앙트러프러너십 전공과 연계하여 창의적·진취적 인재 양성을 위한 교육 과정을 연구개발하고 있다. 그리고 대학 내의 창업보육센터와 협력하여 사회적·경제적 가치를 창출할 유망한 인재와 사업 기회를 발굴하고 실제 창업을 할 수 있도록 체계적으로 지원하여 한국 사회의 앙트러프러너십 인프라 구축에 기여하는 것이 목표다. 현재 국내외 창업경진대회 행사를 주도하고 창업 동아리 활동을 활성화시키는 등 대학생들의 창업 마인드와 창의적 역량을 고취하고 특별히 여성 특유의 섬세함과 휴머니즘에 기반을 둔 창업 모델을 개발하여 사업 계획 수립부터 창업에 이르기까지 필요한 유·무형의 네트워크를 지원함으로써 학생과 일반 여성들의 창업 패러다임을 이끌어가는 중이다.

기업들은 숙명여자대학교 앙트러프러너십 학과의 창의적 인재를 육성하고자 하는 의미와 목적, 그리고 그 비전을 눈여겨봐야 한다. 대학교 교육의 이러한 움직임은 미래에 창의적 사고와 발상에 바탕을 둔 창조 능력이 얼마나 중요한지를 일깨워준다. 그리고 글로벌 경쟁력은 결국 창의적 감성과 상상력에 달려 있음을 다시금 확인시켜 준다.

기업 유스마케팅의 교육적 역할을 바로 그런 창의적 감성과 상상력을 지닌 인재를 길러내는 데 초점을 맞춰야 한다. 기업들에게는 각자 필요로 하는 고유의 창의성과 상상력이 있을 것이다. 그것을 정확히 집어내고 적절한 교육 콘텐츠에 담아 유스세대에게 전달하는 것은 곧 우리 기업의 미래 경쟁력을 키우는 일과 다름없다.

진정한 앙트러프러너의 육성은 어찌 보면 중·고등학생, 초등학생으로까지 넓혀 생각해야 될 일인지도 모른다. 그들의 눈높이에 맞는 교육이 일찍부터 이뤄져야 진정한 실현을 이룰 수 있기 때문이다. 이것은 기업이 가장 잘할 수 있는 일이기도 하다. 기능과 품질로는 특별한 차별화를 하기 어려운 환경이다. 모든 분야에서 디자인이 가장 중요한 요소로 떠오른 지도 이미 오래됐다. 디자인적인 측면을 가장 중요하게 다루는 기업이라면 디자인과 연계된 창의적 사고와 재능을 이끄는 교육 프로그램을 고려해보는 것이 효과적이다.

숙명여자대학교와 같이 창의적 교육을 각별하게 펼치고 있는 학교나 교육기관 등과 연계하면 효율적으로 창의적 교육을 전개해나갈 수 있을 것이다. 이는 기업의 미래 인재를 양성하는 일임과 동시에 그들에게 미래 경쟁력을 길러줌으로써 기업 이미지를 특별하게 그들 마음속에 심어주는 강력한 계기가 될 것이다.

▲▲▲

부모의 교육적 니즈를 파악하라

유스마케팅의 1차 타깃은 누구일까? 당연히 유스세대라고 답하기 쉽지만 정답은 아니다. 1부의 이야기를 다시 떠올려보자. 유스마케팅의 독특한 성격 때문에 '자녀+부모'가 1차 타깃이 된다고 말했던 것이 기억날 것이다. 부모들은 자신의 자녀에게 도움을 주는 기업에 감동한다. 그래서 자녀를 만족시키면 그 부모가 기업의 충성 고객이 될 가능성이 높아진다.

현재 부모들은 자녀의 직업 체험 활동이나 사회성 교육에 깊은 관심이 있다. 유스마케팅을 전개하려는 기업은 부모의 이런 심리를 잘 파악하고 그 니즈를 충족시키는 프로그램을 만들어야 높은 효과를 얻을 수 있다.

구체적인 방안을 들자면 에듀테인먼트적 성격이 강한 프로그램을 진행해야 한다. 우선 재미있어야 자녀가 좋아할 것이고 교육적 효과가 있어야 부모를 만족시킬 수 있기 때문이다. 이런 부모들의 특성을 유념하여 재미와 교육적 가치를 함께 담은 프로그램을 준비해야 그들과 그들 부모로부터 동시에 신뢰를 얻게 될 것이다.

그들을 진정 이해하고 싶다면 그들과 직접 만나야 한다고 강조했었다. 부모들도 마찬가지다. 그들 부모를 이해하고 싶다면 직접 만나야 한다. 예를 들어 유아나 초등학생은 부모가 먼저 행사나 프로그램을 접하고 신청하는 경우가 대부분이지만 중·고등학생이나 대학생은 좀 다르다. 부모의 역할은 그들이 프로그램에 참여하는 과정에서 동의하는 선에서만 끝날 때가 많다. 이때 단순히 부모의 동의만 구하고 끝낼 것이 아니라 부모들과 조금이라도 더 소통함으로써 그들 부모의 니즈를 이해하고자 노력해야 한다.

또한 프로그램을 마친 뒤에도 부모와의 피드백 기회를 가짐으로써 더 나은 프로그램으로 발전시켜나가려는 의지가 있어야 한다. 중·고등학생을 대상으로 하는 직업 체험에서 프로그램을 마친 뒤 보호자에게 피드백을 해주는 방법을 생각해볼 수 있다. 대학생도 곧 경제적으로 독립하는 성인이 되겠지만 아직은 부모 품에 있다는 사실을 기억하자. 그러므로 부모에게 직접 프로그램을 소개하면 진정성 또한 쉽게 전달할 수 있다.

유아·초등학생 자녀를 둔 부모들은 자녀의 체험 프로그램에 상당한 관심을 갖고 있다. 그래서 주말마다 유익한 활동을 찾아 나서는 적극적인 부모들이 많다. 이럴 때 부모와 자녀가 함께 참여하는 프로그램도 있지만 자녀가 프로그램에 참여하는 동안 부모가 기다려야 하는 상황도 잦다. 자녀를 기다리는 동안 멍하니 앉아 있거나 기다리는 장소가 불편하여 고충을 호소할 때도 많다. 부모도 입장료를 내고 들어가는 경우가 많은 데 비해 부모를 배려한 서비스나 공간이 충분하지 않기 때문이다. 아이들의 체험 시간 동안 부모가 지쳐버리는 것이다. 아무리 자녀를 위한 유익한 프로그램을 제공하더라도 부모를 위한 서비스를 갖추지 못한다면 그 부모가 두 번 다시 자녀를 데리고 찾아오는 일은 없을 것이다.

유스마케팅에서 부모를 빼놓고는 좋은 브랜드 이미지를 제대로 전달하기 어렵다. 부모가 동반해야 하는 프로그램이라면 자녀를 기다리는 부모들을 위해 유익한 프로그램을 제공하거나 부모들이 앞으로 관심을 두면 좋을 내용을 전달하는 등 그들의 부모와도 진심으로 소통하려는 노력이 필요하다. 자녀가 참여하는 프로그램 내용의 교육적인 측면을 그들 부모에게 잘 알리는 것 또한 중요하다. 자녀와 부모는 둘이 아닌 하나다. 유스마케팅 프로그램의 기획 단계부터 사후 피드백 단계까지 이 점을 잊어서는 안 된다. 자녀를 대상으로 하는 유스마케팅이 현재 시점의 주 고객층인 부모를 대상으로 하는 기업 마케팅 활동에 엄청난 영향력을 발휘한다는 것을 항상 명심하자.

국내 독보적인 직업 체험 테마파크
키자니아

키자니아의 기본 개념은 실제 프로그램 환경과 아이들의 성인 역할 놀이 활동을 결합하여 평범한 도시 내의 직업 상황을 재연하는 것이다. 아이들에게 실제 도시와 같은 느낌을 주기 위해 거리에서 흔히 접할 수 있는 자연스러운 분위기를 연출하고 실제 상황과 같이 직접 원하는 장소에 방문하여 제품을 사용하거나 만들어보는 등 실질적인 기업 브랜드를 경험할 수 있는 기회를 제공하는 것을 무엇보다 중요하게 다룬다.

현실을 그대로 구현한 사실성

　키자니아의 마케팅 파트너는 도시를 구성하는 장소와 브랜드에 신뢰감 있는 사실성을 부여해준다. 즉, 어린이들이 키자니아를 하나의 나라로 받아들일 수 있도록 해준다. 어린이들이 보고 싶어 하는 건 길거리나 TV, 엄마와 아빠 손에서 매일 접하는 실제 상품이나 서비스이다. 그들은 어른들과 마찬가지로 진짜를 원한다는 점을 잊지 말아야 한다. 키자니아에서 어린이들이 거리를 걸을 때 슈퍼마켓, 주유소, 은행이 아닌 '이마트', '삼성전자', 'LG 하우시스', '대한항공' 간판을 볼 수 있고, 아무런 상호가 없는 레스토랑 대신 '롯데리아'에서 햄버거를 만드는 과정을 경험하게 된다. 이렇듯 실제와 똑같은 상황을 연

출함으로써 몰입도를 높이고 즐거운 체험을 완수할 수 있게 해준다.

실제 경험을 제공해주는 콘텐츠와 전문 기술

키자니아는 부모들의 신뢰를 받는 국내 기업이나 다국적 기업과 파트너십을 맺고 직업 체험 활동에 대한 콘텐츠와 전문 기술을 전수받는 과정을 중요하게 다룬다. 이를 통해 사실감 있는 도시 환경을 조성하는 데 주력하고 있다.

실제 분위기 연출을 위해 키자니아는 파트너사 방문, 파트너사 전문 기술자와의 협력, 파트너사 내부 전문가 및 외부 전문가(에이전시, 컨설턴트 등) 자문 등의 과정을 거치며 계획 중인 콘텐츠가 실제 경험

을 제공해줄 수 있도록 파트너사와 끊임없이 의견을 나눈다. 키자니아와 파트너사의 이러한 협력은 어린이들에게 최고의 직업 체험 활동 환경과 최상의 체험 콘텐츠를 제공해주는 핵심으로 작용한다.

기업 유스마케팅에 있어서의 키자니아 역할

키자니아는 가족, 친구, 아이들에게 초점을 맞춘 역할 놀이 환경을 통해 기업을 홍보하고 브랜드 충성도를 높이는 특별한 기회를 제공한다. 현재 마케팅 툴 중 기업을 있는 그대로 끌어와서 기업의 상품, 문화, 역사를 어색함 없이 재미있게 결합해주는 방식을 가진 것은 키자니아가 유일하다. 키자니아는 브랜드와 이용자가 친근하게 상호 교감을 이룰 수 있게 해주는 효과적인 유스마케팅 툴로써 그 역할을 자리매김해나가고 있다.

기업의 브랜드 인지도 제고

키자니아에서는 어린이들이 안전하면서도 이해하기 쉬운 환경 속에서 재미있고 교육적인 활동을 하는 동안에 자연스럽게 기업 브랜드를 노출한다. 즉, 실제 생활과 연계된 이질감 없는 환경 안에서 타깃 고객(부모, 어린이, 교사 등)에게 브랜드에 대한 긍정적인 이미지를 심어주는 것이다. 무엇보다도 고객이 편안한 상태에서 체험 활동을 즐기고 체험 활동에 대한 만족도가 높아질수록 브랜드에 대한 긍정적인 인지도는 더욱 상승한다.

기업의 브랜드 이미지 확립

우리는 어릴 때 보고 느끼고 좋아하는 브랜드가 성인이 되어서도 애용하는 브랜드가 될 가능성이 높다는 사실을 각종 연구 결과를 통해 확인할 수 있다. 따라서 잠재 고객의 어린 시절에 의미 있는 가치 창출 방식을 통해 브랜드 이미지를 심는 것이 매우 중요하다. 키자니아가 제공하는 편안한 환경은 미래의 고객인 아이들이 제품에 대한 호감을 갖도록 하는 데 최적의 조건을 갖추고 있다. 키자니아에서는 아이들이 상품과 서비스를 갖고 놀 수 있기 때문에 상품의 내재 가치(예를 들어 은행 계좌)가 발현되기도 전에 브랜드에 대한 충성도를 키울 수 있다.

직업 체험의 높은 질적 효과

다른 미디어를 측정하는 방식을 그대로 적용해서 방문객 수를 기준으로 키자니아를 평가하는 것은 마케팅상으로 큰 의미가 없다. 그보다는 이용객들의 마음속에 남는 인상의 질을 기준으로 평가해야 한다. 쉽게 잊히는 TV 광고와는 달리 키자니아에서 체험한 기억들은 쉽게 사라지지 않는다. 키자니아의 체험 시설별 활동 시간은 보통 20분에서 30분 정도인데, 교육과 오락을 동시에 즐기는 활동 시간 내내 체험한 어린이의 마음속에 브랜드 이미지가 강하게 남는다는 점에 주목해야 한다. 또한 역할 놀이 형태의 체험 활동 환경도 어린이들이 브랜드에 대한 연대감을 가질 수 있도록 하는 중요한 장치가 된다.

직업 체험 프로그램을 기획할 때 키자니아를 벤치마킹하는 것을 꼭 챙기도록 하자. 다양한 기업과 브랜드들이 유스세대의 미래 꿈을 위해 노력하고 실질적인 도움을 주는 체험 활동을 적극 배운다면 우리 기업에게 적합하고도 의미 있는 직업 체험 프로그램을 도입하는 데 큰 도움을 받을 수 있을 것이다.

05

기업 미래를 지키는 유스마케팅
지금 당장 시작하라

기업의 미래를 지키고 싶다면 유스마케팅의 중요성을 교육하라

최근에 겪은 일 하나를 소개하겠다. 유스세대를 대상으로 직업 체험 프로그램을 진행하고 있는 한 대기업의 팀장, 팀원들과 미팅을 가진 적이 있다. 프로그램을 채울 콘텐츠 개발이 논의 대상이었다. 나는 유스마케팅 초기 기획 단계부터 현재에 이르기까지의 과정을 상세히 파악하고자 몇 가지 질문을 던졌는데 뜻밖의 답변을 듣게 되었다. 자신들이 진행하는 프로그램에는 마케팅 목적이 전혀 없기에 유스마케팅과는 상관이 없다는 취지의 설명이었다.

잠시 당황했지만 유스마케팅의 개념부터 차분하게 설명했다.

"유스마케팅이란 일반적인 마케팅과 달리 그 효과가 미래에 나타난다. 교육적 가치가 높은 프로그램 등을 진행하면서 유스세대에게 기업의 이미지를 친근하게 심어주어 자연스럽게 그들을 미래 고객으로 만들어가는 진정한 노력이다. 그래서 유스세대를 대상으로 하는 프로그램 또한 이런 개념이 들어가야 한다. 순수함만을 내세우는 목적 없는 프로그램은 기업에 도움이 되지 않는다. 기업 구성원은 당연히 기업의 이익을 추구해야 한다. 그러나 그 과정에서 사회적 책임을 다하지 않으면 안 된다. 이익만 추구하고 사회적 책임을 회피하거나 이익은 멀리하고 사회적 책임에만 매달리는 것은 올바른 기업 정신을 가진 태도가 아니다.

즉, 유스마케팅은 당장의 매출 증대를 위한 마케팅과는 확연한 차이가 있지만 미래의 고객을 선점하기 위한 마케팅이다. 또한 브랜딩과 긴밀한 관계 속에서 실행되어야 하는 미래를 준비하는 기업 핵심 경영전략이다. 그리고 유스마케팅은 불특정 다수를 대상으로 하는 일반적인 브랜딩과는 달리 '자녀+부모'라는 분명한 타깃을 가진 브랜딩이라고도 할 수 있다."

팀장과 팀원 모두 유스마케팅의 개념에 대해 간단하게나마 이해를 하고 고개를 끄덕이는 데에는 약 30분 정도가 걸렸다. 왜 이런 일이 일어나는 것일까? 유스마케팅 프로그램과 콘텐츠를 만드는 목적이 긍정적이면서도 친근한 브랜드 이미지를 심어주고자 하는 것이라는 점은 모두 분명히 알고 있다. 하지만 왜 그런 이미지를 심어주어야 하는지에 대한 그 이유와 목표가 막연할 때가 많다. 이 때문에 이런 현상이 생기곤 한다. 즉 유스마케팅의 개념과 목적, 프로그램의 기능과 성공적인 운영을 위해 짚어야 할 전략, 유스마케팅 프로그램을 구성하는 콘텐츠 개발 방향 및 교육적 역할에 대한 성찰이 없었기 때문이다.

그래서 애써 유스마케팅 프로그램을 마련하고 땀을 흘리며 진행하면서도 분명한 목적의식을 갖지 못한다. 착한 기업, 좋은 기업으로 회사 이미지를 향상시킨다는 수준의 단편적인 목표를 세워둔 채 이 활동이 기업 이익과는 상관없는 순수한 차원임을 강조하는 데서 그치고 만다. 이런 상태에서는 직업 체험 프로그램과 유스마케팅은 아무런 관련이 없게 되버린다. 공들여 만든 프로그램이 기업 미래와는 전혀 상관없는 일이라 간주하고 스스로 소중한 미래 가치를 져버리는 상황이 생기는 것이다.

기업은 NGO가 아니다. 이익을 추구하면서 사회적 책임을 다하는 것이 기업이 해야 할 일이며 기업다운 모습이다. 기업의 이익을 가져오지 않는 기업 활동은 지속성을 갖기 힘들고 확장될 가능성 또한 거의 없다. 기업 매출 상황이 좋지 않을 때 이익이 되지 않는 활동부터 정리하는 것은 어찌 보면 당연한 일이다. 유스마케팅은 기업의 존재 이유에 속한다. 기업은 미래를 위해 존재하기 때문이다. 그렇기에 유스마케팅은 기업이 지금 당장 어렵다고 다루지 않거나 중단할 수 있는 것이 아니다. 기업이 체계적이고도 지속적인 유스마케팅 전개를 통해 미래에 더 큰 성장을 하고 발전되어야 사회에 더 큰 기여를 할 수 있다. 또한 유스세대에게 더 폭넓은 교육적 역할을 할 수 있다.

직업 체험 프로그램을 단순한 사회공헌의 하나로 다루게 되면 기업이 힘든 상황에서 중단해버리는 활동이 될 것이다. 그러나 직업 체험 프로그램을 유스마케팅 차원으로 다룬다면 기업이 힘들수록 더욱 집중해야 할 활동이 될 것이다. 지금 당장 힘들다고 미래를 포기해버리는 일은 있을 수 없기 때문이다. 지금 힘들수록 미래를 위한 대비를 해야 한다. 그렇게 하지 않는 것은 미래를 포기하는 것과 마찬가지다. 이런 말도 안 되는 상황이 벌어지게 내버려두어서도 안 된다. 이것이 바로 유스마케팅에 기업 미래 운명이 달려 있음을 교육해야 하는 이유다.

한편 이러한 오해는 유스마케팅을 '유스+마케팅'으로 받아들이는 경향 탓에 빚어진다. 즉 유스세대에게 더 많은 상품을 팔기 위한 마케팅이라고 해석하는 경우가 많기 때문이다. 물론 이것은 자연스러운 생각일 수도 있다. 넓은 범주에서 볼 때 유스세대의 행동 파악을 통해 최신 트렌드를 파악하고 그들을 대상으로 하는 상품과 서비스 판매를 극대화하는 마케팅을 유스마케팅이라 부르는 경우도 흔하다. 하지만 이것은 엄격히 볼 때 잘못된 개념 정의이다. '유스세대'를 타깃으로 삼는 현재 시점의 기업 마케팅은 그야말로 '마케팅'이다. 좀 더 풀어서 이야기하자면 기업 마케팅을 전개함에 있어 '유스세대'를 그 대상 타깃으로 삼는 것이지 유스마케팅을 펼치는 건 아니다. 유스마케팅이 바라보는 시점은 현재가 아닌 미래다. 유스마케팅은 현재가 아니라 미래에 목표를 두고 단 한 가지 프로그램이라도 지속적으로 전개해나갔을 때 그 성과를 거둘 수 있다는 점만 보더라도 이 둘의 차이는 확연하다. 이것이 마케팅과 유스마케팅을 가르는 분명한 경계선이다. 유스마케팅을 일반 마케팅의 기능에서 명확히 분리시켜 다루지 않으면 유스마케팅은 결국 '유스세대'를 타깃으로 매출 증대를 노리는 현재의 마케팅 기능으로 그치게 될 것이다. 이것이 바로 유스마케팅에 대한 심도 있는 교육이 필요한 또 하나의 이유다.

그러므로 직원 교육을 통해 유스마케팅을 기존 마케팅과 분리시키기 위한 노력을 해야 한다. 유스세대를 우리 기업의 미래 충성 고객으로 성장시키고 싶다면 그들과 함께 그들이 이끌어갈 미래 세상을 미리 준비해야 한다. 그들에 대한 감을 갖고, 그들을 위한 프로그램을 만들고, 그들과 지속적인 소통을 함으로써 그들이 미래 소비자로 자연스럽게 이어지도록 해야 한다. 이런 이상적인 결과는 그저 상품만 잘 만들어 판다고 도달할 수 있는 단계가 아니다. 제대로 된 유스마케팅을 통해서만 이룰 수 있는 원대한 목표이다. 유스마케팅의 목적과 이유를 분명하게 이해한 상태에서야 비로소 생산적인 유스마케팅 활동이 시작될 수 있다.

유스마케팅의 목적을 이해하는 것만으로도 충분치는 않다. 어설프게 유스마케팅의 목적만 이해한 채 프로그램에만 집중하는 태도도 바람직하지 않다. 이 책에서 다룬 다양한 전략과 방법을 확인하지 않고 프로그램을 진행할 때는 직원들의 자발적인 창의성을 이끌어내기 어려울 수도 있다.

윗사람이 시키니까 유스마케팅 프로그램을 실행한다는 수동적인 답변이 나와서는 안 된다. 유스마케팅의 목표가 회사 내부에 충분히 공유되지 않는다면 이러한 분위기가 얼마든지 생길 수 있다. 기업의 미래를 지키고 가꾸는 가치와 목표는 최고경영자부터 고객 접점의 말단 사원에 이르기까지 명료하게 인식되어야 한다. 유스마케팅의 가장 최종적 목표는 기업의 미래를 굳건하게 지켜내는 것이다. 기업 차원에서 유스마케팅을 전개하는 목적과 의미가 전사적으로 공유되지 않은 채 그저 프로그램만 잘 진행하는 데 주력한다면 기업 미래를 지키고자 전개하는 유스마케팅은 그 기능을 온전하게 발휘할 수 없게 된다.

유스마케팅을 제대로 전개하기 위해서는 목표와 비전을 공유해야 한다. 유스마케팅 활동의 목적과 이유를 이해시키고 기업 차원에서의 목표를 분명하게 전달해야 유스마케팅의 필요성에 대한 욕구가 자연스럽게 생겨난다. 그래서 이를 위한 교육은 너무도 중요한 의미를 지닌다. 유스마케팅 전담 담당자만을 대상으로 한 교육은 불완전하다. 전사적인 교육이 앞서야만 유스마케팅을 효과적으로 전개할 수 있고 회사 전체가 그 결과를 누릴 수 있다. 유스마케팅 담당 부서에서 하는 일을 다른 부서에서는 단순한 사회공헌 차원의 활동으로 인식하고 있다면 정말 곤란하다.

부서별 교육을 통해 유스마케팅이 회사 핵심 전략과 긴밀하게 연결된 전사적인 과제임을 인식시키고 공유해야 한다. 그러면 각 부서가 유스마케팅을 위해 할 수 있는 역할과 기능이 무엇인지 함께 점검해볼 수 있다. 다양한 공유와 협력이 있다면 유스마케팅 효과도 배가된다.

유스마케팅은 모든 직원이 다 함께 같은 곳을 바라보는 상황에서 전개되어야 한다. 유스마케팅의 목표를 어떻게 성취할 수 있을지, 어떤 가치를 발현해낼지 신중히 고민해봐야 한다. 직원 교육을 통해 전사적인 차원에서 정보를 공유할 수 있다면 유스마케팅 프로그램을 기획하는 데에도 더욱 다양한 아이디어를 얻을 수 있을 것이다. 유스세대를 자녀로 둔 직원들의 적극적인 참여도 이끌어낼 수 있을 것이다. 그렇게 직원들이 자발적으로 내놓은 아이디어를 반영하고 직원이 고객의 한 사람으로서 만족하는 유스마케팅이 기획·운영된다면 분명 회사 외부에서도 성공할 가능성이 높다.

기업 미래 가치를 만드는 핵심 경영전략 차원에서 유스마케팅 교육은 기업 내 모든 부서와 세대가 동반 성장할 수 있는 시너지 효과를 창출하며, 구성원들의 진정한 동참을 이끌어 조직 역량을 향상시키는 데에도 좋은 계기가 될 것이다.

▲▲▲

신세대 직원에게 권한과 책임을 위임하되 임직원이 동참하라

유스마케팅의 실행을 맡길 수 있는 적임자는 바로 신세대 직원들이다. 유스세대와 가장 가까운 세대이기 때문이다. 그들을 이해하고 그들의 니즈를 파악하는 데 있어서 신세대 직원은 기성세대 직원들보다 아무래도 세대 공감을 이루기가 쉽다. 유스마케팅을 실행할 때 신세대 직원들을 적극 참여시켜야 하는 이유가 여기에 있다. 이들의 감각과 역량을 활용하여 유스세대와 직접 만나고 부딪히면 유스마케팅의 성과도 크게 늘어날 수 있다.

물론 그렇다고 해서 경영진이 뒤로 물러나 있어야 한다는 뜻은 결코 아니다. 신세대 직원들에게 힘을 불어넣어 주되 경영진 또한 유스마케팅의 실행 과정에 적극 동참해야 한다. 이미 미국과 영국 등지에서는 유스세대를 이해하고 미래 주역이 될 그들을 공략하기 위해 유스마케팅을 주제로 각종 콘퍼런스와 행사가 큰 규모로 개최되고 있다.

국내에는 20대의 생각과 니즈를 이해하고 파악하는 시간을 통해 더 효과적으로 20대의 마음을 사로잡는 방법과 전략을 논하는 유스마케팅 콘퍼런스가 소규모로 열리고 있는 정도다. 이런 콘퍼런스는 아직은 20대를 대상으로 한 기업의 상품 판매를 활성화시키는 현재 시점의 매출 성과에 집중된 수준에 머물러 있다.

만일 국내에 미래의 고객을 선점하는 브랜딩 차원에서의 유스마케팅 콘퍼런스가 개최된다면 각각 실무자와 임원을 대상으로 구분하여 프로그램이 기획되는 것이 더 바람직할 것이다. 기업 CEO부터 사원까지 직급을 막론하고 모두의 참여와 동참이 이루어져야 하기 때문이다. 유스마케팅은 장기적인 기업 이미지 관리 및 브랜딩 작업이다. 실무진에서만 이해하는 유스마케팅은 지속성을 갖기가 어렵다. "마케팅은 너무나 중요해서 마케팅 부서에만 맡겨 두어선 안 된다"는 경영 잠언이 있을 정도다. 하물며 기업 미래를 대비하는 유스마케팅을 할 때는 더더욱 이 점을 새겨야 한다.

좋은 리더는 유스마케팅에 가장 적합한 담당자를 선별할 줄 아는 능력을 가진 사람이다. 하지만 훌륭한 리더는 직원들과 함께 동참하면서 직원들의 역량을 최대치로 이끌어낼 줄 아는 사람이다. 성공적인 유스마케팅을 위해서는 감각과 재능을 갖춘 신세대 직원들과 더불어 어울려야 한다. 믿고 맡긴다고 말하며 두고만 볼 것이 아니라 직원들이 공들여 마련한 프로그램 등에 함께 참여하는 노력이 필요하다. 직원들이 바라는 건 무조건 믿고 맡겨주는 것이 아니다. 신세대 직원들은 자신들이 노력한 일에 대해 잘한 일은 칭찬으로, 못한 일은 따끔한 조언으로 직접적인 피드백을 받는 것을 좋아한다. 리더의 이런 적극적인 모습이야말로 직원들의 몰입과 자발적인 열정을 이끌어낼 수 있다.

기업의 유스마케팅에 대한 관심과 진심을 담은 노력, 미래 세대를 위해 책임감을 갖고 그들에게 도움이 되는 일에 열정을 쏟는 목적과 가치에 대해 명확하게 전달해야 한다. 아울러 직원 모두의 업무가 이것을 달성하는 데 큰 기여를 하고 있음을 일깨워주어야 지속적으로 동기부여를 할 수 있다. 이를 끊임없이 격려하고 인정해주며 참여를 이끄는 리더의 노력이 기업 미래를 확고하게 세우는 구심적 역할을 한다는 것을 잊지 말아야 한다.

▲▲▲

중소기업, 우리는 어떻게 시작할 것인가

건설공학기술 소프트웨어를 생산하는 마이다스아이티라는 국내 기업이 있다. 이 회사의 사업 실적은 눈부시다. 연평균 30%의 고성장을 기록하며 건설 CAE(Computer Aided Engineering) 분야 세계 1위의 독보적 위상을 차지하고 있다. 세계에서 일곱 나라만 보유한 최첨단 핵심 원천 기술을 독자적으로 개발했고 글로벌 100대 엔지니어링 기업의 절반 이상을 고객사로 확보하고 있다. 세계 최고층 빌딩 부르즈 칼리파 건설에 사용된 구조해석 소프트웨어도 마이다스아이티가 개발한 것이다.

이런 마이다스아이티도 처음에는 아무도 주목하지 않던 작은 기업에 불과했다. 이렇게 작지만 대단한 업적을 이룬 회사 이야기를 접할 때마다 내 머릿속에 항상 떠오르는 한 가지가 있다. '이런 경쟁력과 노하우를 가지고 있는 회사들이 어떻게 자기 분야에서 세계 1위 자리에 오를 수 있었는지 그 성장 과정을 유스세대에게 쉽고 재미있게 알려주고 그 노하우를 전달할 수만 있다면 그들에게 큰 동기부여를 해줄 수 있을 텐데' 하는 것이다. 그리고 '그들의 단순한 호기심을 적극적인 관심으로, 이를 다시 실제 꿈으로 연결시키는 데 큰 역할을 해줄 수 있을 것'이라는 생각도 든다. 공학자를 꿈꾸는 이과 학생들은 대학생이 되기 이전까지는 현장에서 실전 경험을 해볼 기회가 거의 없다. 엔지니어를 꿈꾸는 많은 학생이 마이다스아이티와 같이 우수한 회사의 기술력과 경쟁력 그리고 직업 체험 등의 기회를 가져볼 수 있다면 미래 인재로 성장할 가능성은 더욱 커질 것이다. 또한 중소기업에서 시작해도 글로벌 성공을 이룰 수 있으리라는 원대한 희망을 품게 될 것이다.

마이다스아이티처럼 자신만의 기술력과 비전을 갖추고 미래를 준비하고 있는 중소기업이라면 우리 회사에서 세계를 무대로 무엇을 이뤄낼 수 있는지를 잘 알리는 것이 중요하다. 우리 회사가 과거에 해왔던 일과 앞으로 해나가고자 하는 일을 짚어주고 그 속에서 유스세대들이 어떤 직무에서 어떻게 그들의 꿈을 펼쳐갈 수 있는지 구체적으로 체험할 수 있게 해주고 필요한 재능을 확인하는 기회를 주는 것만으로도 그들이 미래의 꿈을 그려가는 데 있어 실질적으로 도움이 되는 유스마케팅 프로그램을 만들 수 있다.

이 분야에 관심이 있는 학생들은 어떤 공부를 해야 하고 어떻게 준비해야 기업에서 찾는 인재가 될 수 있는지, 회사에서 중요하게 생각하는 자질과 미래에 꼭 필요한 인재상 등을 프로그램을 통해 체험할 수 있게 해준다면 특히 공대생들에게 더 큰 꿈을 품을 수 있게 해주는 계기가 될 것이다. 꼭 취업을 앞둔 대학생들만 대상으로 하지 않아도 좋다. 추진 여력만 된다면 연령대를 더 낮춰 공학자를 꿈꾸는 초등학생, 중·고등학생들이 회사와 산업이 하는 일을 쉽게 이해하고 체험할 수 있도록 흥미로운 콘텐츠를 만들면 더욱 좋다. 어릴수록 무한한 가능성이 있기 때문이다. 이를 통해 회사를 소개하고 지금 하고 있는 일과 미래 비전을 제시하며 그들이 필요로 하는 경험의 기회를 제공해준다면 그들이 창조해나가는 미래를 한층 더 풍성하게 만들어 줄 수 있는 훌륭한 유스마케팅 프로그램이 될 수 있다.

유스마케팅은 기업의 규모가 중요하지 않다. 문제는 하고자 하는 의지다. 자금력과 인력이 풍부한 대기업만이 유스마케팅을 할 수 있다고 생각한다면 우선 고정관념부터 깨트려야 한다. 유스마케팅은 불특정 다수를 대상으로 삼기보다는 소수라도 제대로 관계를 형성할 때 효과적이라고 했다. 또한 유스마케팅은 막대한 자금을 투입하여 현재의 매출 증대를 목표로 하는 활동이 아니다. 이렇게 보면 유스마케팅을 집중적으로 전개하기에 중소기업이 더 적합할 수 있다. 소수와의 진정한 관계를 추구하고 미래에 더 큰 발전과 성장을 목표로 하는 마케팅인 만큼 오히려 중소기업에 유스마케팅이 더 필요하다고 해도 과언이 아니다.

나아가 중소기업은 대기업보다 더 과감하고 순발력 있게 유스마케팅을 진행할 수 있다는 장점도 갖고 있다. 유스마케팅 전담팀을 갖춘 현대자동차를 생각해보자. 창의성과 젊은 감각을 항상 유지해야 한다는 점을 기업 차원에서 배려하여 유스마케팅팀만의 특별한 공간과 업무 분위기를 갖추고 있다. 유스마케팅팀은 자신들만의 독특한 문화를 만들어갈 수 있는 업무 환경을 갖추고 있지만, 워낙 큰 조직이다 보니 다른 부서와의 관계에서 생길 수밖에 없는 문화적 차이와 업무 협업 문제 등을 지혜롭게 처리하며 조화를 이루어야 하는 과제도 안고 있다. 하지만 중소기업은 이런 고민에서 비교적 자유롭다. 기업 오너의 의지만 있다면 중소기업의 유스마케팅 업무는 더욱 알차고 신속하게 추진될 수 있다.

다가오는 새로운 미래에는 유스세대의 영향력이 점점 더 확대될 것이기에 유스마케팅의 기능이 더욱 중요해질 수밖에 없다. 유스마케팅의 가치 또한 높아질 것이다. 전담하는 독립 부서가 있다면 기업 목표와 비전을 실현하고자 하는 집중력과 추진력에서 가속을 붙일 수 있겠지만 꼭 독립 부서 설립이 전제되어야 하는 것은 아니다. 유스마케팅의 가치를 명확히 인식하는 것이 더 중요하다. 똑같은 시간과 비용을 투자해도 유스마케팅의 본질적 가치를 인식하지 못한다면 기업의 미래를 위해 챙길 수 있는 소중한 것들을 송두리째 놓치게 된다.

단언컨대 중소기업이라고 해서 유스마케팅을 소홀히 생각하면 안된다. 중소기업들도 유스마케팅을 체계적으로 해나감으로써 미래의 눈부신 성장을 얼마든지 이룰 수 있다. 또한 유스세대들이 주도해나가는 미래 세상에서는 오너의 사업적 감각과 추진력이 더 이상 잘 통하지 않을 것임을 깨달아야 한다.

▲▲▲

진정한 CSV를 위한 핵심적 역할의 유스마케팅

기업이 미래 세상에 대한 관점과 상상력을 가지고 유스마케팅을 전개한다면 그 영향력과 브랜드 가치는 자연스럽게 성장할 것이다. 이것은 기업이 사회에 기여하는 궁극적 방식이기도 하다.

최근 기업 경영의 중요한 화두 중 하나로 '공유 가치 창출(CSV:

Creating Shared Value)'이 꼽히고 있다. 이는 기업 활동 결과물인 이익의 일부분을 사회에 기부하는 방식인 기업의 사회적 책임(CSR: Corporate Social Responsibility)과는 다르다. 그보다는 기업 활동 그 자체로 사회적 가치를 창출한다는 새로운 패러다임이다. 기업과 산업 그리고 우리 사회의 미래를 위해 자라나는 유스세대에게 체험을 통해 교육적 콘텐츠를 생생하게 전달하고 그들이 꿈을 품고 미래 준비에 참여하도록 이끄는 유스마케팅은 CSV의 가치와 밀접하게 맞닿아 있다. 유스마케팅은 CSV를 진정하게 실현시킬 수 있는 길이기도 하다.

홈플러스 유스마케팅 사례를 살펴보면서 CSV의 중요성에 대해 자세히 설명했다. 이 개념은 하버드 대학교수인 마이클 포터가 2011년에 《하버드 비즈니스 리뷰》를 통해 제시했다. 기업이 수행하는 경영 활동은 그 자체로써 해당 기업의 문제뿐 아니라 사회적 문제를 해결하는 데에도 영향력을 미쳐 기업과 사회 모두를 위한 공동의 가치를 창출한다는 이론이다.

과거에는 기업이 지속 성장하기 위해서는 사회와 공존해야 한다는 개념에서 CSR의 중요성이 부각되었다. 단순한 물적 기부나 인적 봉사 차원으로 진행되어 온 CSR은 기업의 수단으로 다루어지던 과거의 단계를 지나 현재는 기업의 목적과 기능 차원에서 다루어지게 되었다. 이런 기업의 사회공헌 활동인 CSR이 최근 CSV 개념으로 전환되고 있다. 기업이 CSV를 통해 사회적 문제를 해결하는 역할을 해냄으로써 사회와 공존하고, 이를 통해 새로운 성장 기회를 창출해내는 것을 뜻한다. 국내의 경우 CSV가 창조경제와 동반 성장을 이뤄내는 개념과 수단으로 다루어지면서 기업들의 관심이 집중되고 있다.

하지만 국내 기업들의 경우 이슈에 너무 민감하게 반응하고 체계적인 준비 없이 남이 하니까 우리도 하고 보자는 식으로 단순하게 접근하는 성향이 강하다. 한때 환경문제가 이슈가 되었을 때는 에코·그린 경영이, CSR이 이슈가 되면서는 사회공헌으로 착한 기업을 내세우는 것이, 최근 창조경제가 부각되면서부터는 창의적 사고와 창의성 등이 기업의 핵심 경영 방침으로 변경될 정도로 너무 유행을 타는 경향이 컸다.

CSV도 마찬가지다. 최근 CSV가 이슈가 되자 차후 CSV 경영을 펼쳐가겠다는 포부를 밝히는 대기업들이 늘고 있다. 하지만 최근에야 이슈가 되고 있는 CSV에 대해 학계와 전문 경영인들 사이에서도 바람직한 사례를 두고 의견이 분분한 시점이다. 그래서 기업들이 얼마나 정확히 알고 접근하고 있는지에 대해서는 신뢰가지 않는 면이 있다. 물론 기업들도 나름의 신념을 갖고 CSV 팀원들에게 교육도 시키는 등 노력을 했으리라 본다. 진성한 CSV를 실현하고자 한다면, 국내외를 망라한 주요 사례들에 대한 분석에서부터 시작하여 실제로 우리 기업이 실현할 수 있는 현실적인 아이디어를 도출해낼 수 있어야 할 것이다. 하지만 그런 실무 역량과 노하우가 하루아침에 축적되기는 어렵다. 이런 아이디어를 낼 수 있는 재능이 단순한 교육이나 팀원 충원을 통해 이뤄질 수는 없기 때문이다.

이런 점에서 우리는 다시금 유스마케팅에 주목할 필요가 있다. 교육적 역할을 가장 중요한 목표로 삼고 있는 유스마케팅은 기업 CSV 활동에 핵심적 역할을 수행할 수 있다. 공교육이 해낼 수 없는 부분을 충족시키는 교육을 기업에서 제공할 수 있다. 기업에서 제공하는 유스마케팅 프로그램을 체험하며 성장한 유스세대는 곧 미래 고객이자 기업의 인재로 돌아오는 선순환도 이뤄진다.

즉 모든 유스마케팅 활동은 유스세대의 미래 꿈을 이끌어주는 데 기업만의 특화된 체험 기회를 제공하면서 사회에 기여하고, 가까운 미래에 기업의 소비자가 될 그들과 일찍부터 친근한 관계를 맺는 것으로써 미래 고객을 선점함과 동시에 기업의 인재를 확보하게 되는 것이므로 기업 성장에 직접적인 영향을 미친다. 이런 의미에서 유스마케팅은 사회적 책임을 다함과 동시에 기업이 진정한 새로운 기회를 발견하여 새로운 성장의 기회를 창출하는 데 도움을 준다. 따라서 유스마케팅은 기업과 사회에 모두 좋은 영향을 미침으로써 이제 막 그 적절한 의미를 찾아가고 있는 CSV 활동의 모범 사례가 되기에 손색이 없다.

또 이런 유스마케팅을 통해 기업의 CSV 활동을 경험한 유스세대는 훗날 다시금 우리 기업의 CSV 경영을 주도해나갈 진정한 인재로 성장하여 활약하게 될 것이다. CSV 활동을 기업의 경영 이념으로 삼고자 하는 기업이라면 멀리 있는 사례들을 찾지 말고 이 책이 지금껏 보여준 유스마케팅에 주목해보자.

기업 공유 가치 창출로서 미래 가치와 비전을 진정으로 이뤄내고자 하는 기업에게는 유스마케팅의 개념, 기능과 역할에 대한 성찰과 지속적인 실행이 반드시 필요하다. 이를 통해 창조경제와 동반 성장을 이룰 수 있음을 기억하자.

지금까지 유스마케팅에 관한 다양한 지식 정보를 다루었다. 하지만 이것만으로는 충분하지 않다. 내가 간절히 바라는 것은 '실천'이다. 앞에서 검토한 내용을 바탕으로 실행에 나서기 바란다. 당장 급한 일이 많다거나 회사의 규모가 작다는 핑계를 대며 뒤로 물러서지 않아야 한다. 여러 차례 강조했듯 작게 시작해서 단계적으로 확장할 수도 있다. 그리고 규모가 작은 기업이 효과적으로 유스마케팅을 진행한 사례를 뒤에 덧붙었으니 참고하기 바란다.

이제 곧 유스세대들이 시장의 주인이 될 것이다. 아니 현재에도 부모-자녀의 관계 속에서 강력한 영향력을 행사하고 있다. 기업의 미래가 이들에게 달려 있다. 지금 당장 유스마케팅의 세계로 뛰어들어 미래 고객을 선점하기를 권한다.

중소기업 브랜드 스토리 창작 콘텐츠 개발 실행사례

유스마케팅 전개에 앞서 반드시 갖추어야 할 것!

• 기업 소개는 반드시 재미있는 스토리로 만들어라!

지금까지 대기업들의 유스마케팅 프로그램과 콘텐츠를 주로 다루었기 때문에 기업 소개에 대해서는 중소기업의 사례를 통해 그 '감(感)'을 전달하고자 한다. 중소기업 CEO들 중에는 지금까지 회사가 이뤄온 것과 앞으로의 비전 등 전반적인 회사 소개를 어떻게 하면 간단하고 쉽게 알릴 수 있는지를 질문하는 분들이 많다. 답은 간단하다. 가장 먼저 텍스트 위주의 긴 설명 방식에서 벗어나야 한다. 읽어봐야 알 수 있는 것이 아니라 눈에 들어와 읽히게 되는, 즉 설명하지 않아도 알아지게끔 만들어야 한다.

앞서 언급한 바와 같이 기업 소개도 제대로 하지 못하는 유스마케팅은 무의미할 수밖에 없다. 지금 우리는 기업의 브랜드 이미지를 어떻게 유스세대들의 마음속에 인상적으로 심어줄 것인가를 깊이 고민해야 한다. 또한 유스마케팅 전개와는 별개로 기업의 존재 의미와 가치가 무엇인지 근본적인 차원에서도 따져봐야 한다.

내가 프로젝트를 맡았던 동화세상에듀코는 어린이를 대상으로 교육 서비스를 펼치고 있는 기업으로 부모가 실제 회비를 지불하고 가입하는 주 고객층이다. 동화세상에듀코의 직원은 3000여 명이고 연매출은 1200억 원에 달한다. 2021년까지 20개 계열사 설립을 목표로 미래를 향해 도약해나가고 있는 중견기업이다.

동화세상에듀코의 기업 철학은 직원들을 가족과 같이 소중히 여기는 것이다. 직원 교육에만 연간 수십억씩 아낌없는 투자를 할 만큼 사람에 대한 중요성을 강조하는 회사다. 프로젝트 미팅을 위해 단 몇 차례 방문했을 뿐인데도 직원들의 회사에 대한 각별한 애사심이 물씬 느껴질 정도로 기업 문화가 돋보였다. 그러나 홈페이지를 방문해보면 직원들 위주의 교육 콘텐츠가 주를 이루고 있는데다 펼치고 있는 사업 영역도 다양해서 여기저기를 일일이 찾아다니며 읽어보지 않고서는 어떤 회사인지, 무엇을 하는 회사인지 등을 쉽게 알아보기조차 어려웠다.

고객들은 특별한 목적을 가지고 있지 않는 한 회사 홈페이지 등에 일부러 방문해서 그 회사가 무슨 일을 하고 어떤 목표를 향해 달리고 있는지 들여다보는 수고를 하지 않는다. 카탈로그와 회사 소개 관련 브로슈어들은 한 번 나눠주면 그때뿐이다. 이런 한계를 해결하고 싶은 마음으로 시작된 프로젝트였다.

중소기업의 경우 먼저 기업의 브랜드 아이덴티티를 찾아내고 그 안에서 스토리를 발견한 후 이를 시각적으로 이미지화, 디자인화하고 재미있게 전달할 수 있는 방법을 찾아내는 것이 유스마케팅의 시작이 될 것이다. 동화세상에듀코는 다행히 브랜드 아이덴티티가 명확하게 정립되어 있어 자료 분석을 끝낸 뒤 바로 콘텐츠 개발 방향을 잡을 수 있었다.

기업의 브랜드 아이덴티티에는 기업의 모든 것이 담겨있다고 해도 과언이 아니다. 여기에는 기업이 왜 만들어졌는지, 지금 벌이고 있는 사업은 무엇을 위한 것이며, 무엇을 목표로 일하고 있는지 등 기업의 모든 가치가 포함되어 있기 때문이다. 그래서 기업 소개를 스토리로 기획하는 단계에서 가장 중요한 것은 기업의 브랜드 아이덴티티를 정의하고 거기에 가치를 불어넣는 방법을 찾아내는 일이다. 기업 미션과 기업 비전, CEO의 경영 철학과 브랜드 가치 등이 기업 브랜드 아이덴티티를 구성하는 주요 요소들이다.

기업 미션에는 기업이 미래를 향해 반드시 해야 할 일과 하고자 하는 일이 무엇인지를 담는다. 동화세상에듀코의 미션은 1995년 창립 이래 '선한 영향력을 미치는 지속 가능한 100년 기업을 위해 나아가는 것'이다.

기업 비전은 기업의 목표와 미래상을 말해준다. 동화세상에듀코는 '창조 프로세스를 통해 미래 경영을 준비하고 최상의 콘텐츠를 개발하여 경쟁력을 구축하고, 동종 업계 최고의 위치를 확보'하고자 하는 비전을 갖고 있었다.

CEO의 경영 철학은 미래 목표를 위해 우리 기업이 어떻게, 어떤 자세로 무엇을 중요시해야 할 것인지를 말해준다. 동화세상에듀코 CEO의 경영 철학은 '진솔한 교육으로 직원과 고객의 가능성을 서로 높이는 것'이다. 또한 '고객 사랑을 바탕으로 한 감성과 전문성을 담은 진정성 있는 교육을 통해 인간의 무한한 잠재 가능성을 끌어올려 직원이 행복해지고 고객이 감동할 수 있는 건강한 기업 문화를 만들어가는 것'이다.

브랜드 가치는 곧 기업의 가치를 말한다. 브랜드 가치는 기업 미션, 기업 비전과 CEO의 경영 철학 등으로 만들어진다고 할 수 있다. 동화세상에듀코는 어린 시절 꿈꿔왔던 동화 속 이야기를 현실에서 이루어낸 스토리가 있는 기업이다. 신뢰(Trust), 창조(Creative), 헌신(Devotion) 이 세 가지가 기업의 핵심적 가치이며, 기업의 이익을 넘어 직원과 고객의 가치를 소중히 여기며 사회공헌을 통해 이 사회에 선한 영향력을 주는 기업이다. 이렇듯 명확한 기업 미래상을 정의해두어야 본격적인 브랜드 스토리 개발 단계에 들어갈 수 있다.

본격적인 기업 소개 – 브랜드 스토리 개발

동화세상에듀코 CEO의 경영 철학과 임직원이 믿는 핵심 가치가 반영된 브랜드 스토리 개발이 목표였다.

❖ 1단계

개발 목표 수립 및 핵심 니즈 파악하기

왜 브랜드 스토리가 필요한가?

브랜드 스토리의 필요성과 관련하여 그동안 회사가 목말랐던 부분이 무엇이었는지를 따져보고, 어떤 기능의 브랜드 스토리가 필요한지 그 목표를 다시 한 번 명확히 하는 단계이다. 동화세상에듀코는 우선 내부 직원 용도의 브랜드 스토리 개발을 목표로 했다. 나는 이와 함께 외부 마케팅 용도의 브랜드 스토리를 완전히 다른 콘셉트로 기획하여 두 가지 방식을 함께 개발했다.

내부 직원 용도의 기업 브랜드 스토리

현재 직원에게는 따뜻하고 감성적인 회사 소개가 될 수 있도록, 그리고 동화세상에듀코의 직원을 꿈꾸는 미래 가족들에게는 좀 더 친근하게 다가갈 수 있는 콘텐츠가 될 수 있도록 하는 데 주력했다.

외부 마케팅 용도의 기업 브랜드 스토리

남다른 기업 문화와 비전을 지니고 있는 동화세상에듀코의 기업 이미지를 대중에게 흥미진진하게 전달할 수 있게 했다. 간결하고 세련되면서도 재미있는 느낌으로 다가갈 수 있는 콘텐츠가 될 수 있도록 개발했다.

❖ 2단계

기업 관련 자료 분석하기 R&D

어디에서 브랜드 스토리 아이디어를 얻을 것인가?

사보, 홈페이지, CEO 메시지, 보도 자료, 회사에서 진행해온 교육 프로그램 등 방대한 텍스트 자료들을 본격적으로 분석하는 단계이다. 창업 이후부터 현재까지 회사 관련 정보들을 모두 취합하여 분석하고 파악했다.

❖ 3단계

브랜드 아이덴티티 정의

무엇으로 브랜드 스토리를 구성할 것인가?

브랜드 아이덴티티를 확고히 하는 단계이다. 우선 회사명과 일치되는 기업의 브랜드 아이덴티티 '동화 속에서는 꿈이 이루어진다', '동화 속 이야기와 같이 꿈을 실현시켜주는 동화세상에듀코'와 같이 한 문장으로 콘셉트를 정의한다.

❖ 4단계

적합한 제작 기법 설정

회사의 브랜드 아이덴티티와 가장 어울리는 적합한 기법으로 결정

콘텐츠 개발 방향을 수립하는 단계이다. 내부 직원 용도의 브랜드

스토리는 동화 같은 기업이라는 감성적 브랜드 아이덴티티에 맞는

동화 일러스트 방식으로 콘텐츠를 개발했다. 외부 마케팅 용도의

브랜드 스토리는 메시지 전달력에 중점을 두어 일러스트 라인으로

만 심플하게 표현된 '엄지맨' 캐릭터를 활용했다.

브랜드 스토리 제작 시 활용한 다양한 제작 기법

일러스트레이션, 카툰, 삽화, 만화, 애니메이션 등 다양한 제작 기

법 중 각 기업의 브랜드 아이덴티티에 적합한 제작 기법을 선택하

는 것이 좋다.

❖ 5단계

창의적인 콘텐츠 제작

브랜드 아이덴티티를 잘 녹이는 것이 핵심

콘텐츠 개발 전략에 맞추어 원소스를 만들어내는 단계이다. 펼침

12장에 모든 내용을 응축시켜 가능한 텍스트 설명 없이 그림으로만 메시지 전달이 가능할 수 있도록 했다.

❖ 6단계

효율적인 원소스 재가공으로 고객과 감성적 교감을 이룰 수 있도록 활용

OSMU 기능의 다양한 디지털 콘텐츠로 재가공

콘텐츠를 만드는 것보다 더 중요한 것은 원소스를 다양하게 재가공하여 광고, 홍보, 마케팅 그리고 커뮤니케이션 툴로써 활용하는 것이다. 예를 들어 플래시 동영상으로 재가공하면 유튜브에 올릴 수 있는 기업 브랜드 스토리가 된다. TV 광고 용도로 활용하는 것도 얼마든지 가능하다.

기존에 브랜드 아이덴티티와 연관성이 없는 단순 디자인 작업으로 캘린더와 판촉물을 만들었다면, 브랜드 스토리 이미지의 원소스들을 활용하여 기업의 브랜드 아이덴티티가 반영된 의미 있는 홍보물 제작도 할 수 있다.

> **OSMU의 적용**
>
> 원소스 개발 ➡ 홈페이지에 플래시 버전으로 서비스 ➡ 배경음악을 실은 동영상을 제작하여 유튜브에 서비스 ➡ 광고 콘텐츠로 활용 ➡ 홈페이지 · 모바일 · 웹 적용 ➡ 캘린더 등 다양한 홍보, 판촉물에 원소스 이미지 활용 ➡ 마케팅 · 홍보 · 캠페인 · CSR 전개 시 활용

기존 홈페이지에서 텍스트를 읽어야 알 수 있었던 내용을 그림 동화책을 보는듯한 친근한 스토리로 쉽게 전달받게 된다. 재미와 감동은 자연스럽게 더해진다.

결과

회사 홈페이지에 창작 개발한 원소스를 플래시 애니메이션으로 재가공하여 서비스함으로써 브랜드 스토리를 알리기 시작했다. 동화세상에듀코가 어떤 일을 하고 어떤 교육을 위해 힘쓰고 있는지 감성적인 느낌으로 전달할 수 있게 됐다. 미래 부모 고객이 될 학생들도 동화세상에듀코의 브랜드 스토리를 보기 시작했고 그들에게도 자연스럽게 기업의 심어주는 일이 가능해졌다. 직원들은 자신들의 회사 이미지에 맞는 브랜드 스토리를 보고 감동했고 주변 사람에게 알리고 보여주는 것 자체가 즐거운 일이 됐다.

무엇보다도 중요한 건 모든 광고, 마케팅, 홍보 채널에 다양하게 가공되어 활용될 수 있는 OSMU(One Source Multi Use) 콘텐츠 기능의 원소스를 만들어 냈다는 것이다. 추가적으로 원소스의 사용 권리를 구입하기만 하면 전문적인 애니메이션 작업, 배경음악 삽입 등을 통해 광고나 캠페인 등의 콘텐츠로 활용할 수 있다. 그리고 그동안 일반적인 이미지와 사진 등으로 구성해왔던 캘린더, 다이어리, 노트 등 다양한 홍보물에 브랜드 아이덴티티가 녹아 있는 이미지를 사용할 수 있다. 원소스를 잘 만들어놓고도 이를 여러 형태로 재가공하여 활용하지 못한다면 원소스의 가치를 고스란히 내버리는 것이다.

동화세상에듀코의 브랜드 스토리 프로젝트의 개발 목적은 직원들이었지만 사실 프로젝트를 맡은 나의 목표는 어린이들도 재미있게 볼 수 있는 회사 소개를 만드는 것이었다. 앞서 유스세대들이 재미있게 받아들인다면 어른들도 마찬가지라고 말했다. 유스마케팅의 1차 타깃인 '자녀+부모' 모두가 공감하고 즐길 수 있는 일석이조의 효과를 낼 수 있는 브랜드 스토리를 개발하는 것이 중요하다.

특히 교육 회사의 경우 부모가 회비를 지불하는 주체이지만 유스세대가 실제 교육 서비스의 대상인 경우가 대부분이다. 유스세대에게 서비스를 하면서 그들의 마음속에 기업의 브랜드 이미지를 제대로 심어주지 못하는 것은 미래에 또다른 신세대 부모가 될 미래 고객을 놓쳐버리는 매우 안타까운 일이다. 이 같은 점을 기억하면서 스토리와 이미지를 바탕으로 한 기업의 브랜드 아이덴티티를 감성적으로 전달해줄 수 있는 재미있는 브랜드 스토리 개발에 도전해보기 바란다.

©ibs m&m corp.

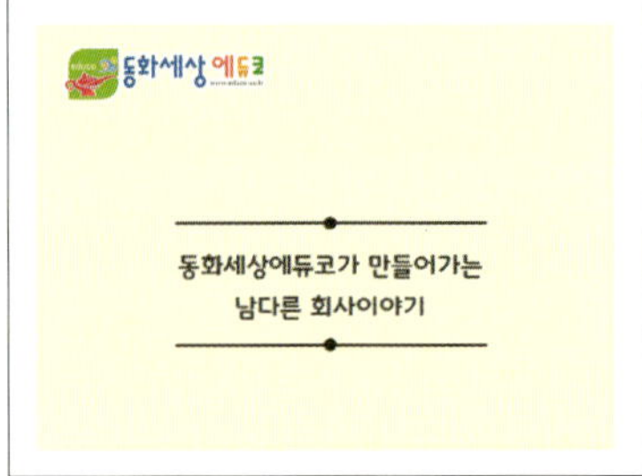

동화 속 행복한 성을 만들어 가는 따뜻한 사람들이 있습니다.

큰 회사보다 남 다른 회사 이야기입니다.

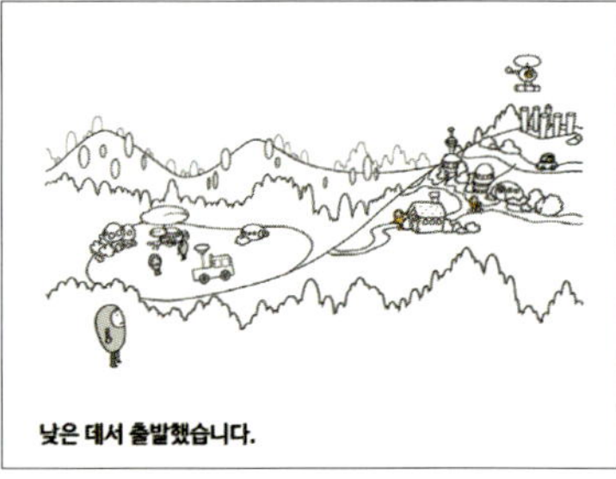
낮은 데서 출발했습니다.

지금은 더 큰 미래의 꿈을 실현합니다.

남하고 비교하고 경쟁하지 않았습니다.

어제의 우리 모습하고 경쟁했습니다.

힘을 모으는 지혜가 있었습니다.

열심히 학습하고 도전했습니다.

어제보다 나은 오늘을 만들어 왔습니다.

그래서 우리만의 색깔을 가졌습니다.

과정은 남다르지만 우리 미래의 모습은 동화 같은 기업입니다.

©ibs m&m corp.

새로운 탄생은 그것이 무엇이든 간에 신비롭습니다.

셀 수 없는 다양한 안간힘과 눈물이 어우러져 작은 씨앗을 탄생시킵니다.

제 이름을 내건 책을 쓴다는 것도 그러하다는 사실을 이번에 깨달았습니다.

많은 분께 오래도록 잊지 못할 소중한 마음과 응원을 받았습니다.

이곳에 감사의 마음을 남기려 합니다.

일 년 가까운 긴 시간 동안 이 책을 만나기 위해

기다려주셔서 진심으로 감사드립니다.

이 책이 어떤 역할을 할지, 얼마나 큰 영향을 미칠지는 확신할 수 없습니다.

하지만 적어도 미래를 고민하고 있는 기업과 마케터들에게

의미 있는 인사이트를 전달할 것이라는 사실 한 가지만은 분명합니다.

그리고 회사가 직원들을 위해, 기업을 위해, 사회를 위해

유스마케팅을 어떻게 다루며 전개해나가고 있는지를

다른 부서, 다른 계열사들과도 충분히 나누고 공유할 수 있는

기회가 되기를 바라봅니다.

그래서 신입사원부터 최고경영진까지 모두 한마음 한뜻이 되어

미래 세상에 굳건한 기업을 세우게 되길 바랍니다.

이런 의미 있는 일에 동참해주시고 시간과 노력을 아낌없이 쏟아주신

현대자동차, 대한항공, 홈플러스 임직원 여러분께 진심으로 감사드립니다.

▎현대자동차 유스마케팅팀

강석훈 이사님, 최소연 님, 박재민 과장님, 이태규 님, 주용한 님, 전율리 님

▎대한항공

조현민 전무님, 김용수 과장님, 서동일 팀장님, 최병재 차장님, 박신희 차장님,

김명준 과장님, 신충환 과장님, 박효정 과장님, 김윤호 과장님, 최형준 대리님

▎홈플러스

설도원 부사장님, 김영기 이사님, 황애경 팀장님, 강혜정 과장님, 이규영 님

그리고 의미를 더해주신

| 스티키몬스터랩 최림 디렉터님, 부창조 디렉터님, 강인애 프로젝트매니저님,

김선진 프로젝트매니저님, 여준영 마케팅디렉터님

| 삼성전자 김성철 차장님,

키자니아 최형욱 팀장님, 한지현 대리님

이 모든 분께 진심으로 감사한 마음 전합니다.

또한 유스마케팅에 대한 남다른 관심으로 이 책을 먼저 검토해주시고

기꺼이 도움이 되는 글을 직접 써주신

| 웅진그룹 윤석금 회장님, 홈플러스 이승한 회장님, 코엑스 변보경 사장님,

세라젬 H&B 대표이사이며 아시아태평양마케팅포럼의 수장이신 조서환 회장님,

숙명여대 경영전문대학원 유효상 교수님

진심으로 고맙습니다.

제게 주신 관심과 기대를 기업의 미래,

그리고 유스세대의 꿈을 펼치는 일에 보태겠습니다.

한결같은 열정과 성실한 모습으로 가르침을 주시는

우리나라 커피 역사를 창조해오신 박현기 동서식품 전 부회장님과

광고대행사 재직 당시 많은 가르침을 주신 전 나라기획 대표이사이며

사회복지신문을 이끌고 계신 정균화 회장님 감사합니다.

언제나 따뜻한 응원과 격려를 보내주신

민태웅 사장님, 임봉순 사장님, 박성호 대표이사님과

허위 대표이사님, 김길환 대표님 감사합니다.

그리고 대림산업의 해외건설 사업을 일으키고 세우셨으며

현재 동아건설 해외사업부문을 맡아 또 다른 도전에 나선

나종원 대표이사님, 항상 든든한 버팀목이 되어주셔서 고맙습니다.

▲▲▲

이 책은 제가 14년이 넘는 세월 동안

무슨 일을 어떻게 하며 살아왔는지

그 발자취를 담고 있습니다.

캐릭터와 스토리를 기업 마케팅과 브랜딩에 접목시키고

관련 콘텐츠를 만들어내는 창작 영역의 일을 해오면서

그동안 무엇을 해왔고 이루었는지

처음으로 용기내어 제 가족에게도 인사드립니다.

열정을 쏟아 잘할 수 있는 '나의 일'이 있다는 사실은 축복입니다.

이 일이 내게 행복과 보람, 즐거움을 안겨줍니다.

이런 인생을 살도록 이끌어주신 아빠, 엄마께 감사를 전합니다.

한없이 따뜻한 눈빛과 마음으로 곁에서 지켜주시는 자상하고 다정한 아빠,

그리고 칠순이 가까운 연세가 되도록 몸소 보여주고 계신

엄마의 열정과 쉼 없는 노력에 진심으로 존경을 표합니다.

잘 다니고 있던 광고 회사를 그만두고 제 회사를 설립했을 당시

그즈음 엄마께서는 20년 넘게 몸담아 오신 웅진그룹을 정년퇴직하시고

'부모마음(www.bumomaum.co.kr)' 사업을 시작하셨지요.

14년 동안 흔들림 없는 한결같은 성실함으로 부모마음을

자녀 돌봄과 전문시터를 양성하는 사업 분야에서

국내 최고의 브랜드로 키워내셨습니다.

엄마는 제겐 세상에서 가장 멋진 커리어우먼이자 위대한 멘토입니다.

엄마를 보고 닮고 싶은 마음이 저를 이끌어주었습니다.

대림산업에서 열정을 발휘하고 있는 오빠 엄민호 차장님

그리고 중국 취업 전문 사이트 '차이나통'을 만들어 대한민국 No.1으로 키우면서

10년째 멋지게 사업을 펼치고 있는 동생 엄주호 대표에게도

든든한 후원자이자 좋은 삼촌이 돼주어 감사하다는 말 전하고 싶습니다.

그리고 저를 닮은 소중한 두 딸 수연이와 서연이

두 딸은 항상 나의 일을 더 사랑할 수 있게 해주었습니다.

나의 일이 두 딸에게 바쁜 엄마를 불평하기보다는

자랑스럽게 여기는 마음을 갖게 해주었습니다.

유스세대를 이해하며 캐릭터와 스토리를 만들 때,

언제나 생생한 영감을 전해주었고 번뜩이는 감각을 선사해주었습니다.

중학생 수연이와 초등학생 서연이에게

정말 고맙고 사랑한다는 말 전하고 싶습니다.

그리고 이다음에 커서 엄마가 하는 일을 하고 싶어 하는 그 마음도

잘 키워나갈 수 있길 소망합니다.

그리고 특별히,

일터에서 나의 부족한 부분을 채워주며 항상 묵묵히 지원해준

김영화 대표님께 감사와 존경의 마음 전합니다.

10년 가까이 나의 오른팔과 왼팔이 되어준 윤화정 차장과 김대은 차장,

언제나 내 곁을 지켜주어 고맙습니다.

이원재 님, 김재효 님, 김대진 님이 애써주신 노력도 잊지 않겠습니다.

여러분의 도움이 없었다면 회사 경영을 하며 동시에 책을 쓰는 일은

진정 불가능했습니다.

끝으로 좋은 책이 나올 수 있도록 정성을 다해주신

21세기북스 여러분께 감사드립니다.

이 인연이 더없이 좋게 이어지기를 기대해봅니다.

전 아직 꿈이 있습니다.

그 꿈을 이젠 두 딸의 모습에서 만납니다.

당신도 저와 같습니다.

많은 기업의 노력으로 우리 아이들이 즐겁게 체험하면서 더 큰 꿈을 꾸고

미래 세상에서 멋지게 그 꿈을 이루어 진정 행복할 수 있으면 좋겠습니다.

이것이 나와 당신, 기업과 사회 그리고 대한민국이 미래에 우뚝 설 수 있는 길이며,

우리 모두의 소망입니다.

2014년 봄, 엄서영 드림

1판 1쇄 인쇄 2014년 4월 14일
1판 1쇄 발행 2014년 4월 22일

지은이 엄서영
펴낸이 김영곤 **펴낸곳** (주)북이십일 21세기북스
출판등록 2000년 5월 6일 제10-1965호
부사장 임병주
개발실장 은지영
기획개발 탁수진, 이장건
진행총괄 윤화정(ibs m&m 경영기획실 차장)
표지 · 내지 디자인 권민지
교정교열 · 본문 조판 네오북
영업 이희영, 장명우, 유선화
마케팅 서재필, 김한성
주소 (우 413-756) 경기도 파주시 회동길 201(문발동)
전화 031-955-2400(영업·마케팅), 031-955-2444(기획편집)
팩스 031-955-2177 **홈페이지** www.book21.com
21세기북스 트위터 @21cbook **페이스북** 21cbooks

© MIN AH EOM, ibs m&m corp. 2014

ISBN 978-89-509-5493-2 13320
값 28,000원

이 책 내용의 일부 또는 전부를 재사용하려면 반드시 (주)북이십일의 동의를 얻어야 합니다.
잘못 만들어진 책은 구입하신 서점에서 교환해 드립니다.